BASTEI
LÜBBE

Brenda Avadian

Die Zeit mit dir

Aus dem Englischen von
Cécile G. Lecaux

BASTEI LÜBBE

BASTEI LÜBBE TASCHENBUCH
Band 61473

1. Auflage: August 2001

Vollständige Taschenbuchausgabe

Bastei Lübbe Taschenbücher ist ein Imprint
der Verlagsgruppe Lübbe

Titel der englischen Originalausgabe:
WHERE'S MY SHOES?

Titelbild: Manfred Peters
Einbandgestaltung: Super Stock
Satz: Textverarbeitung Garbe, Köln
Druck und Verarbeitung: Cox & Wyman Ltd.
Printed in Great Britain
ISBN 3-404-61473-9

Für meinen Vater
Martin Avadian,
der mich Ausdauer gelehrt hat
und mit dem ich den Geburtstag teile.
Und für alle, die kranke Menschen pflegen und betreuen.

»Die Zeit mit dir« wurde geschrieben, um Menschen, die Alzheimer-Patienten pflegen und betreuen, über Schwierigkeiten und Möglichkeiten aufzuklären – und das Gefühl des Verlassenseins zu mildern, dass jeden zuweilen befällt, der einen kranken Menschen pflegt.

Der *Alzheimer's Association* zufolge sind allein in den Vereinigten Staaten über vier Millionen Menschen an Alzheimer erkrankt. Zehn Prozent der über 65jährigen leiden an Alzheimer und sogar 50 Prozent der über 85jährigen. In Deutschland sind über 1 Million Menschen an Alzheimer erkrankt.

Zur Unterstützung von Alzheimer-Patienten wird die Autorin ihre Erlöse aus dem Verkauf dieses Buches Einzelpersonen, Gruppen und Organisationen spenden, die Alzheimer-Patienten und ihren Betreuern beistehen.

INHALT

VORWORT

Hans Joachim Schirmer
(Kölner Alzheimer-Forum)

Als ich noch ein Kind war, sprach ich häufig mit meiner Großmutter über meine Zukunftspläne. Weise empfahl sie mir, mein Leben in drei große Abschnitte einzuteilen: 30 Jahre Lernen, 30 Jahre Arbeiten und 30 Jahre Ruhen. Nur von den Jahren des Leidens und Siechens hat sie mir damals nichts erzählt!

In der Bundesrepublik Deutschland gibt es zur Zeit ca. eine Million meist ältere Menschen, die durch die Alzheimer Krankheit die so ersehnte Zeit des Ruhens nicht mehr erleben können! Das gleiche gilt für deren Freunde und Angehörige. Und jährlich kommen 50 000 neu Erkrankte hinzu!

Der Arzt Alois Alzheimer beschrieb 1907 erstmals diese eigenartige Erkrankung. Die Alzheimer Krankheit verläuft über viele Jahre in drei Stadien. Zu Beginn finden sich bei den Erkrankten Gedächtnisstörungen, Zusammenhänge werden nicht mehr richtig erkannt, die gewohnten Alltagsaktivitäten lassen nach und ein Leistungsknick macht sich bemerkbar. Die Erkrankten selber haben zu ihren Fehlleistungen keinen nachhaltigen Zugang mehr. Sie werden zunehmend depressiv, aggressiv und ratlos.

Im Verlauf (Stadium 2) kommt es dann zu Orientierungsstörungen, Tag/Nachtrhythmusstörungen, Sprachstörungen und dem Verlust der persönlichen Identität. Häufig verändert sich das Erleben der Erkrankten wahnhaft.

Im letzten Stadium sind die Patienten dann vollkommen hilflos und bettlägerig. Schluckstörungen, Harn- und Stuhlinkontinenz führen zu immer wiederkehrenden Infektionen und zu körperlicher Schwäche, die zum Tod des Patienten führen.

Im Verlauf der Erkrankung verliert das Gehirn ca. 30 Prozent seines Gewichtes. Die Anzahl der Nervenzellen nimmt dramatisch ab und deren vielfältige Verbindungen untereinander verkümmern zunehmend. Krankhafte Stoffwechselabbauprodukte lagern sich in und um die verbleibenden Nervenzellen ab und behindern deren Funktion zusätzlich.

Trotz weltweiter intensivster Forschung weiß man noch sehr wenig über die Ursachen der Alzheimer Krankheit. Eine wirksame ursächliche medizinische Therapie fehlt deshalb bis heute.

Das Buch von Brenda Avadian wird interessierte wie betroffene Leser fesseln und bei ihnen mehr Verständnis für diese rätselhafte Krankheit und für den Erkrankten wecken.

Hans Joachim Schirmer
Nervenarzt
Kölner Alzheimer Forum

VORWORT

Dr. med. Roland Jacobs

Seit Alzheimer vor zwanzig Jahren ins öffentliche Interesse gerückt ist, wurden diverse, einander alle sehr ähnliche Anleitungen für Menschen herausgegeben, die Alzheimer-Patienten pflegen, alles Massenprodukte, die recht trocken referieren. Und genau hierin unterscheidet sich dieses Buch mit seinem einzigartigen persönlichen Touch von allen anderen.

Die Autorin gewährt uns einen sehr offenen Einblick in ihre Familie und ihren persönlichen Kampf im Umgang mit dem zunehmenden gesundheitlichen Verfall ihres Vaters, wobei es ihr gelingt, ebenso seine Würde zu wahren wie ihr Selbstwertgefühl.

Die Schuhe* werden zur Metapher und Sinnbild schwindender Unabhängigkeit und Autonomie einerseits und dem Versuch, inakzeptables Verhalten zu kontrollieren andererseits. Dieser Kampf nimmt so dramatische Proportionen an, dass sich hieraus auch ein unerwarteter Quell der Komik ergibt, als es schließlich soweit geht, dass alle Familienmitglieder gegenseitig ihre Schuhe verstecken und der alternde Fuchs vorübergehend die jüngere Meute austrickst.

Dieses Buch voller Zärtlichkeit ist mehr als nur eine Konfrontation mit Alzheimer, auch wenn es nützliche Informationen enthält für andere, die diesen schwierigen Pfad be-

---

* Dies bezieht sich auf den Titel der amerikanischen Originalausgabe »Where's my shoes?« (dt. Wo sind meine Schuhe?).

schreiten. Ms. Avadian gelingt es, ein Porträt Amerikas zu zeichnen über die Bemerkungen ihres immigrierten Vaters, der mit ehrlicher harter Arbeit für sich und seine Familie den amerikanischen Traum im Mittelwesten realisieren konnte.

Seine stillen, bescheidenen und in der Regel verkannten Bemühungen wurden in diesem Buch als liebevoller Tribut an ihn festgehalten. Zu einem emotionalen und paradoxen Moment kommt es gegen Ende des Buches, als ihm Gelegenheit gegeben wird, durch die nachlassenden Augen seiner geistigen Klarheit die Korrekturfahnen des Manuskriptes zu lesen.

Dieses Buch dürfte ein Riesenerfolg werden bei Angehörigen, die mit dieser Krankheit zu kämpfen haben, sowie bei jenen, die sich für das Leben ihrer Vorväter und -mütter, die ihnen den Weg ebneten, interessieren.

Roland Jacobs
Vertreter des *American Board of Psychiatry and Neurology*
Facharzt für geriatrische Psychiatrie

EINLEITUNG

Zu diesem Buch hat mich mein Vater inspiriert, bei dem Alzheimer-Demenz diagnostiziert wurde. Als ich seine Pflege übernahm, begann damit für mich ein völlig neuer Lebensabschnitt. Es heißt, dass wir an den Prüfungen, die das Leben uns auferlegt, wachsen. Ich ahnte ja nicht, um wie vieles ich wachsen sollte.

Als Tage zu Wochen wurden und Wochen zu Monaten, stellte ich mein eigenes Leben und meinen Beruf zurück, um mich meines Vaters anzunehmen. Ich knüpfte dauerhafte Kontakte und Bande zu Menschen, die ebenfalls für ihre an Alzheimer erkrankten Lieben sorgten. Diese Beziehungen bildeten bald einen wichtigen Rückhalt in meinem Leben und milderten die Gefühle der Isolation und des Alleinseins.

Als die Krankheit meinem Vater immer mehr zusetzte, litt ich furchtbar und lernte eine Menge. Um die Höhen und Tiefen, die Unsicherheiten und das Unerklärliche zu begreifen, führte ich Tagebuch. In diesem Tagebuch sind meine Freuden und Qualen festgehalten.

Ermutigt von privaten Betreuern und professionellen Pflegern von Alzheimer-Patienten nahm ich mir die Zeit, dieses Buch zu schreiben, als einen Tribut an meinen Vater, solange er noch lebt, und als Ratgeber für Sie, die Betreuer und Pfleger.

Indem ich meine Erfahrungen mit Ihnen teile, möchte ich erreichen, dass Sie sich verbunden fühlen mit allen Menschen, die sich – wie Sie – entschlossen haben, ihre Angehörigen und Freunde nicht mit Alzheimer alleine zu lassen. Ich hoffe, dass Sie bei der Lektüre dieser Seiten etwas lernen – und Trost schöpfen aus dem Bewusstsein, dass Sie nicht allein sind.

Auch wenn wir uns nicht persönlich kennen und auch nie das Vergnügen haben werden, uns zu begegnen, sind wir doch vereint in unserer gemeinsamen Erfahrung.

Ich möchte den Menschen, die sich um meinen Vater gekümmert haben, etwas zurückgeben, und ich möchte anderen helfen. Darum werde ich die Erlöse aus dem Verkauf dieses Buches Einzelpersonen, Selbsthilfegruppen und Organisationen spenden, die Alzheimerpatienten und ihren Familien zur Seite stehen.

DANKSAGUNGEN

Wie bei jedem sinnvollen Unterfangen waren auch an der Entstehung dieses Buches viele Personen beteiligt. Die ersten Leser des Manuskripts waren (in alphabetischer Reihenfolge): Patti Compton, Katie Corbett, Lois Erisey Poole, Dave und Jan Ferguson, Sally und Ken Howard, Jeanne Parsons, Jonathan Schulkin und Roberta Widmer. Mein besonderer Dank geht an Lois, deren Rotstift nur sieben Seiten des Manuskripts verschonte und die sich mehrere Stunden mit mir hingesetzt hat, um ihre Anmerkungen in allen Einzelheiten mit mir durchzusprechen. Lois war es auch, die mich zu den »Zehn Ratschlägen« am Ende des Buches veranlasst hat.

Vielen Dank an die Betreuer, die unsere Liste der zehn Ratschläge mit eigenen Vorschlägen auf den Weg gebracht haben: Pat Adams, Patti Compton, Paul F. Harmon, Helen Jones, Marina McCarthy und Jonathan Schulkin.

Mein besonderer Dank gilt der *VNA Adult Day Care Support Group* in Antelope Valley, deren Rat ich im Laufe der Entstehung dieses Buches immer wieder gesucht habe.

Herzlichen Dank auch den Mitgliedern des *North Los Angeles County Women Writer's Network,* die den Buchtitel vorgeschlagen haben und deren ständige Anregungen mir stets willkommen waren.

Tausend Dank an Reuben Cano und Steve Masser, die unsere Internet-Websiten gestaltet haben, die andere Betreuer auf dieses Buch aufmerksam machen sollen.

Meinen besonderen Dank an das *Center for Aging Research and Evaluation* am Granada Hill Community Hospital für die Beratung und Unterstützung in der letzten Entstehungsphase dieses Buches.

Danke an Joel Roberts, dessen »Excellence in Media«-Workshop in Beverly Hills mir die Stimme verliehen hat, um meine intimsten Gedanken mitzuteilen.

Danke an die im folgenden alphabetisch aufgelisteten Menschen, die sich trotz vollgepackter Terminkalender die Zeit genommen haben, mir willkommene Ratschläge zu erteilen: Lou Bozigian, Ann Harris, Betty Klingkamer und Bill Multanen.

Meinen besonderen Dank an Lew Jurey, der manche Nacht und manches Wochenende geopfert hat, um das Manuskript zu redigieren und mich hinsichtlich des Covers, der Photos und des Layouts zu beraten. Lew hat auch für das Cover Modell gestanden.

Danke dem Team der Jenkins-Gruppe, das den Vordruck koordiniert hat (Jerrold Jenkins, Susan Howard, Theresa Nelson, Alex Moore und Nikki Stahl). Besonderen Dank an Mary Jo Zazueta, einer herausragenden Redakteurin, die mehr als einen Rotstift an diesem Manuskript aufgebraucht haben muss und deren Können dieses Buch so gefühlvoll und lesenswert gemacht hat. Außerdem geht ein herzliches Dankeschön an Eric Norton, dessen Cover-Design den Inhalt ehrt und meine tiefempfundenen Gefühle für dieses Buch widerspiegelt.

Meinen Dank an Jack Canfield, Mark Victor Hansen, Dan Poynter und Dottie Walters, deren Ideen beim *How to Build Your Speaking & Writing Empire*-Workshop mich noch zusätzlich motiviert haben und mir nützlicher Wegweiser waren.

Abschließend noch ein ganz besonderes Dankeschön an David Borden, meinen Ehemann und Partner seit 21 Jahren, ohne den ich die Aufgabe, meinen Vater zu pflegen und dieses Buch zu schreiben, niemals bewältigt hätte.

I

AM ANFANG

Mein Vater hat die bewegteste geschichtliche Epoche der Neuzeit erlebt. Er hat zwei Weltkriege erlebt, den Koreakrieg, den Vietnamkrieg und Desert Storm. Obwohl er leidenschaftlicher Patriot war, war er für den Dienst an der Waffe im Ersten Weltkrieg zu jung und im Zweiten Weltkrieg zu alt. Er hat im Laufe seiner 88 Jahre auf dieser Erde unvorstellbare technologische Veränderungen erlebt, vom Flug Charles Lindberghs über den Atlantik bis hin zu Neil Armstrongs Spaziergang auf dem Mond, von handgeschriebenen Briefen, die mit Zwei-Cents-Marken verschickt wurden, bis hin zu praktisch kostenloser elektronischer Post, die innerhalb von Sekunden von einem Ende der Welt ans andere gelangt!

1910 in Van in Armenien geboren, war Martin Avadian acht Jahre alt, als sein Vater während des armenischen Genozids als vermisst gemeldet wurde. Zwei Jahre später emigrierten er und seine Mutter in die Vereinigten Staaten, wo sie bei seiner Tante, der Schwester seiner Mutter, in Chicago unterkamen. Seine Mutter heiratete bald wieder.

Martin war ein strebsamer Schüler, der Wissen förmlich in sich aufsog. Er wollte studieren, aber das Geld war knapp, und er wollte seinem Stiefvater nicht auf der Tasche liegen. Und so erlangte er seine finanzielle Unabhängigkeit, indem er allerlei Gelegenheitsarbeiten übernahm, mit denen ein Teenager sich etwas verdienen konnte.

Martin war fleißig. Nachdem er Jahre für kargen Lohn geschuftet hatte, wurde er als Maschinist bei General Electric eingestellt. Er sparte, was er konnte. Seine Anlagestrategie war konservativ, aber konstant. In den fünfziger Jahren verdiente er etwas über 100 Dollar in der Woche, von denen er jeweils 10 Dollar in Obligationen anlegte. Außerdem erwarb er im Laufe der Jahre Aktien von General Electric. Der

Markt boomte, und in weniger als einem Jahr brachten ihm seine Wertpapiere über 100 000 Dollar ein. Seine Anwälte und sein Buchhalter fragten sich, wie es einem Maschinisten möglich wäre, so viel Geld anzuhäufen.

Er blieb lange Junggeselle und heiratete erst im Alter von 39 Jahren, gründete eine Familie und kaufte ein Haus (von einem Kredit über 3 000 Dollar, den seine Mutter ihm gewährte und den er innerhalb von nur zwei Wochen zurückzahlte).

Mein Vater war ein introvertierter Mensch. Als ich klein war, sah ich mir oft das Foto von seiner Highschool-Abschlussfeier an, das in einem grauen Rahmen auf dem Kaminsims stand. Ich stellte mir vor, was für ein Mensch er über 30 Jahre vor meiner Geburt gewesen sein mochte. Bei der Durchsicht seiner Unterlagen fand ich Bilder eines gutaussehenden Gentleman, 165 cm groß und 145 Pfund schwer, der stolz war auf seine elegante Kleidung und seine gepflegte Erscheinung. Ein halbes Jahrhundert später hatte er einen Großteil seines Gehörs verloren, und sein Körper war auf magere 153 cm und 118 Pfund geschrumpft.

1

WIE ALLES BEGANN

Mein Mann und ich zogen 1989 nach Kalifornien, fast 3 800 Kilometer von unserer Heimatstadt in Wisconsin weg. Meine Eltern lebten noch in Wisconsin, sodass wir jedes Jahr zu Besuch dorthin flogen. Unsere jährlichen Besuche ermöglichten es uns, die Jahre unserer Kindheit und Jugend wiederaufleben zu lassen, Jahre, in denen die Menschen im Mittleren Westen große Pläne hatten und die Verwirklichung hochfliegender Träume anstrebten. Und der Urlaub gab uns Kaliforniern (wenn auch nur Zugereisten) Gelegenheit, unsere Angehörigen und Freunde daheim wiederzusehen.

Als die Umstände es erforderten, flogen wir häufiger nach Wisconsin, etwa alle sechs Monate.

Meine Mutter hatte ein vergrößertes Herz. Es war so schwach, dass es nicht genug Blut pumpen konnte, sodass ständig akute Gefahr bestand, dass ihre Lungen vollliefen. Mein Bruder und meine Schwester wurden des Öfteren gerufen, um sie ins Krankenhaus zu fahren. Ma saß hinten im Fond und schnappte nach Luft, während sie durch den Verkehr rasten, rote Ampeln überfuhren und sich auch sonst nicht sonderlich um Verkehrsregeln scherten, Hauptsache, sie erreichten das Krankenhaus, bevor unsere Mutter ihr Leben aushauchte. (Meine Mutter verabscheute den Lärm und die Aufregung, die ein Rettungswagen verursachte, und so wurden meine Schwester, die fünf Blocks entfernt lebte, und mein Bruder, der noch bei meinen Eltern wohnte, zu ihrem persönlichen Rettungsdienst.) Ma war so oft dem Tode nah, dass mein Mann und ich uns bei jedem unserer Besuche fragten, ob das vielleicht das letzte Mal war, dass wir sie sahen.

Meine Mutter hatte immer einen großen Einfluss auf uns. Auf andere wirkte sie wie Mutter Teresa. Aber das zierliche zerbrechliche Äußere war gepaart mit eisernem Willen. Sie lebte selbst streng nach ihren Prinzipien harter Arbeit und Ausdauer.

Nachdem sie über ein Jahrzehnt tapfer um ihr Leben gekämpft hatte, erlag sie am 1. April 1993 ihrem Leiden.

Mein Vater teilte mir die Nachricht telefonisch mit. Ich konnte es nicht glauben! Sie war ausgerechnet am 1. April von uns gegangen! Das Gespräch mit meinem Vater verlief in etwa wie folgt:

»Brenda, wie geht es dir? Ich hoffe, mein Anruf kommt nicht ungelegen. Ich rufe nur an, um dir zu sagen, dass Ma gestorben ist.«

Erstens rief mein Vater mich nie an – Ferngespräche waren viel zu teuer, und so meldete ich mich einmal monatlich bei ihm. Zweitens, sollte das ein Witz sein? Das war schon merkwürdig, dass mein Vater mich ausgerechnet am 1. April anrief. Ich beschloss, mich nicht von ihm auf den Arm nehmen zu lassen.

»Du machst Witze!«, rief ich aus.

»Nein«, lautete seine ernste und nüchterne Antwort.

»Komm schon, heute ist der 1. April. Glaubst du wirklich, ich falle darauf herein?«

Mein Vater entgegnete: »Ich konnte es auch nicht glauben, als die Schwester nur eine Stunde, nachdem ich aus dem Krankenhaus weggegangen war, anrief!«

Ich hatte den Gesundheitszustand meiner Mutter ständig verfolgt, indem ich sie zu Hause oder, wenn sie im Krankenhaus war, auf der Intensivstation anrief. Die Schwestern hielten ihr den Hörer ans Ohr, während wir uns unterhielten.

Dementsprechend überrascht war ich, als ich auf der Intensivstation anrief und die Schwester mir mitteilte, meine Ma wäre schon vor zwei Wochen entlassen worden! Ich fragte, ob sie vielleicht auf eine andere Station verlegt worden sei, was sie verneinte. Die Schwester erklärte mir, der Arzt sei der Ansicht gewesen, sie könnten nichts mehr für sie tun. Mein erster Gedanke war, dass sie gestorben war und niemand mich informiert hatte! Später erfuhr ich dann, dass Ma in einem Pflegeheim untergebracht worden war, wo sie rund um die Uhr betreut wurde.

Mein Vater fuhr fort: »Ich dachte, die Schwester würde mich auf den Arm nehmen, und das sagte ich ihr auch! Aber sie versicherte mir, dass, als sie Mas Zimmer betrat, diese verstorben war.«

»Wow«, lautete meine Antwort. *Ich kam mir vielleicht blöd vor!* »Mardig, wie geht es dir?«

»Nun ja, ich würde sagen, den Umständen entsprechend. Ich bin nur noch ein wenig überrascht!« *Mein Vater, der Diplomat und Gentleman, Meister, wenn es darum ging, seine Gefühle zu verbergen.*

»Ich komme. Was brauchst du?«, fragte ich.

»Oh nein, komm nicht extra her. Du musst doch arbeiten. Nimm dir nicht extra frei.«

Mein Vater hatte 32 Jahre bei General Electric gearbeitet und in dieser ganzen Zeit keinen einzigen Tag gefehlt. Er war sogar ausgezeichnet worden für diese außerordentliche Leistung.

»Mardig (*wir nannten meinen Vater beim Vornamen, Martin, was frei ins Armenische übersetzt Mardig hieß*). Ich komme. Diese Entscheidung liegt nicht bei dir. Ich helfe dir mit Ma. Außerdem muss unsere Familie in einer solchen Zeit zusammen sein.

»Nein, das ist nicht nötig. Ich habe schon alles veranlasst.«

»Ach ja? Und was genau hast du veranlasst?«

Wir redeten und redeten und stritten, bis er schließlich nachgab und sich damit einverstanden erklärte, dass ich kam, um ihm zu helfen und einige Zeit bei ihm zu bleiben. Wie sich herausstellte, hatte er keineswegs alle Formalitäten erledigt.

Ein oder zwei Tage später kam mein Mann David nach, und gemeinsam halfen wir Mardig, alles Notwendige in die Wege zu leiten. Wir versuchten, ein Familienereignis daraus zu machen und meine Geschwister mit einzubeziehen, aber vergeblich. Und so blieb es Mardig, David und mir überlassen, unser Möglichstes zu tun, um die letzten Wünsche meiner Mutter zu erfüllen, einschließlich ihrer Einäscherung. Obwohl Mardig bereits ein Grab für sie beide erworben hatte, wollte er die Asche seiner Ehefrau erst eine Weile bei sich daheim aufbewahren.

David und ich hielten es für eine gute Idee, im Rahmen einer Familienzusammenkunft etwas von ihrer Asche unter den zwei Bäumen zu verstreuen, die sie vor ihrem Tod gepflanzt und sorgsam gepflegt hatte. Es sollte nicht sein. Keine Beerdigung, keine Familienzusammenkunft, nichts. Weder meine Schwester noch mein Bruder ließen sich in der ganzen Zeit, die David und ich dort waren, blicken. Mein Vater war enttäuscht, machte aber kein großes Aufhebens darum.

Wir unsererseits ließen uns nicht vertreiben. David und ich verbrachten viel Zeit mit Mardig und hörten uns Geschichten aus seinem Leben an und über die Orte, die er gerne sehen würde. Mit seinem an einige Bedingungen geknüpften Einverständnis planten wir sogar für Oktober eine Rundreise durch mehrere Länder. Wir wollten nach Armenien (Mardigs Geburtsort), Moskau (wir alle waren neugierig auf diese Stadt) und Deutschland (zum Oktoberfest). Obwohl Mardig selbst keinen Alkohol trank, war er schon immer fasziniert gewesen von Deutschland. David und ich hingegen waren große Bierfans!

Als der Abreisetermin immer näherrückte, wurde deutlich, dass Mardig nicht bereit war für die Reise. Es gab nichts Ernsthaftes, das ihn daran gehindert hätte. Tatsächlich war er gesünder und fitter als ich, die 49 Jahre jünger war als er! Nein, unsere Pläne scheiterten an etwas viel Bedauerlicherem. Er fand irgendwelche Ausreden, so wie wir alle uns gelegentlich selbst im Wege stehen und scheinbar unüberwindbare Hindernisse vorschützen.

»Ich habe so viel zu tun. Ich muss Mas Rechnungen bezahlen. Es kommen immer noch welche, weißt du. Ich muss das Haus aufräumen. Überall liegen Unterlagen herum, die abgeheftet werden müssen. Ich muss Steuern zahlen. Der Keller ist ein einziges Chaos. Das Werkzeug liegt überall verstreut. Ich traue mich gar nicht runter, weil es so viel zu tun gibt. Sobald das Haus aufgeräumt ist und ich alles erledigt habe, fahren wir. Wozu die Eile? Ich habe noch viele Jahre vor mir!« (Er würde in diesem Jahr seinen 83. Geburtstag feiern.)

Wir wussten es besser. Wir wussten, dass er das alles nicht erledigen würde. Wenn er es bis jetzt nicht erledigt hatte, würde sich daran auch in Zukunft nichts ändern. Also charterten wir für ihn einen Flug in einem Privatflugzeug.

Er war noch nie geflogen, und wir fanden, es wäre höchste Zeit. Er war Neuem gegenüber immer aufgeschlossen gewesen, und diese Erfahrung würde ihm ganz sicher gefallen. Davids Bruder John, ein Pilot, flog mit uns über Mardigs Haus und andere erkennbare Landmarken wie die drei Kuppeln (Treibhäuser), das Brewer-Stadion und die St.-Josaphat-Basilika. Mein Vater genoss den Rundflug und war ganz gerührt, dass wir uns seinetwegen »solche Umstände« gemacht hatten.

Was die Reise nach Osteuropa betraf, wussten wir, dass wenn wir optimistisch blieben und weiter versuchten, Mardig davon zu überzeugen, dass es ihm Spaß machen würde, immerhin die Chance bestand, dass er sich doch noch dazu entschloss. Aber es sollte nicht sein. In den folgenden Monaten führte er immer neue Ausreden an.

Ich fing an, viel darüber nachzudenken, wie stark unser Leben doch an Bedingungen geknüpft ist. Wir erlegen uns selbst Beschränkungen auf und stellen Bedingungen an unsere Beziehungen zu anderen. »*Wenn* du das tust, *dann* werde ich …« Auch stellen wir Bedingungen auf für allerlei Dinge, die wir für uns selbst tun, wie beispielsweise in ein schönes Restaurant gehen, an einen besonderen Ort reisen, Zeit mit etwas zu verbringen, wozu wir wirklich Lust haben etc. »*Wenn* ich erst eine Million Dollar verdient habe, *dann* nehme ich mir die Zeit für …«

Ich habe gelernt, dass keiner von uns eine garantierte Zukunft hat. Wenn uns etwas wirklich wichtig ist, sollten wir es gleich tun. Anderes kann warten – das Werkzeug im Keller, Reparaturen am Haus, das Abheften von Unterlagen und ja, auch die Steuer! Letztlich kümmerten wir uns 1997 um Mardigs Steuern von 1993.

David und ich versuchten es auf andere Art. Wir luden Mardig zu uns nach Kalifornien ein. Drei Jahre lang versuchten wir alles, um ihn zu einem Besuch zu überreden. Einmal im Monat riefen wir an und malten ihm aus, wie viel Spaß er haben würde. Ich besitze ein Cabrio und stellte mir vor, wie ich mit meinem Vater über die kalifornischen Highways brauste.

Ich erzählte meiner Schwester, wie sehr ich wünschte, ich könnte Mardig etwas Neues zum Anziehen kaufen. Das heißt, kaufen konnte ich wohl etwas, aber er zog es nicht an!

Seine Anziehsachen waren mindestens 20, viele sogar 40 Jahre alt! Dabei würde er in Dockers-Hosen und einem hübsch bedruckten Baumwollhemd so cool aussehen. Ja, ich wollte ihn anziehen wie einen Teenager! Er würde bei uns wohnen, und Vater und Tochter konnten endlich wieder neue Bande schmieden nach all den Jahren, die sie getrennt waren.

Nach dem Tod meiner Mutter änderte sich alles. Als wir meinen Vater besuchten, fiel uns auf, dass er sich nicht mehr um sich kümmerte. Er vernachlässigte Körperpflege und Ernährung. (Mein Bruder lebte immer noch bei ihm, aber entweder nahm er Mardigs Zustand nicht wahr, oder er war ihm gleichgültig.)

Mardig hatte sich noch nie sonderlich für gesunde Ernährung interessiert. Wenn jemand für ihn kochte, aß er es, aber er selbst machte sich diesbezüglich nie größere Umstände. Er zog die schnelle Küche vor. Auch wenn man sich richtig ins Zeug legte und lukullische Köstlichkeiten servierte, die den Gaumen jedes Gourmets entzückt hätten, war seine Reaktion enttäuschend. Er war mit einem Hotdog oder einem Wurstbrot zufrieden.

Allerdings hatte Mardig immer allergrößte Sorgfalt auf seine äußere Erscheinung verwandt, zumindest solange er berufstätig war. Dank meiner Mutter waren seine Kleider immer sauber und frisch gebügelt gewesen. Er duschte täglich, manchmal sogar zweimal! Er rasierte sich besonders sauber. Kein einziges Härchen entging seinem Auge fürs Detail. Und er putzte sich endlos die Zähne … viel länger als die von Zahnärzten empfohlenen zwei Minuten.

Monate vergingen, und uns wurde bewusst, dass Mardig immer zerstreuter wirkte. David, der vorübergehend in Wisconsin zu tun hatte, nahm sich Zeit für meinen Vater. Im Oktober 1995 schickte er mir folgende E-Mail:

Liebe Brenda,
ich bin auf der Arbeit und denke über deinen Vater nach. Ich glaube wirklich, dass er bald ein Stadium erreicht haben wird, indem er sich nicht mehr allein versorgen kann. Ich glaube, deinen Geschwistern ist gar nicht bewusst, wie es um ihn steht. Mardig spricht nicht viel mit ihnen, und sie kümmern sich nicht um seine Alltagsbedürfnisse.

Je mehr ich darüber nachdenke, desto überzeugter bin ich, dass dein Vater diese Woche 600 Dollar verloren hat oder dieses Geld ihm gestohlen wurde, ohne dass er es bemerkt hätte. Ich mache mir Sorgen, dass er im bevorstehenden Winter im Keller ein Feuer entzünden könnte. Er hat bereits angefangen, Holz unten einzulagern, frag mich nicht, wozu.

Er braucht immer nötiger jemanden, der sich um ihn kümmert. Wenn ihm aufgrund seiner eigenen Zerstreutheit etwas Furchtbares zustoßen würde, würden sich deine Geschwister nur fragen, wie er etwas so Dummes tun konnte. Sie sprechen nie lange genug mit ihm und haben auch nicht die Geduld, ihm zuzuhören. Wenn sie ihn nur laut denken ließen, ohne ständig das Gespräch selbst zu bestimmen, würden sie bald merken, dass er nicht mehr ganz bei sich ist.

Ich weiß nicht, was ich tun soll. Ich komme mir vor, als säße ich zwischen zwei Stühlen. Wenn ich etwas unternehme, um deinem Vater zu helfen, werden deine Geschwister das falsch verstehen, weil ihrer Meinung nach alles in bester Ordnung ist. Sie haben weder Geduld noch Zeit, ein normales Gespräch mit ihm zu führen. Es ist nicht nur sein Gehör, sondern auch sein Gehirn.

Ich bin ehrlich der Meinung, dass er jemanden braucht, der sich um ihn kümmert, und meine Möglichkeiten sind nur begrenzt. Ich habe den ganzen Samstag, Sonntag und heutigen Tag an ihn denken müssen. Es ist viel ernster, als es deine Geschwister wahrhaben wollen. Er könnte sich selbst oder jemand anders töten. Er sollte wirklich nicht mehr Auto fahren.

Manchmal ist er so zerstreut, dass es mich nicht wundern würde, wenn er eines Tages nicht mehr wüsste, wo er wohnt.

Tut mir leid, dass ich nichts Positiveres berichten kann, aber ich musste mir das von der Seele reden.

Alles Liebe, David.

Mein Vater fing an zu halluzinieren. Er sah meine Mutter. Er erzählte, mein Bruder ließe einen Freund im Haus wohnen. Mardig wusste nicht, wie dieser Mann hieß, nur dass er wie mein Bruder aussah, ihm half, Dinge aus dem Haus zu tragen und im Haus übernachtete, wenn mein Bruder geschäftlich unterwegs war. Die Halluzinationen waren für ihn absolut real.

Bei einem unserer Besuche bei ihm zu Hause erzählte Mardig David und mir, dass ein kleines Mädchen mit seinen Freundinnen bei ihm im Wintergarten gewesen wäre. Als wir wissen wollten, wo sie jetzt wären, wusste er es nicht. Er nahm an, sie wären in ein anderes Zimmer gegangen, als es klingelte. (Das kleine Mädchen gab es wirklich. Es lebte mit seiner Mutter auf der gegenüberliegenden Seite des Weges, der hinter dem Haus meines Vaters her führte.) Mardig erzählte so detailliert und glaubhaft, dass David und ich im ganzen Haus nachsahen, ehe wir sicher waren, dass wirklich außer uns niemand da war.

Als die Zerstreutheit schlimmer wurde, hörte Mardig auf, viele Dinge zu tun, die die meisten Leute als selbstverständlich erachten. Er hörte auf zu duschen und seine Wäsche zu waschen. Bei einem Besuch im März 1996 konnte ich den Geruch nicht länger ertragen. Ich redete auf ihn ein, um ihn dazu zu bringen, sich zu waschen, aber er reagierte nur mit der Frage: »Wozu denn, wenn ich doch nur im Haus herumwerkele und mich wieder schmutzig mache?« Auf meine Bitte, zu duschen, entgegnete er: »Es ist kalt draußen. Ich will nicht duschen und erfrieren!« Das war sein ganz spezieller Humor, den er immer dann vorbrachte, wenn er sich unbehaglich fühlte. Anstatt einfach »Nein« zu sagen, sagte er etwas Witziges.

2

ENTSCHEIDUNGEN

Im Sommer 1997 beschloss ich, meinen Vater für zwei Wochen zu besuchen. Der Sommer ist die einzige Jahreszeit, in der es mir in Milwaukee gefällt, weil es dann nicht allzu kalt ist. Ich rief Mardig an und fragte, ob es ihm recht wäre, wenn ich ihn besuchen käme. Obwohl er nicht reiste und die meiste Zeit zu Hause verbrachte, mochte er es nicht, wenn man seine Verfügbarkeit als gegeben betrachtete.

Im Mai schlug ich vor, im Juli zu kommen. Er wollte es mir ausreden, sagte, ich solle meine Zeit nicht mit einem alten Mann vergeuden. Er drängte mich, mich meiner Arbeit zu widmen, damit ich weiterkam. Das würde ihn stolz machen, sagte er. Er wollte nicht, dass ich mich mit ihm abgab, weil er das als Zeitverschwendung betrachtete. *Das war eine weitverbreitete Einstellung bei Menschen seiner Generation. Die Kinder mussten ihrer eigenen Arbeit nachgehen und erfolgreich sein. Was mit den Eltern war, war unwichtig. Das einzige, was zählte, war die Zukunft der Kinder.*

In gewisser Weise hatte er recht. Ich hatte einen Vertrag als Beraterin, der sich bis in den Juli hineinzog. Im Juni rief ich wieder an und verschob meinen geplanten Besuch auf August, damit wir unsere Geburtstage zusammen feiern konnten: wir waren beide am 22. August geboren. Wir besprachen die Einzelheiten und kamen überein, dass ich Ende August bis Anfang September zwei Wochen bei ihm bleiben würde.

Bevor ich zu Mardig flog, besprachen David und ich ausführlich, was wir für ihn tun konnten. Wir erwogen zahlreiche Möglichkeiten. Wir unterhielten uns mit Davids Eltern. Wir diskutierten mit unseren engen Freunden Sally und Ken, die Sallys Vater betreuten (er war Anfang achtzig und lebte bei ihnen zu Hause), mit Lew, der kurz vor der Pensionierung stand und mit seiner Frau Jo nach Mississippi ziehen wollte, wo sie ein 12 Hektar großes Anwesen gekauft hatten, und mit Dave, der weltweit Anerkennung geerntet hatte damit, dass er als erster den Prototyp der F-22 Raptor geflogen hatte, sowie seiner Frau Jan. Davids Eltern und unsere Freunde kannten uns am besten.

Wir mussten eine Entscheidung treffen. *Was sollten wir für Mardig tun?*

Am Anfang überlegten wir, ob Sally die Betreuung meines Vaters übernehmen konnte. Sie war sehr hilfsbereit und pflegte ihren Vater Pete liebevoll. Obgleich es nicht leicht war, hatten sie und Ken Pete ein schönes Heim geschaffen. Sally kann wunderbar mit alten Leuten umgehen. Wir besprachen die Einzelheiten – Sallys Kündigung, Bezahlung, verschiedene Probleme wie zum Beispiel, was werden sollte, wenn sie ihre Stelle mit allen damit verbundenen Sicherheiten aufgab, um sich um Mardig zu kümmern, und dieser dann nach zwei Monaten starb? Wovon sollte sie dann ihren Lebensunterhalt bestreiten? Was, wenn sie und Ken verreisen wollten? Mardig würde viel Zeit und Pflege erfordern. *Das ganze Ausmaß des Zeit- und Pflegeaufwands sollte uns nur allzu bald bewusst werden!*

Wir kamen zu dem Schluss, dass das keine praktikable Lösung wäre in Anbetracht von Sallys und Kens Plänen.

Nach Gesprächen mit Verwandten, Freunden und später auch Sozialarbeitern, Mitarbeitern einer Seniorentagesstätte und

Pflegeheimleiterinnen standen uns vier Möglichkeiten offen:

1. Gar nichts tun. Mardig in Milwaukee besuchen und Zeit mit ihm verbringen, in dem Bewusstsein, dass es wahrscheinlich das letzte Mal war, dass ich ihn lebend sah. Die Winter in Milwaukee können sehr streng sein. Wenn Mardig die Orientierung verlor, war es durchaus möglich, dass er sich verlief und erfror.
   Wenn ich mich dafür entschied, würde ich versuchen, eine möglichst schöne Zeit mit ihm zu verbringen und Erinnerungen anzuhäufen. Dann würde ich ihn sich selbst überlassen. *Es meinen Geschwistern überlassen, sich um ihn zu kümmern. Himmel, mein Bruder lebte mit ihm unter einem Dach! Meine Schwester wohnte fünf Blocks weit entfernt. Warum sollte ich, die ich fast 4 000 Kilometer entfernt wohne, mir den Kopf zerbrechen? Außerdem war ich das jüngste Kind und als Erste endgültig zu Hause ausgezogen*!
2. Mardig überreden, in ein Pflegeheim an seinem Wohnort umzuziehen. Damit würde ihm sein gewohntes Umfeld erhalten bleiben. Oder er zog in ein Pflegeheim in Kalifornien. Früher, als mein Vater und meine Mutter noch häufig in Kalifornien zu Besuch waren, hatten sie oft davon gesprochen, eines Tages hier leben zu wollen.
3. Mardig überreden, zu uns zu ziehen. Wir alle waren uns einig, dass das keine vernünftige Lösung war! David und ich haben keine Kinder. Wir führten beide ein sehr aktives Leben und waren beruflich sehr engagiert. Unsere Einstellung zur Familiengründung war sehr altmodisch. Einer von uns müsste zu Hause bleiben und die Kinder großziehen, was wir uns beide nicht vorstellen konnten. In den 19 Jahren, die wir zusammen waren, hatten sich keine Kinder eingestellt, die den Lauf unseres Lebens beeinflusst hätten.

4. Für Mardig einen gesetzlichen Betreuer bestimmen. Wenn er etwas täte, das ihn oder andere in Gefahr brächte wie beispielsweise einen alten Heizlüfter anlassen, der dann einen Brand auslöst, würde er psychiatrisch untersucht und in ein staatliches Heim eingewiesen. Was für eine Tragödie. Ich meine, wir hatten sogar drei herrenlose Katzen aufgenommen! Und dieser Mann war MEIN VATER!

Wir einigten uns auf drei Möglichkeiten, die wir nach Priorität ordneten. Zuerst wollten wir abwarten, ob er sich einverstanden erklärte, in ein Pflegeheim zu gehen. Wenn das nicht funktionierte, verbrachten wir einfach eine schöne Zeit mit ihm und fuhren wieder nach Hause. Irgendwann, wenn sein Geisteszustand sich weiter verschlechterte, würde der Staat sich einschalten. Wir gingen davon aus, dass meine Geschwister kein größeres Interesse an ihm oder seinen Angelegenheiten hatten. Sie reagierten nicht auf unsere Anrufe, und als es dann doch zum Gespräch kam, zeigten sie keinerlei Bereitschaft, uns zu unterstützen oder zu helfen.

3

MEIN LETZTER BESUCH?

Dieses und das nächste Kapitel beschreiben detailliert, wie David und ich zu unserer Entscheidung gelangten – eine der schwierigsten Entscheidungen, die wir je treffen mussten. Und nachdem der Entschluss gefallen war, mussten wir unseren Plan rasch umsetzen. Bis jetzt hatten wir nicht geahnt, dass zwei Menschen in so kurzer Zeit so viele Emotionen so intensiv empfinden konnten. Wir schliefen nicht, sondern wälzten uns im Bett und dachten bis in die frühen Morgenstunden darüber nach, ob unsere Entscheidung richtig gewesen war.

In weniger als 14 Tagen würde unser beider Leben sich drastisch verändern. Man sagte uns, dass das, was wir in zwei Wochen schaffen wollten, gewöhnlich mehrere Monate bis zu einem Jahr in Anspruch nahm! Wir wussten nicht, ob uns das anspornen sollte oder ob es tatsächlich stimmte. Jedenfalls stärkte es unsere Entschlossenheit hinsichtlich unseres Vorhabens.

Als ich meinen Vater im August wiedersah, hatte er immer noch nicht geduscht und sich nicht umgezogen. Es war nicht leicht für mich, mit ihm zusammen zu sein, weil der penetrante Geruch, den er verströmte, sehr unangenehm war. *Was sollte ich tun?*

In den vorausgegangenen Monaten hatte Mardig neben seinen Halluzinationen und seinen Beteuerungen, dass er mir keine Umstände machen wolle (er ist ein so bescheidener Mensch), erwähnt, dass er von »Männern vom Gas- und Elektrizitätswerk« belästigt würde, die »hinter ihm her« seien. Ich fand heraus, dass er die Rechnungen nicht bezahlt hatte. Später stellten wir fest, dass er auch die Hausversicherung vergessen hatte.

Außerdem hatte Mardigs Zeitgefühl gelitten. Vergangenheit, Gegenwart und Zukunft schienen sich für ihn auf einer Ebene abzuspielen. In seiner Phantasie lebte seine Mutter noch, er war ein Kind und wohnte bei ihr. Ich war ein Kind im Vorschulalter, für das er verantwortlich war. Er übersprang innerhalb von Minuten gleich vier Jahrzehnte!

Ich führte häufig Ferngespräche mit dem *Department of Aging*, dem Sozialdienst von Milwaukee und Mitarbeitern der Gesundheitsbehörde. Ich brauchte in vielen Punkten ihren Rat. Ich wusste gar nichts. *Wer ist schon auf so etwas vorbereitet? Wer weiß schon, was er in einer solchen Situation zu tun hat?*

»Wie soll ich mich verhalten, wenn Mardig halluziniert?«

»Erklären Sie ihm freundlich, was real ist. Seien Sie geduldig. Helfen Sie ihm«, riet man mir.

»Womit muss ich von seiner Seite rechnen?« Ich teilte ihnen meine Gedanken mit und bat sie um Vorschläge hinsichtlich der Pflege meines Vaters. Als der Zeitpunkt meiner Reise nach Milwaukee näherrückte, vereinbarte ich Termine bei all diesen Stellen, um mit ihnen die vier Möglichkeiten zu besprechen. *Sie würden mir den Rat geben, der mein ganzes Leben verändern sollte!*

Da sie wusste, dass ich mich in Milwaukee für eine der vier Optionen entscheiden würde müssen, borgte Sally mir ein Buch mit dem Titel *How Did I Become My Parent's Parent?* von Harriet Sarnoff Schiff. Ich verschlang es gierig. Ich brauchte dringend alle Informationen, die ich bekommen konnte. Ich würde nur zwei Wochen in Milwaukee sein. Wenn es mir gelang, Mardig in dieser Zeit in einem Pflegeheim unterzubringen, hatte er eine Chance zu überleben.

Ich rief meine Schwester an und besprach die vier Möglichkeiten mit ihr. Überraschend erklärte sie, dass sie mich in meinem Entschluss unterstützen wolle. Ich fragte, ob sie bereit wäre zu helfen. Sie fragte »Wie?« Ich sagte, sie könne helfen, Mardig zu überreden, in ein Heim zu ziehen, in dem er versorgt wurde. Dann besprachen wir, ob die Alternative, ihn zu Hause wohnen zu lassen, anstatt uns und ihm den Stress anzutun, ihn aus einem Haus zu entfernen, in dem er fast ein halbes Jahrhundert lebte, überhaupt praktikabel war. Ich machte mir Hoffnungen, dass auch wenn mein Bruder weiterhin abblockte, wenigstens meine Schwester helfen würde.

Ich rief Mardig an, und mein Bruder meldete sich. Ich erzählte ihm von der Möglichkeit, Mardig in einem Pflegeheim unterzubringen. Seine Antwort lautete: »Mardig will in kein Pflegeheim!« Mardig war bei ihm in der Küche, als ich anrief, und ich konnte hören, wie mein Bruder ihm zurief: »Heh, Mardig! Brenda will dich in ein Pflegeheim stecken. Willst du?« Das war meines Bruders sehr eigentümliche Art von Humor.

Der Tag der Entscheidung rückte näher. David und ich feierten meinen Geburtstag. Außerdem riefen wir Mardig an und versuchten, ihm ein harmonisches »Happy Birthday« zu singen.

Am darauffolgenden Tag, dem 23. August, wurde ich um 5.39 Uhr von einem Anruf geweckt. *Wenn ein Mitglied der Familie krank ist, gewöhnt man sich an, immer und jederzeit ans Telefon zu gehen, weil man nie wissen kann, wann »der Anruf« kommt.*

»Wir müssen reden!«, sagte eine eindringliche Stimme. »Bist du wach?«

»Äh, ja … ja … ja. Ich bin wach«, erwiderte ich wenig überzeugend. Ich versuchte, zu begreifen, was ich hörte. Ich war bis in die frühen Morgenstunden auf gewesen und hatte mit unseren Geschäftspartnern über neue Strategien diskutiert. In Anbetracht unserer vielversprechenden Zukunftsprognosen war ich zu aufgekratzt gewesen, um einzuschlafen. Ich hatte bis 1.45 Uhr gearbeitet, war also erst knapp vier Stunden vor dem Anruf ins Bett gegangen.

»Mardig war bis ein Uhr nachts hier«, fuhr die Stimme fort. »Er ist um sieben gekommen. Ich habe ihn schließlich nach Hause geschickt. Ich will ihn nicht hier haben! Vor zwei Tagen hat die Polizei ihn aufgelesen.« Es war meine Schwester, und sie sprach sehr laut und forderte meine volle Aufmerksamkeit.

Ich versuchte, wach zu werden, und fragte mich, ob Mardig vielleicht etwas zugestoßen war. Warum rief sie mich zu dieser unmenschlichen Zeit an?

Sie klang wütend, und ich war müde. Jedes Mal, wenn etwas schief ginge, erklärte sie mir aufgebracht, würde man *sie* anrufen – die Behörden, Mardig, Sozialarbeiter. Jedes Mal, wenn sie versuchte, meinen Bruder zu sprechen, ließ der sie auflaufen. »Ich-will-dass-er-in-ein-Heim-kommt!« Sie schrie jedes einzelne Wort laut und deutlich.

Ich konnte es nicht länger ertragen. *Jedes Mal, wenn ich vorgeschlagen hatte, dass wir zusammenarbeiten sollten, hatte sie mit der Begründung abgelehnt, sie sei zu beschäftigt. Jetzt rief sie an, weil sie ein Problem hatte. Verdammt, ich war müde!* Ich erkundigte mich nach dem konkreten Anlass ihres Anrufes.

In eben diesem Moment hörte ich, wie ihr Mann ihr mitteilte, Mardig stünde wieder vor der Tür. Das war der Tropfen, der das Fass zum Überlaufen brachte. »Ich will ihn nicht in diesem Haus haben! Sag ihm, er soll nach Hause gehen!«

Der Fairness halber muss ich an dieser Stelle darauf hinweisen, dass meine Schwester sich in einer ausweglosen Lage befand. Sie hatte Mardig gebeten, ihr seinen Hausschlüssel zu geben, damit sie ihm leichter helfen und beispielsweise herein konnte, falls er im Notfall Hilfe brauchte. Aber er hatte sich geweigert. Und wenn er dann seinen Schlüssel verlegte oder sich aussperrte, kam er zu ihr. Wenn mein Bruder nicht erreichbar oder verreist war, half sie ihm hinein, indem sie eine Scheibe einschlug.

Ich sagte mir, dass wenn ich meiner Schwester meine Hilfe anbot bei ihrem aktuellen Problem, sie vielleicht eher geneigt sein würde, mit mir an einem Strang zu ziehen, also fragte ich, was ich tun könne. Sie antwortete, dass sie nichts mit Mardig zu tun haben wolle. Ihr wäre es egal, wenn er stürbe. Sie sei es leid, sich seiner Probleme anzunehmen. Sie hätte ihre eigenen Probleme. Sie hätte bei der Betreuung meiner Mutter geholfen, ohne dass es ihr gedankt worden wäre. *Mein Bruder, der ebenfalls geholfen hatte, hatte sich einen ziemlich großen Betrag gesichert. Meine Schwester fühlte sich übervorteilt und war der Meinung, ihre Hilfe sei nicht gewürdigt worden.*

Nachdem meine Schwester aufgelegt hatte, saß ich hellwach und ratlos im Bett. »Warum? Warum muss nur alles so kommen?« fragte ich mich.

Ein paar Tage später kam ich in Milwaukee an. Meine Schwester reagierte nicht auf meine Anrufe und E-Mails. Ich wollte, dass sie bei dem Gespräch dabei war, das ich bei dem Mitarbeiter des *Department of Aging* vereinbart hatte. Als ich sie endlich am Apparat hatte, erklärte sie, sie sei »viel zu beschäftigt«, um sich mit mir zu treffen.

Da wurde mir klar, dass ich ganz auf mich allein gestellt war. Ich hatte weder von meiner Schwester noch von meinem Bruder Hilfe zu erwarten. S*päter erkannte ich, dass* *das Desinteresse meiner Geschwister auch sein Gutes hatte – wenigstens würden sie mich nicht behindern.*

Ich übernachtete bei John, Davids Bruder, seiner Frau Anna und ihrem Springer Spaniel Finn.

Nach meiner Ankunft in Milwaukee fuhr ich sofort zu meinem Vater. Im Haus war es unangenehm warm und roch muffig. Die Vorhänge waren zugezogen, sodass wir Licht machen mussten. Ich schlug vor, nach draußen zu gehen. Wir setzten uns auf die Zementstufen auf der Rückseite des Hauses. Mardig ging in die Garage, um Schaumstoffpolster zu holen, auf die wir uns setzen konnten.

Ich sah mich um. Das Haus sah unverändert aus – vernachlässigt, ausgelaugt und müde. Es stimmte mich traurig, dass von der Eleganz dessen, was einmal das Zuhause eines Bankpräsidenten gewesen war, längst nichts mehr übrig war. Mein Vater war der zweite Besitzer. Der Garten musste dringend in Ordnung gebracht werden. Man konnte nur vermuten, welche Flora und Fauna dieses überwucherte Ökosystem bevölkerte!

Und doch gefiel es mir dort draußen auf der Hintertreppe. Vor Jahren hatte ich, während meine Mutter den Gemüsegarten wässerte, genau an derselben Stelle gesessen und den Duft der frisch gesprengten Pflanzen eingeatmet. Hin und wieder, wenn der Wind aus der richtigen Richtung blies, fühlte ich einen leichten feuchten Nebel auf der Haut.

Ich ließ den Blick um mich schweifen. Es hatte sich lange niemand mehr um das Grundstück gekümmert, sodass es völlig mit Unkraut überwuchert war. Nur vier Bäume ragten aus diesem Chaos heraus. Der berühmte Apfelbaum meines Vaters, der Birnbaum meiner Mutter und zwei immergrüne Setzlinge, die meine Mutter noch kurz vor ihrem Tod gepflanzt hatte. Damals waren sie etwa 30 Zentimeter hoch gewesen, inzwischen waren es gut zweieinhalb Meter.

Mardig und ich saßen eine ganze Weile auf der Treppe und unterhielten uns über alles mögliche. Wir fingen an mit den Namen von Verwandten, ihrem jeweiligen Verwandtschaftsgrad und ob sie noch lebten. Mardig nannte sowohl meine als auch seine Mutter »Ma«, als handle es sich um ein und dieselbe Person. Es fiel mir schwer, auseinander zu halten, wann er von seiner Mutter sprach und wann er meine meinte.

Da sein Essen auf Rädern noch vor 13.00 Uhr geliefert wurde, schlug er vor, dass wir unsere Unterhaltung auf der Vordertreppe fortsetzten; er wollte sein Mittagessen nicht versäumen. Das Sozialamt und die Gesundheitsbehörde hatten diesen Service in die Wege geleitet, nachdem Mitarbeiter Mardig besucht hatten und ihnen aufgefallen war, dass der Kühlschrank praktisch leer war und er sich ganz offensichtlich nur mangelhaft ernährte.

Als sein Essen kam, gingen wir ins Haus, damit er seine Mahlzeit am Küchentisch einnehmen konnte. Da es im Haus sonst nichts zu essen gab, drängte er mir einen Teil seiner Portion auf. Es kam mir sonderbar vor, seine spärliche Mahlzeit zu teilen – ihm Nahrung wegzuessen, die er dringend brauchte. Ich brauchte nur in meinen Wagen zu steigen und mir etwas zu holen. Für ihn war es schon schwieriger.

Trotzdem nahm ich die Einladung an, und wir teilten uns seine Mahlzeit, wobei wir unsere Unterhaltung fortsetzten.

Ich warf einen Blick in den Kühlschrank. Er enthielt nur eine Flasche Milch und zwei Flaschen Orangensaft. Auf der einen war ein Etikett mit dem Namen meines Bruders. Die andere Flasche lag im untersten Fach. Das musste Mardigs Saft sein. Als ich die Flasche herausnahm, sah ich, dass das Haltbarkeitsdatum abgelaufen war. Ich kippte den Saft trotz der Proteste meines Vaters in den Ausguss und warf die leere Plastikflasche in den Müll.

Ich machte mir Sorgen, dass Mardig sich eine Lebensmittelvergiftung zuziehen könnte, wenn er verdorbene Nahrungsmittel aß. Ich sagte ihm, dass ich einkaufen fahren wolle, weil nichts mehr zu essen da wäre. Er stimmte zu und wollte mich begleiten. Er fügte hinzu, dass ich bei meinem Besuch alles haben solle, was ich wollte. *Er wollte, dass* ich *es gemütlich hatte und etwas zu essen hatte. Und ich wollte, dass* er *etwas zu essen hatte!* Er sagte mir, er wolle nur schnell seine Brieftasche holen; er bestand darauf, zu bezahlen. Ich sagte, dass sei nicht nötig. Er blieb hartnäckig: Ich sei sein Gast, und er wolle für mein leibliches Wohl sorgen. Also wartete ich, bis er seine Brieftasche gefunden hatte. Dann fuhren wir zum Supermarkt. Dort stellte er fest, dass er nur 11 Dollar bei sich hatte. Ich zahlte und nahm seine 10 Dollar an. Einen Dollar wollte er für den Notfall zurückbehalten.

Wir kamen mit einigen Grundnahrungsmitteln zurück: frisches Brot, Spaghetti, Schokoladenpudding, eine Auswahl weicher Kekse, frische Milch und Saft, Bananen, Trauben, Tomaten, Wasser und Bier (für mich). Sein Kühlschrank war jetzt schon etwas besser gefüllt. Sogar für mich fand sich das eine oder andere zum Knabbern.

Mardig wollte meine Schwester besuchen. Er wollte uns zusammen sehen. Ich schlug vor, wir sollten sie stattdessen anrufen. Die Erfahrung hatte mich gelehrt, dass wenn wir unangemeldet bei ihr vorbeischauten, sie nicht aufmachen würde. Sie hatte schon meine Anrufe, Briefe und E-Mails nicht beantwortet. Und es kümmerte sie auch nicht, dass ich einen so weiten Weg zurückgelegt hatte, um hierher zu kommen. Er bat mich, sie anzurufen. Ich weigerte mich. Ich war nicht in Stimmung für eine Zurückweisung. Außerdem wollte ich den Besuch bei meinem Vater noch eine Weile genießen.

Also rief er an. Er hörte nicht mehr gut. Als ihr Anrufbeantworter ansprang, dachte er, sie wäre dran, und fing an zu sprechen. Er war ganz verwirrt, als die Stimme einfach weitersprach und anschließend ein Piepton ertönte. Es gelang ihm, eine Nachricht zu hinterlassen.

Danach gingen wir in sein Zimmer, wo er gern an seinem Schreibtisch arbeitete.

Das Telefon läutete. Ich meinte, er solle rangehen. Ich spitzte die Ohren, um zu hören, ob es für mich war. Ich hatte den Mitarbeitern der Gesundheitsbehörde und des *Department of Aging* sowie meinen Freunden diese Nummer gegeben.

Ich konnte die Stimme hören. Es war meine Schwester. Ich sagte mir, dass ich mit ihr sprechen würde, wenn sie gut gelaunt war.

»Mardig, ist alles in Ordnung mit dir?«, fragte sie.

»Ja.«

»Was treibst du denn so?«, fragte sie ungezwungen.

»Ich habe Gesellschaft.«

»Ach ja? Wer ist es denn?«

Ich bedeutete Mardig, sein Geheimnis nicht preiszugeben und nicht zu verraten, dass ich bei ihm war.

»Komm doch vorbei und sieh selbst.«

»Wer ist es, Mardig?«, fragte sie in besorgtem Tonfall.

Er ließ sich nicht beirren. »Komm doch her und sieh selbst!«

»Mardig, ich habe keine Zeit!«, entgegnete sie verärgert.

»Ach komm, nur ein paar Minuten«, bettelte er. (Sie wohnte nur fünf Straßen weiter).

»Mardig, ich muss meinen Mann zur Arbeit fahren.«

Das führte zu nichts. Ich war froh, dass ich nicht mit ihr gesprochen hatte. Ich hatte diese Ausreden schon zu oft gehört. Auch während ich das schreibe, wächst meine innere Unruhe, und meine Muskeln spannen sich an. Ausreden,

Ausreden, Ausreden – während das Leben an uns vorbeizieht!

Mardig und ich nahmen unser Gespräch wieder auf. Ich bat ihn eindringlich, sich helfen zu lassen, und schlug ihm vor, an einem Ort zu leben, an dem man ihm half. Dann legte ich ihm nahe, jemanden bei sich wohnen zu lassen. Ich sagte ihm, dass ich mir Sorgen um ihn mache, weil es ihm immer schwerer fiele, allein zurechtzukommen und erinnerte ihn daran, dass er sich verlaufen hatte und die Polizei ihn heimbringen musste. Schließlich fügte ich hinzu, dass die Gesundheits- und Sozialbehörde sowie das *Department of Aging* ihn bereits in ihren Akten führten und seinen Fall bearbeiteten.

Er lachte. »Sie befassen sich mit mir? Warum um alles in der Welt sollten all diese Leute sich mit mir befassen?«

Ich erklärte ihm, dass er eine Gefahr für sich selbst wäre aufgrund seiner Desorientierung. Ich sagte ihm, dass eines Tages jugendliche Taugenichtse auf ihn aufmerksam werden und ihm wehtun könnten. Zögernd fügte ich hinzu, dass er den Winter vielleicht nicht überleben würde, er erfrieren könnte.

Dann sprachen wir vom Sterben. Mardig hatte eine klare Einstellung zum Tod.

»Millionen von Menschen sterben jedes Jahr. Wir sind wie die Tiere … wir kriechen solange weiter, bis unser Herz stehen bleibt.«

Ich widersprach. Ich erklärte ihm, dass ich diese Sichtweise nicht akzeptieren könne, weil er mein Vater wäre.

»Wenn ich tot bin, spielt das keine Rolle mehr«, entgegnete er.

In diesem Punkt konnte ich ihm nicht widersprechen. Wo er Recht hatte, hatte er Recht.

Was sollte ich tun? Wenn wir ihn gegen seinen Willen aus seinem Haus entfernten, starb er möglicherweise, weil wir ihm seinen letzten Lebensinhalt nahmen. Wenigstens war sein Haus eine vertraute Umgebung für ihn. Er konnte mit seinem Werkzeug herumspielen und an Dingen arbeiten, an denen er schon ewig herumbastelte. Was alte Menschen am Leben hält, ist das Gefühl, noch zu etwas nutze zu sein. Wenn man ihnen das nimmt, nimmt man ihnen den Lebenswillen. Durfte ich das Risiko eingehen, Mardig wegzubringen von dem Heim, das so lange sein Zuhause gewesen war – nur um damit seine Chancen zu verbessern, den Winter zu überleben? Was, wenn er den Umzug nicht verkraftete und ein paar Monate später starb? Würde ich das vor mir selbst verantworten können?

Aber es geht hier nicht um *mich*, sagte ich mir. Es geht nicht darum, was *mir* in den Kram passt. Es geht darum, was das Beste für *ihn* ist, was für ihn sinnvoll ist.

Am nächsten Tag hatte ich einen Termin beim *Department of Aging*. Ich war gespannt auf dieses Gespräch, weil ich Antworten brauchte. Fragen hatte ich genug – sie füllten fast zwei Seiten blanken Papiers. Ich konnte es kaum noch erwarten; in weniger als 24 Stunden würden meine Fragen beantwortet werden. Nach dieser Besprechung würde ich bestimmt eine klare Vorstellung dessen haben, was nun passieren sollte.

Der Ausgang dieses Gesprächs sollte unser Leben verändern.

Am Abend vor dem Gesprächstermin beim *Department of Aging* rief ich meine Schwester an. Ich hinterließ folgende Nachricht auf ihrem Anrufbeantworter: »Bei unserem Telefonat am Freitag hast du gesagt, du würdest zurückrufen. Ich bin jetzt in Milwaukee. Bitte ruf mich an. Ich bin bei …« Sie rief nicht an, weder an diesem Abend noch am darauffolgenden Tag. Ich hatte gehofft, sie würde mich zur Behörde begleiten.

Aber so wie die Dinge standen, sprach ich allein mit der Mitarbeiterin des *Department of Aging*. In Anbetracht meiner Möglichkeiten und unserer familiären Situation hielt die Sachbearbeiterin es für das Beste, wenn ich meinen Vater ermutigte, in ein Pflegeheim zu ziehen. Da ich den ganzen vorherigen Tag damit zugebracht hatte, Mardig ohne großen Erfolg von den Vorteilen einer solchen Einrichtung zu überzeugen, bezweifelte ich, dass mir das gelingen würde. Aber da die Sachbearbeiterin in diesen Dingen erfahrener war als ich, fragte ich sie, wie ich das anstellen sollte. Sie meinte, ich sollte meinem Vater die Vorzüge eines solchen Heims vor Augen führen, beispielsweise Service rund um die Uhr und neue Freunde, mit denen er sich austauschen konnte. Ich erkundigte mich, ob es für ihn traumatisierend sein könne, ihn aus seiner vertrauten Umgebung herauszureißen. Sie gab zu, dass dieses Risiko nicht auszuschließen sei. Ich erkundigte mich nach alternativen Möglichkeiten.

Da mein Vater noch einigermaßen zurechtkam, schlug sie vor, mich an einen professionellen Pflegedienst zu wenden. Sie hielt es für eine gute Idee, wenn jemand bei ihm einzog, der ihn versorgte. David und ich hatten diese Möglichkeit bereits erwogen, aber wir hatten Geschichten von solchen Betreuern/innen gehört, die die Schwächen der alten Leute ausnutzten. Diese Möglichkeit stand also ganz unten auf unserer Liste. Ich bat sie um weitere Anregungen.

Sie erwähnte die Möglichkeit, beim Vormundschaftsgericht einen staatlichen Vormund zu beantragen. Ich fragte, was genau es damit auf sich hatte. Sie erklärte mir, dass man einer Person, die geistig beeinträchtigt war, einen Vormund an die Seite stellen konnte, der sich um ihre Belange kümmerte und auch ihr Vermögen verwaltete. Die Verantwortung für die geistig beeinträchtigte Person lag dann bei diesem

Vormund. Ich glaubte nicht, dass Mardig geistig beeinträchtigt war. *Zumindest war ich noch nicht gewillt, es mir einzugestehen. Ich wollte ihm möglichst viel von seiner Unabhängigkeit und Würde erhalten, so wie er es verdiente.* Ich fragte sie, ob sie einen Vormund für Mardig für dringend erforderlich hielt. »Nein«, erwiderte sie. Noch nicht. Allerdings stehe es bei ihm auf der Kippe, und mit fortschreitender Krankheit würde es früher oder später dazu kommen, dass er nicht mehr für sich sorgen und keine eigenständigen Entscheidungen mehr treffen konnte.

»Könnte ich sein gesetzlicher Vormund sein, obwohl ich in Kalifornien lebe?«, fragte ich.

Sie verneinte. Die Vormundschaft müsste meiner Schwester oder meinem Bruder übertragen werden. Meine Geschwister standen hierfür nicht zur Diskussion. Sie waren Mardig bislang keine Hilfe gewesen, und ich bezweifelte, dass sich an dieser Haltung etwas ändern würde.

»Was gibt es sonst noch für Möglichkeiten?«

Sie meinte, ich könnte meinen Vater auch bitten, mich zu seiner Bevollmächtigten zu erklären. *Was bedeutete das?*

Sie schlug vor, er solle mir Vollmacht und damit die Entscheidungsgewalt in Vermögens- und Gesundheitsfragen erteilen.

Ich teilte ihr mit, dass mein Vater mir eine Bankvollmacht erteilt hatte. »Reicht das nicht?«, fragte ich.

»Nein«, entgegnete sie. »Sie brauchen eine weitere offizielle Vollmacht, um ihn in allem vertreten zu können und auch über gesundheitliche Dinge zu befinden.«

Was meinte sie bloß? Musste ich meinen Vater vor Gericht vertreten?

Sie erläuterte mir, dass eine Vollmacht einer Person das Recht einräumt, im in der Vollmacht aufgeführten Umfang die Angelegenheiten des Vollmachtgebers zu regeln und dessen Interessen zu wahren.

Mir sank das Herz. Auf der einen Seite fühlte ich kindliche Erregung bei dem Gedanken, solche Verantwortung übertragen zu bekommen! Immerhin war ich die Jüngste in der Familie. Und dem jüngsten Familienmitglied zollt man in der Regel nicht allzu großen Respekt. Wow, ich würde etwas sehr Erwachsenes tun. Es war, wie wenn man sich das erste Mal ans Steuer eines Autos setzte. Wie wenn man sein erstes Haus kaufte. Ich fühlte mich furchtbar erwachsen. Andererseits hatte ich bei dem Gedanken an diese Verantwortung auch ein flaues Gefühl im Magen. Ich hätte auf meinen Bauch hören sollen.

Ich wünschte wirklich, meine Geschwister würden Interesse am Schicksal unseres Vaters bekunden. Da ich bisher vergeblich versucht hatte, sie zu kontaktieren oder dazu zu bewegen, mit zu entscheiden, konnte mir vielleicht die Mitarbeiterin des *Department of Aging* helfen. Da sie es für das Beste hielt, wenn meine Geschwister und ich Mardig gemeinsam dazu ermutigten, sich helfen zu lassen, erklärte sie sich bereit, meine Geschwister anzurufen, um ihnen ans Herz zu legen, mir zur Seite zu stehen. Sie fügte hinzu, dass wir alle Mardigs Bevollmächtigte sein konnten.

Ich hielt das für eine gute Idee. Auf diese Weise wären wir alle involviert. Später hörte ich von anderen Betreuern, dass es keineswegs eine gute Idee war, wenn wir drei uns die Bevollmächtigung teilten. Eine gemeinsame Vollmacht erforderte ein hohes Maß an Koordination und Übereinstimmung. Ich konnte meine Geschwister nicht einmal dazu bewegen, mich zurückzurufen. Und wie ich später erfuhr, riefen sie auch die Mitarbeiterin des *Department of Aging* nicht zurück.

Am nächsten Tag rief ich erneut meine Schwester an. *Ich konnte einfach nicht aufgeben. Noch hatte ich Hoffnung*! Sie ging ans Telefon. Im ersten Moment brachte mich das aus dem Konzept, da ich es gewohnt war, Nachrichten auf Band zu sprechen. Ich bat sie, mir zu helfen, während meines Aufenthaltes Mardigs Angelegenheiten in Ordnung zu bringen. Sie zählte mir all das auf, was sie zu erledigen hätte. Sie sagte, die Bauaufsicht säße ihr im Nacken. *Diese Ausrede brachte sie schon seit dreieinhalb Jahren vor, schon als meine Mutter noch lebte! Entweder hatte die Bauaufsicht von Milwaukee eine Engelsgeduld, oder meine Schwester einen sehr kräftigen Nacken!* Ich versuchte, sie zu überreden, erinnerte sie daran, wie sie mich in der Vergangenheit um Hilfe gebeten hatte, obwohl ich weit weg in Kalifornien lebte. Sie solle doch meine Anwesenheit in Milwaukee nutzen. Aber sie führte weiter Ausreden an. Mein Frust angesichts dieses Ausweichens wuchs. Jahrelang war ich Zeuge gewesen, wie sie sich nur um ihre eigenen Belange kümmerte. Und plötzlich verlor ich die Geduld. Ich sagte ihr auf den Kopf zu, dass sie einfach unfähig wäre, Verantwortung zu übernehmen. Doch sie antwortete mir wieder nur mit Argumenten, die ich als ärgerliche Ausreden empfand. Schließlich legte ich einfach auf. *Ich hasse so etwas. Es ist so kindisch und unreif, ein Gespräch abzubrechen, ohne dessen Ausgang abzuwarten.*

Rat! Ich brauchte Rat! Ich schickte eine E-Mail an Sally. Sie schlug vor, ich solle einen Anwalt einschalten, der meine Schwester schriftlich aufforderte, sich damit auseinanderzusetzen, was aus unserem Vater werden sollte. Auf diese Weise konnte man ihre Verweigerung jeglicher Unterstützung beweisen. Das war eine reine Vorsichtsmaßnahme, da ich nicht wusste, was ich von meinen Geschwistern noch zu erwarten hatte.

Meine Schwester hatte mich zuvor davon in Kenntnis gesetzt, dass mein Bruder erwog, Mardig zwangseinweisen zu lassen. Das gefiel mir nicht, zumal Mardig und mein Bruder nicht gut miteinander auskamen. Ich hatte die Erfahrung gemacht, dass meine Schwester und mein Bruder unauffindbar waren, wenn etwas erledigt werden musste. War dann alles vorbei, geizten sie allerdings nicht mit Kritik. Also war hier eindeutig Vorsicht besser als Nachsicht. *Wo sollte ich mir einen geeigneten Anwalt besorgen?*

Ich rief die Sachbearbeiterin vom *Department of Aging* an und hinterließ eine Nachricht, sie möchte mir bitte einen Anwalt empfehlen. Auch bat ich David, über das Labor-Day-Wochenende herzufliegen, um mir zu helfen. Ich kam nicht weiter und wollte während meines Aufenthaltes unbedingt etwas bewirken! Vielleicht gelang es David, Mardig zur Vernunft zu bringen. Immerhin respektierte mein Vater David schon allein deshalb, weil er ein *Mann* war!

David kam nach Milwaukee. Ich holte ihn vom Flughafen ab, und wir fuhren gemeinsam zu meinem Vater. Die nächsten Tage könnte man als einen Wirbelwind beschreiben.

Mardig freute sich riesig über Davids Besuch. Sie redeten und redeten. Wie sich herausstellte, wusste mein Vater nicht einmal mehr, dass David überhaupt weg gewesen war! Derweil ging ich runter in den Keller. Ich war mir nicht schlüssig, ob der sonderbare Geruch, der von dort unten nach oben drang, von Schimmel herrührte oder eine ernstere Ursache hatte. Später erwähnte ich den Geruch David gegenüber, und wir schauten gemeinsam nach. Er roch nichts Ungewöhnliches. »Ich glaube, es ist Gas«, sagte ich. Frauen haben einen feineren Geruchssinn als Männer. Da ich auch bei uns daheim ein Leck in der Gasleitung entdeckt hatte, schlug David vor, ich solle die Gasgesellschaft anrufen.

Dort sicherte man mir zu, sofort jemanden zu schicken. Als der Mitarbeiter kam, stellte er gleich mehrere größere Lecks fest. Das war besorgniserregend, da der Geruch mir bereits bei meinem letzten Besuch im März aufgefallen war. War es möglich, dass schon so lange unbemerkt Gas ausgetreten war, ohne dass etwas passierte?

Gut, dass Mardig nicht rauchte! Offenes Feuer hätte eine Explosion zur Folge haben können, die das ganze Haus in die Luft gejagt hätte! Und Mardig hatte es versäumt, die Hausversicherung zu bezahlen. Fünf Männer brauchten einen ganzen Tag, um den Schaden zu beheben. Das Mauerwerk an der Hausfront musste aufgestemmt werden, um an das defekte Ventil zu gelangen und die Gasleitungen abzudichten. *Lebte mein Bruder nicht auch in diesem Haus?*

David und ich waren uns einig, dass wir uns um Mardig kümmern mussten. Die Gaslecks und der leere Kühlschrank sprachen eine deutliche Sprache. Wir konnten ihn nicht sich selbst überlassen, wir mussten etwas für ihn tun. Am Anfang standen Kleinigkeiten – beispielsweise seine Kleidung zu waschen. Als Mardig am nächsten Abend müde wurde und sich auszog, um schlafen zu gehen, schnappte ich mir die Kleidungsstücke, die seit März weder Wasser noch Seife gesehen hatten, und wusch sie.

Außerdem versuchten wir, Kontakt zu meinem Bruder aufzunehmen. Auf vorausgegangene Anrufe und Faxe an sein Büro hatte er nicht reagiert. Eine andere Möglichkeit, ihn zu kontaktieren, hatten wir nicht, da er sich bislang nicht daheim hatte blicken lassen.

Beim Aufräumen entdeckten wir in einem Stapel Unterlagen eine Zeitschrift, auf der der Name einer Frau stand. Wir erfuhren, dass mein Bruder eine Freundin hatte, und folgten dieser Spur. Als wir eine Adresse in einem anderen Vorort entdeckten, beschlossen wir, am nächsten Tag dorthin zu fahren, um meinen Bruder aufzuspüren. Unsere Suche blieb jedoch erfolglos.

An diesem Abend, als wir weitere Unterlagen von Mardig durchsahen, stießen wir auf einige Obligationen in einem braunen Umschlag, der diskret zwischen zwei Büchern versteckt war. Die drei Gummibänder, die die Obligationen einmal zusammengehalten hatten, waren ausgetrocknet und klebten am Papier. Wir kratzten die Reste der Gummibänder ab und sprachen dann Mardig auf die Wertpapiere an. Er sagte, wir sollten sie beiseite legen, er würde sie sich später ansehen. David, der anderthalb Jahre bei meinem Vater gelebt hatte, wusste, was das bedeutete. Er würde sie irgendwo hinlegen und vergessen. *Immer wollte er sich alles später ansehen und erledigen. Später.* Also nahmen wir die Papiere an uns. Auch das war riskant. Was, wenn wir sie verloren? Wir nahmen diese Verantwortung nicht auf die leichte Schulter, und sie machte uns nervös.

Wir hatten die ersten ernsthaften Schritte unternommen, uns aktiv in das Leben meines Vaters einzumischen.

4

UNSER LEBEN VERÄNDERT SICH

David und ich verwandten die nächsten Tage darauf, Mardigs Unterlagen durchzusehen. Nach und nach wurde uns bewusst, wie ernst die Lage war. Mardig seinerseits genoss unser aufrichtiges Interesse und fing an, von der Vergangenheit zu erzählen. Ich wusste mehr über meine Familie mütterlicherseits. Mardig hatte nie viel über seine Familie gesprochen. Alte Missverständnisse hatten die Familienmitglieder voneinander fern gehalten. Und so entwickelte sich diese Aufräumaktion zu einer archäologischen Ausgrabung. Ich befand mich auf einer Expedition, auf der ich einen großen Teil meiner Familiengeschichte erfahren würde.

Da David nur über das Wochenende in Milwaukee war, war unsere Zeit begrenzt. Trotzdem nahmen wir uns ein paar Stunden Auszeit für etwas, das Milwaukee berühmt gemacht hat: Bier! Die Sprecher-Brauerei, eine winzigkleine Brauerei in Milwaukee, sponsorte das jährliche Sprecher-Fest, eine Art Mini-Oktoberfest. Wir gingen mit Davids Bruder John und seiner Frau Anna hin. Wir probierten fast alle Biersorten und bestellten dann von den zwei Sorten, die uns am besten geschmeckt hatten, nach. Im Laufe des Abends genehmigten wir uns noch viele Gläser mehr und begannen, über meinen Vater zu philosophieren.

Alkohol kann eine unerwartete Wirkung auf Menschen haben. Sprecher-Fest und großartiges Bier! *Wir beschlossen, meinen Vater zu uns nach Hause zu holen!*

Aaahhh, Alkohol ... seine enthemmende Wirkung hat schon so manchem Paar Nachwuchs beschert. Auch wir beschlossen, Eltern zu werden. Wir entschieden, einen 86jährigen Mann zu adoptieren: meinen Vater.

Erst mussten wir Mardig von unseren Plänen überzeugen. Das war der schwierigste Teil. Wir gingen es langsam an. Wir stellten ihm einen Haufen »Was, wenn?«-Fragen. »Was, wenn du nach Kalifornien ziehen würdest?«

Er hielt das für keine gute Idee, weil er dachte, er bräuchte dafür Geld. »Wo soll ich denn wohnen?«, fragte er.

»Bei uns«, antworteten wir.

Er schien nicht eben begeistert von dieser Aussicht. Er war ein sehr freiheitsliebender Mensch und wollte allein zurechtkommen. Wir erinnerten ihn an die Obligationen, die wir gefunden hatten – ihr Nennwert belief sich auf 28 000 Dollar. *Wir hatten allerdings keine Ahnung, wie viel diese 30 Jahre alten Wertpapiere heute wert waren.* Außerdem erinnerten wir Mardig daran, dass er Aktien von General Electric besaß, auch wenn wir nicht wussten, wie viele. Außerdem besaß er einige Depotscheine. Wir schätzten sein Vermögen auf etwa 200 000 Dollar, und das sagten wir ihm auch. Er lachte.

Das Wochenende war bald vorbei, und David musste zurück nach Kalifornien. Ich blieb und entdeckte noch mehr wichtige Unterlagen von Mardig. Jedes Mal, wenn ich auf etwas stieß, dass seine Finanzen betraf und irgendwie offiziell aussah, zeigte ich es ihm. Darunter waren Bankauszüge, Belege über Dividendenausschüttungen und weitere Obligationen. Langsam gewann er einen Eindruck dessen, was er besaß, und das machte ihm neue Hoffnung. Er war überrascht, dass sich so viel angesammelt hatte. Und ich ebenso! Wir waren in bescheidenen Verhältnissen aufgewachsen.

Ich schloss einen Handel mit Mardig ab. Ich sagte ihm, dass wenn er tatsächlich so viel Geld hatte, er nach Kalifornien kommen und bei uns leben müsse. Das mag sonderbar klingen. Aber er legte so großen Wert auf seine Unabhängigkeit, dass er sich ständig fragte, was aus ihm werden sollte, wenn das Geld nicht reichte. Mein gutes Zureden vermochte ihm seine tiefverwurzelte Angst und sein Bedürfnis nach Unabhängigkeit und Eigenständigkeit nicht zu nehmen. Um so erleichterter war ich, als er mein Angebot schließlich doch annahm. Glücklich schickte ich eine E-Mail an David, Sally und Ken.

Sally antwortete als erste. In Anbetracht der Optionen, die wir zuvor mit ihr besprochen hatten, kam unser Entschluss für sie völlig unerwartet. Hier ein Ausschnitt aus ihrer E-Mail an mich:

> WOW!!! Diese Wendung habe ich nicht erwartet.
> OK: Bist du auch sicher, dass du das schaffst? Von jetzt an wirst du alles, was du tust, infrage stellen. Du bist jetzt wie eine Mutter für deinen Vater. Du hast alle Hände voll zu tun … ich bin noch ganz baff. Damit habe ich einfach nicht gerechnet. Ich wollte dich nur wissen lassen, dass ich deine Nachricht gelesen habe und Ken und ich immer für dich und David da sein werden. Gott erbarme sich … Wenn wir dich und deinen Dad mit dem Van am Flughafen abholen sollen, sag Bescheid … Ich glaube an dich; du machst das schon.
>
> Alles Liebe, Sally

Normalerweise besuchte ich Freunde, wenn ich in Milwaukee war. Bei diesem Aufenthalt wollte ich außerdem ein paar geschäftliche Dinge regeln. Plötzlich war alles anders. Ich hatte weder Zeit für meine Freunde noch für meine geschäftlichen Belange. Ich hatte meinen Bruder immer noch nicht erreicht. Meine Schwester und ich redeten nicht mehr miteinander. Ich war ganz auf mich allein gestellt. Ich musste alles ganz allein regeln und Mardigs Umzug nach Kalifornien organisieren. Was sollte ich für ihn einpacken? *Er besaß vieles, woran er hing – sein Werkzeug, seine Lieblingskleider, seine Toilettenartikel, sein Papierkram. Wo sollte ich anfangen? Wann war es genug? Was sollte aus dem Haus werden?*

Die Verantwortung wuchs mir über den Kopf. Es gab so viele lose Enden zu verknüpfen ... darunter Mardigs eigene Unsicherheit, ob er mich wirklich nach Kalifornien begleiten sollte oder nicht. *Ach ja, und ich musste noch das Flugticket kaufen.* Ich musste mich um die Vollmacht kümmern. An wen sollte ich mich diesbezüglich wenden? Ich kannte keine Anwälte, die sich mit solchen Dingen befassten. Am Freitag hatte ich der Sachbearbeiterin vom *Department of Aging* eine Nachricht hinterlassen. Sie rief nach dem Labor-Day-Wochenende an und teilte mir mit, dass dem Department eine Liste von Rechtsanwälten vorliege, die sich auf Familienrecht spezialisiert hätten. Ich könne die Liste gerne haben. Am Nachmittag fuhr ich zu ihr ins Büro und holte die Liste ab. Am nächsten Tag erledigte ich einige Anrufe. Bis ich einen Anwalt gefunden hatte, der mir helfen konnte, war es Donnerstag. Nur noch vier Tage bis meine zwei Wochen rum waren und ich nach Hause zurück musste.

Mein Vorhaben – meinen Vater nach Kalifornien mitzunehmen – machte mir Angst. Ich wurde das Gefühl nicht los, dass ich möglicherweise einen großen Fehler beging. *Das war die verfluchte Angst aller jüngsten Kinder. Bei mir verhielt es sich nicht anders. Obwohl meine Geschwister und ich keinen Kontakt mehr zueinander hatten, war es immerhin auch ihr Vater, den ich umzog.*

Ich musste dafür sorgen, dass Mardig mir offiziell Vollmacht erteilte, ihn rechtlich zu vertreten. Denn ich war mir nicht sicher, wie meine Geschwister reagieren würden, und ich wollte nicht, dass sie mir später irgendwelche Eigenmächtigkeiten vorwarfen. Wenn ich mich schon um die Belange meines Vaters kümmern wollte, dann musste ich es auch *richtig* machen.

Mardig hatte immer noch nicht geduscht. So konnte er nicht mehr an die Öffentlichkeit gehen. Er sah verwahrlost aus und roch. Ich vermutete, dass er sich seit März nicht mehr gewaschen hatte. Wie sollte ich ihn dazu bringen, zu duschen?

Ich wählte die Annäherung, die mir am erfolgversprechendsten erschien. Da Mardig es offenbar genoss, dass ich bei ihm war und ihm half, erklärte ich ihm, dass wenn er wollte, dass ich mich künftig um seine Angelegenheiten kümmerte, er mir hierzu eine offizielle Vollmacht erteilen müsse, wozu ein Besuch beim Rechtsanwalt nötig sei. Ich fügte hinzu, dass ich mich schämen würde, mit ihm zu einem Anwalt zu gehen, solange er so übel rieche. Er fragte, ob das tatsächlich der Fall sei. Ich bejahte. *Ich ging immer freundlich mit meinem Vater um. Er war ein vernünftiger Mann und schien nicht beleidigt zu sein, da er wusste, dass ich es nur gut mit ihm meinte.*

Überraschenderweise war er nicht abgeneigt. »Für dich werde ich duschen«, sagte er. »Dann müssen wir mir nur etwas Sauberes zum Anziehen raussuchen.« Ich versprach, etwas für ihn zurecht zu legen, während er im Bad war. »Okay«, sagte er und ging nach oben. In diesem Moment klingelte das Telefon. Es war der Anwalt mit einigen letzten Fragen bezüglich der Vollmacht. Er wollte das Dokument schon aufsetzen, damit wir es bei unserem Termin in seiner Kanzlei durchlesen konnten. Als ich gerade auflegte, kam Mardig ins Wohnzimmer; er trug nur ein lose geknöpftes

Hemd und weder Hose noch Unterwäsche. Ich schaute weg und fragte: »Warum bist du nicht unter der Dusche?«

»Weil du gesagt hast, dass du mir saubere Sachen zum Anziehen bringst.«

»Das tue ich auch. Bitte geh rauf unter die Dusche.«

Es war ein komisches Gefühl, meinen Vater so zu sehen. Ich hatte ihn noch nie ganz oder teilweise nackt gesehen. Ich drängte ihn, zurück nach oben zu gehen. Er kam auf mich zu, blieb vor mir stehen und sagte, er fühle sich mir sehr nah. Es sei schön, dass ich mich um ihn kümmern würde, und er habe mich sehr lieb.

Ich fing an, mich sehr unbehaglich zu fühlen. Wäre er vollständig angezogen gewesen, hätte ich damit umgehen können, aber jetzt, da er nur ein Hemd trug, das sein Geschlecht mehr schlecht als recht bedeckte, wusste ich nicht, wie ich seine Worte interpretieren sollte. Trotz meines Unbehagens nahm ich seine Hand, wobei ich darauf achtete, ihn nicht anzusehen, und bat ihn, mit mir nach oben zu gehen. Ich erinnerte ihn daran, dass er versprochen hatte zu duschen. Er bat mich, ihm zu helfen. Ich zögerte, dann sagte eine innere Stimme: »Wenn du willst, dass er duscht, dann hilf ihm eben. Du hast sechs Monate gebraucht, um ihn überhaupt soweit zu bringen!« Ich drehte das Wasser auf, während er sich auszog. Ich gab mir alle Mühe, mich nur auf Wasser und Duschkopf zu konzentrieren. Als das Wasser die richtige Temperatur hatte, half ich ihm in die Dusche und hielt wieder den Blick von seiner Blöße abgewandt. Ich zog den Duschvorhang zu und sagte, ich würde jetzt rausgehen. *Puh! Das war vielleicht was! Ich war noch nie in einer solchen Situation gewesen.*

Ich ging nach unten, um ihm etwas zum Anziehen zu holen. Er besaß viele schöne Sachen, die er nicht mehr anzog. Leise betrat ich noch einmal das Badezimmer, während er noch in der Dusche war, und legte ihm die Kleider hin. Nachdem er fertig geduscht hatte, rief er nach mir. Zögernd trat ich vor die Badezimmertür. »Ja?«

»Wie sehe ich aus?«, wollte er wissen.

Ich wusste nicht, was mich erwartete. Langsam öffnete ich die Tür und sah Mardig in Unterhemd und Boxershorts auf der Toilette sitzen. Er zog gerade seine Socken an. Ich betrachtete ihn. Wow. Er sah so sauber und frisch aus. Ich war stolz auf ihn. *Trotzdem blieb mir der Zwischenfall von vorhin im Gedächtnis haften.*

Auf der Fahrt zur Anwaltskanzlei, die nur eine Meile entfernt war, bekam ich plötzlich Angst vor der eigenen Courage. Ich fürchtete mich vor dem Unbekannten, da ich nicht wusste, was mich erwartete. Das Ganze war etwas so *Erwachsenes.* Ich war mit meinem Vater unterwegs zu einem Anwalt, um Dokumente zu unterschreiben, die mich zu seiner gesetzlichen Vertreterin machten. Er war immer so eigen gewesen in privaten Dingen. Ich wusste nichts von seinen Angelegenheiten abgesehen von dem Wenigen, das er mir in den vergangenen Jahren erzählt hatte.

Wir betraten die Kanzlei im ersten Stock eines Bankhauses im Süden von Milwaukee. Die Dame am Empfang begrüßte uns und bat uns, noch einen Moment zu warten. Wir hatten kaum Zeit, die Eleganz des Büros zu bewundern – solides Fachwerk und hohe Decken waren typisch bei einigen älteren Gebäuden Milwaukees –, als auch schon Rechtsanwalt Cohn auftauchte und uns in sein Büro bat. Er stellte sich vor, schüttelte uns die Hand und forderte uns auf, Platz zu nehmen. Obwohl Mardig neben mir saß, war ich nervös. Immerhin ging es hier um eine sehr große Verantwortung.

Ich blickte auf die Berge von Unterlagen, Akten und Bücher überall. Mitleid mischte sich in meine Nervosität, als ich mich fragte, wie der arme Mann es je schaffen wollte, diesen

Wust von Papieren zu bewältigen. Aber Rechtsanwalt Cohn war immerhin so gut organisiert, dass er bereits eine Vollmacht aufgesetzt hatte, die mich zur gesetzlichen Betreuerin meines Vaters bestimmte. Nur die Einzelheiten mussten noch besprochen werden. Seine Effizienz war anerkennenswert, aber ich wurde mein Unbehagen dennoch nicht los. Das war eine völlig neue Erfahrung für mich, und ich hatte keine Ahnung, worauf ich mich da einließ.

David, wie ich Rechtsanwalt Cohn bald nannte, muss meine Nervosität gespürt haben. Er versuchte, mir mit seinem wirklich *sehr trockenen* Humor die Befangenheit zu nehmen.

David war Ende vierzig, trug eine randlose Brille und hatte von grauen Strähnen durchzogenes lockiges dunkles Haar. Er hatte eine Vorliebe für bunte Hosenträger und farbenfrohe Krawatten. Im krassen Kontrast zu diesen auffälligen Accessoires stand sein gestärktes teures Baumwollhemd, das ihm ein professionelles Aussehen verlieh. Er sah aus, als übe er sich im Spagat zwischen den sechziger und den neunziger Jahren. Sein entwaffnender Stil half mir, mich trotz aller Unsicherheit ein wenig zu entspannen.

David wandte sich an Mardig und stellte ihm ein paar Fragen zu seinen (meines Vaters) Absichten.

»Sind Sie über den Zweck unserer Zusammenkunft im Bilde?«

»Ja. Meine Tochter soll meine gesetzliche Vertreterin werden.«

»Ist das Ihre Tochter?«

»Ja, das ist meine Tochter.« Mardig strahlte mich an.

»Wie ist ihr Name?«

»Brenda.«

»Würden Sie bitte diese Unterlagen durchlesen und mich wissen lassen, ob Sie irgendwelche Fragen haben? Ich werde Ihnen hinterher noch einige Punkte erläutern.«

Mardig hatte keine Lust, die vielen Seiten zu lesen, die der Anwalt uns vorlegte, und reichte sie gleich an mich weiter. »Da du ja jetzt für meine Rechtsgeschäfte zuständig bist«, fügte er scherzhaft hinzu.

Was, wenn ich einen Fehler machte? Mein Verstand sagte mir, ich solle endlich erwachsen werden und es durchziehen. Doch mein Instinkt diktierte mir etwas ganz anderes: *Tu das nicht! Das bringt mehr Ärger, als du dir vorstellen kannst! Lass es sein! Das stellt dein ganzes Leben auf den Kopf! Tu es nicht! Das wird den Verlauf deines Lebens radikal verändern!*

Ich bestand darauf, dass Mardig sich die Unterlagen mit mir gemeinsam durchlas. Es war so kompliziert, dass ich mir nicht einmal sicher bin, ob ich das gesamte Dokument gelesen habe. Ich stellte ein paar Fragen, dann lenkte David Cohn unsere Aufmerksamkeit auf andere wichtige Abschnitte der Vollmacht. Wir verwandten viel Zeit auf den Absatz zum Thema Gesundheitsfürsorge. Mardig fragte mich, ob ich den Inhalt akzeptabel fände. Immer noch nervös und mit gemischten Gefühlen sagte ich »Ja.« Ich unterschrieb und mein Vater ebenfalls. *Immerhin stand Rechtsanwalt Cohn auf der Liste des Department of Aging. Er musste gut sein.*

Anschließend fragte David Mardig, ob er auch wisse, was er eben unterschrieben habe.

»Ja, jetzt ist meine Tochter mein Vormund!«, entgegnete er, sah mich an und tätschelte mir das Knie.

Diesen Schritt hatten wir also bewältigt. In der Anwaltskanzlei waren wir fertig. Was jetzt? Das Gefühl der Beklemmung war inzwischen so stark, dass es mir schier den Atem raubte.

Wir gingen einkaufen. Mardig hatte sämtliche Lebensmittel, die wir beim letzten Mal gekauft hatten, aufgebraucht. Als wir durch die Gänge des Supermarktes gingen, fiel mir auf, dass er ungewöhnlich lebhaft war. Er kam mir so kindlich und verspielt vor. Ich fragte ihn, wie er sich fühle, und er antwortete, er sei sehr glücklich. Er fügte hinzu, dass er wüsste, dass ich ihm helfen würde und mir wirklich etwas an ihm läge. Mir wurde ganz warm ums Herz. Er sagte, er liebe mich. Ich hatte es gern, wenn er das sagte, andererseits war da der Zwischenfall beim Duschen vor ein paar Stunden, sodass ich mich dabei auch ein wenig unbehaglich fühlte. »Ich liebe dich so sehr, dass ich dich aufessen könnte!«, sagte er sehr laut. Das Ganze wurde mir langsam peinlich. Er wiederholte es noch mehrere Male, bis ich ihn schließlich bat, damit aufzuhören, weil er mich in Verlegenheit bringe. »Okay«, sagte er.

Es war, als wäre ihm eine Riesenlast von den Schultern genommen worden. Er hatte die Verantwortung einem anderen übertragen. Meiner eigenen Gefühle war ich mir nicht ganz sicher. Einerseits fühlte ich mich geehrt, andererseits war die Last der Verantwortung groß … und das machte mir Angst.

Ich rief Sally an, um ihre Meinung zu dem Zwischenfall vor dem Duschen einzuholen. Sie erzählte mir, was sie alles mit ihrem inkontinenten Vater erlebt hatte. Nach einer Dreiviertelstunde fühlte ich mich stärker und wieder in der Lage weiterzumachen. Ich musste mir noch Mardigs Krankenakten besorgen. Dazu musste ich in Erfahrung bringen, wer sein Hausarzt war.

Ein paar Tage später schickte ich Sally die folgende E-Mail, in der ich ihr von meinen Fortschritten berichtete:

> Mein Vater ist ein bisschen schwierig im Moment. Ich bemühe mich, den Umzug schneller über die Bühne zu bringen, als ihm lieb ist. Ich hoffe, dass er bei mir ist, wenn ich am Dienstag, den 10., zurückkomme!

David und ich versuchen, systematisch vorzugehen. Es ist, wie wenn man ein Kind adoptiert. Unser ganzes Leben wird sich verändern. Wir werden nicht mehr so frei und ungebunden sein wie bisher. Und wir müssen auch im Essen umdenken, damit mein Vater regelmäßige und gesunde Mahlzeiten bekommt! Bisher war Davids und mein Leben so hektisch, dass wir nur einmal am Tag richtig gegessen haben! Wir werden auch noch jemanden finden müssen, der ihn versorgt, wenn David und ich beide weg sind. Da für ihn alles fremd und unbekannt sein wird, möchten wir nicht, dass er loszieht und sich verirrt! Na ja, irgendwie wird es schon gehen, einen Schritt nach dem anderen!

Am Morgen des 10. September, meinem letzten Tag in Milwaukee, schickte ich eine E-Mail an einen Geschäftspartner, um ihm zu erklären, weshalb ich ihn nicht aufsuchen konnte. Hier ein Ausschnitt:

Stell dir vor, was es heißt, einen Mann, der 45 Jahre lang in ein und demselben Haus gelebt hat, so kurzfristig auf einen Umzug vorzubereiten. Ich musste in dieser knappen Zeit (eine Woche) einen Anwalt finden, mich als gesetzliche Vertreterin bestätigen lassen, die Ärzte meines Vaters ausfindig machen und sprechen, mir Kopien der Krankenakten meines Vaters beschaffen und ihn schonend auf die radikalen Veränderungen in seinem Leben vorbereiten … Kurz, ich habe die letzten Tage durchschnittlich nur 4 bis 5 Stunden geschlafen und mich die restliche Zeit darum gekümmert, hier alles zu regeln.

Gegen 19.00 Uhr, als in Milwaukee gerade die Sonne unterging, gingen mein Vater und ich an Bord des Midwest Express nach Los Angeles. Das war sein erster regulärer Flug. Mardig konnte es nicht fassen, dass er sich zehntausend Meter über der Erde fortbewegte. Ebenso wenig konnte er glauben, dass an Bord eines Flugzeugs eine ordentliche Mahlzeit serviert wurde. (Midwest Express bietet nur Flüge Erster Klasse an, und die Mahlzeiten sind köstlich). Genau genommen konnte er nicht glauben, dass er in einem Flugzeug flog.

Er glaubte mir nicht, als ich ihm sagte, in welcher Höhe wir uns befanden, und stand auf, um eine Flugbegleiterin zu fragen. Einen Großteil des Fluges blieb er vorn bei den Stewardessen. Ich glaube, sie waren so angetan von Mardigs Naivität und ehrlicher Liebenswürdigkeit, dass sie sich fast eine Stunde lang mit ihm unterhielten. Dann verliehen sie ihm ein Pilotenabzeichen.

David und ich waren eben Eltern geworden.

II

DIE SPITZE DES EISBERGS

Wenn man sich einmal zu etwas entschlossen hat, muss man es auch durchziehen. Bei ein paar Krügen Bier entschieden wir, meinen Vater bei uns aufzunehmen. Wir hatten A gesagt, jetzt mussten wir auch B sagen. Einen Sinneswandel durfte es nicht geben. Wir konnten uns nicht vor der Verantwortung drücken, die wir uns aufgeladen hatten. Also bereiteten wir uns auf unsere neue Aufgabe vor. David hatte mit viel Sorgfalt und Liebe Mardigs Zimmer bei uns zu Hause hergerichtet. Er hatte allerlei Gebrauchsgegenstände, die mein Vater brauchen würde, wie Toilettenartikel, weitere Anziehsachen und Lebensmittel für gesunde, ausgewogene Mahlzeiten eingekauft.

Andere betrachten David und mich als Organisationstalente. Der Vorteil ist, dass wir selten von etwas überrascht werden, da wir in der Regel immer alles vorausplanen. Der Nachteil ist, dass wir uns nächtelang die Köpfe zerbrechen wegen irgendwelcher Kleinigkeiten, um ganz sicher zu gehen, auch ja nichts übersehen zu haben. Aber trotz aller Sorgfalt konnten wir die Tragweite der Verantwortung, die wir übernommen hatten, nicht voraussehen.

Die Pflege meines Vaters war nur ein Teil unserer neuen Verpflichtungen. Daneben mussten wir Geldangelegenheiten regeln und ihm beispielsweise eine Sozialversicherungskarte besorgen. (Er hatte seine zusammen mit seinem Ausweis verloren.) Die Mitarbeiter der kalifornischen Sozialversicherungsanstalt schlugen vor, wir sollten einen kalifornischen Ausweis für ihn beantragen. Dazu brauchten wir aber eine Geburtsurkunde, die Einbürgerungspapiere oder eben eine Sozialversicherungskarte.

Wir mussten uns um seine Gesundheitsfürsorge kümmern. Wir mussten vor Ort einen Arzt finden, der sich mit Alzheimer auskannte.

Wir versuchten, für ihn bei einer örtlichen Bank ein Konto einzurichten, aber das Geldinstitut verlangte hierfür ei-

nen kalifornischen Ausweis oder eine Sozialversicherungskarte.

Darüber hinaus mussten wir noch Berge von Mardigs Papieren durchsehen, die wir ungelesen nach Kalifornien mitgebracht hatten. Er hatte so viel Papierkram angehäuft, dass wir nicht alles in Milwaukee hatten sichten können. Bei späteren Flügen nach Milwaukee suchten wir weitere wichtige Unterlagen zusammen, die wir per Luftpost und Einschreiben nach Kalifornien schickten.

Diese Papiere zusammenzustellen, zu lesen und zu ordnen erwies sich als unser größter Albtraum. Wir waren schockiert von dem, was wir herausfanden. Unsere Gedanken wurden so sehr von Mardigs Angelegenheiten beherrscht, dass wir oft wie weggetreten waren. Einmal verlor ich auf einer mir vertrauten Straße plötzlich die Orientierung und wusste nicht mehr, wo ich war! David Cohn, unser Rechtsanwalt, charakterisierte unsere Situation folgendermaßen: »Sie haben eine Eichel aufgehoben und den ganzen Baum bekommen! Sie wollten ein Sandkorn aufheben und bekamen den ganzen Strand!«

5

UNSER LEBEN ERFÄHRT EINE UNERWARTETE WENDE

Als wir in Los Angeles landeten, freute sich Mardig, David zu sehen. Er und David unterhielten sich die ganze anderthalbstündige Fahrt miteinander. Ich machte hinten im Fond die Augen zu und schlief sofort ein. Ich war am Ende.

Um 23.00 Uhr, nach sechsstündiger Reise (vier Stunden Flug und weitere zwei Stunden, um das Gepäck zu holen und für die Heimfahrt) verlor mein Vater zunehmend die Orientierung und erklärte wiederholt, dass er heim wolle. Er versprach, uns am nächsten Tag zu besuchen, aber jetzt wollte er erst einmal nach Hause und schlafen.

Was sollten wir tun?

Wir erklärten ihm, wie weit er gereist war. Wir brauchten anderthalb Stunden, um ihn davon zu überzeugen, bei uns zu übernachten. Wir versprachen, ihn gleich am nächsten Morgen nach Hause zu bringen.

Was als wohlmeinende Geste unsererseits begonnen hatte, konnte sehr bald von Mardigs Wunsch, heimzukehren, zunichte gemacht werden. Wir kamen überein, dass wenn er ernsthaft nach Milwaukee zurück wollte, wir ihn am nächsten Tag zurückfliegen würden.

Am nächsten Morgen war er ausgeruht. Wir hießen ihn mit einem Frühstück willkommen. Nachdem er an nur eine richtige Mahlzeit täglich von »Essen auf Rädern« gewöhnt war, genoss er das herzhafte Frühstück mit Eiern, Brot, Käse und Grapefruit.

Wir auch!

Normalerweise frühstückten wir nur selten. Aber wir mussten uns umstellen. Von jetzt an mussten wir für Mardig sorgen.

Ich unternahm mit ihm eine Spritztour durch die Nachbarschaft. Da wir im Dunkeln angekommen waren, wollte ich, dass er möglichst viel bei Tag zu sehen bekam. Ich war nicht ganz sicher, ob er verstand, wo er war. Aber ihm gefielen die Häuser und die Umgebung. Er hatte solche Energie! Nachdem ich in den vergangenen zwei Wochen in Milwaukee so viel gemacht und dabei so wenig Schlaf bekommen hatte, träumte ich davon, mir etwas Ruhe zu gönnen und aufzuarbeiten, was sich in meiner Abwesenheit angehäuft hatte. David, der meine Erschöpfung spürte und wusste, wie viel mir daran lag, einige Arbeiten zu erledigen, fragte Mardig, ob er vielleicht Lust hätte auf einen Spaziergang.

»Ja«, stimmte Mardig zu.

Mardig liebte Spaziergänge, und sie würden ihm helfen, seine neue Umgebung kennen zu lernen. Sie zogen sich Schuhe an und verließen das Haus für einen Spaziergang von mindestens einer Dreiviertelstunde, wie David mir versprach.

Aaaahhh. Ruhe. Stille. Entspannung.

Ich hatte in Milwaukee nichts mehr von meiner Schwester gehört, also rief ich sie an und hinterließ eine Nachricht auf ihrem Anrufbeantworter. Sie hatte auf meine bisherigen Anrufe nicht reagiert, trotzdem fühlte ich mich unbehaglich, weil sie an Mardigs Umzug nicht beteiligt gewesen war. Obwohl es mir widerstrebte, schickte ich ihr eine E-Mail. Ich wusste, dass sie wenigstens diese Nachricht von mir lesen würde.

Sie sollte möglichst positiv klingen.

Betrifft: Mardig.
Hi!

Ich habe heute morgen eine Nachricht auf deinem Anrufbeantworter hinterlassen … kurz nach 13.00 Uhr eurer Zeit.

Es ist mir gelungen, Mardig zu überreden, mit mir nach Kalifornien zu kommen. Die Logistik war kein Zuckerschlecken! Einen alten Mann davon zu überzeugen, ein Flugzeug zu besteigen (sein erster regulärer Flug, bei dem ihm übrigens sein »Pilotenabzeichen« verliehen wurde, das eine Stewardess ihm ans Revers gesteckt hat) und das Heim zu verlassen, in dem er 45 Jahre gelebt hat.

Ich habe ihm etwas zum Anziehen gekauft (du weißt ja, wie alt und schmutzig seine Sachen waren): Hosen, Hemden, Schlafanzüge, Unterwäsche und Socken. Außerdem konnte ich ihn zu einer Dusche überreden (der ersten in fünf Monaten!). Ich wünschte, du könntest ihn sehen: ER SIEHT RICHTIG COOL AUS!

Er ist also hier bei uns, und ich bin fix und foxi! Er braucht wirklich ständige Betreuung … erst recht in einer für ihn völlig fremden Umgebung. Ich habe mit ihm eine Spritztour unternommen, und David ist mit ihm spazieren gegangen.

Also, das war erst einmal alles, was ich dir mitteilen wollte. Ich hoffe, dass er jetzt hier ist, verschafft dir eine Atempause. Übrigens habe ich unseren Bruder bisher nicht erreichen können. Seine Reaktion dürfte interessant sein.

Ich bemühe mich, für Mardig alles in meiner Macht Stehende zu tun,

Brenda

Ich wusste im Herzen, dass David und ich bei unserem Vorhaben auf die Unterstützung meiner Geschwister würden verzichten müssen, und so fing ich an, Freunde und Kollegen um Rat zu fragen. Ich kommunizierte vor allem via E-Mail. Das war sehr hilfreich, weil die Leute ihre Nachrichten dann lesen konnten, wann es ihnen zeitlich passte. Somit brauchten sie sich keine langatmigen Telefonate anzutun, bei denen man sie um Rat, Verständnis, Mitleid oder Mitgefühl anbettelte. Eine E-Mail ging an einen Kollegen, der nach San Diego gezogen war. Ich hatte versprochen, ihn in seinem neuen Zuhause zu besuchen, wenn ich aus Milwaukee zurück war.

Betrifft:
GRUSS AUS KALIFORNIEN!
Rodger,

hallloooo ... Ich bin wieder daaaaa!

Neuigkeiten: Ich habe meinen Vater mitgebracht, der künftig bei mir und David leben soll. Das wird einiges verändern – unsere Freiheit, Verfügbarkeit, Schlafgewohnheiten (er ist Schlafwandler) ... David und ich wechseln uns ab, aufzustehen und 20 Minuten auf ihn einzureden, er solle sich wieder hinlegen und schlafen. Es ist, als hätten wir ein BABY!

Wenn die Lage sich ein wenig beruhigt hat, werden wir sehen, wie sich ein Ausflug zu dir einrichten lässt. Ich bringe eine Zigarre mit: Es ist ein JUNGE.

Ich hoffe, du hast dich schon etwas eingewöhnt und warst schon auf einem »beer race«!

Brenda Avadian
Sprecherin, Autorin und Beraterin

An einem Morgen am Wochenende äußerte Mardig beim Frühstück seine Dankbarkeit für unsere Fürsorge und wollte wissen, warum wir uns seinetwegen solche Umstände machten. Weil er mein Vater sei, antwortete ich, und weil er mich zu seiner gesetzlichen Vertreterin bestellt habe. Er lächelte bei der Vorstellung, dass wir bereit waren, ihn zu pflegen und zu versorgen, »nur« weil er mein Vater war. Dann fragte er, ob ich die Vollmachtsunterlagen hätte. Ich bejahte, und wir gingen auf sein Zimmer, um sie ihm zu holen. Er las etwa eine halbe Stunde darin.

»Derjenige, der das geschrieben hat, ist nicht *nur* Rechtsanwalt, sondern besonders gründlich!«, sagte er nachdrücklich. Dann fragte er: »Ich habe dir also Vollmacht erteilt, dich um *alles* zu kümmern?« Er betonte »alles«.

»Ja«, entgegnete ich zögernd, unsicher, wohin das führen mochte.

»Gut«, meinte er zu meiner Erleichterung. »Dann brauche ich mich ja um *nichts* mehr zu kümmern.«

Ich schickte eine E-Mail an David Cohn, um ihm von Mardigs ersten Tagen in Kalifornien zu berichten sowie von der Reaktion meines Vaters auf die von ihm aufgesetzte Vollmacht. Ich setzte ihn außerdem davon in Kenntnis, dass ich immer noch nichts von meinen Geschwistern gehört hatte, und bat ihn, noch eine Angelegenheit für mich zu klären, und zwar festzustellen, wer der rechtmäßige Eigentümer des Hauses war, aus dem Mardig gerade ausgezogen war. *Mein Bruder hatte meiner Schwester mehrfach erklärt, das Haus gehöre ihm (meinem Bruder). Das mussten wir überprüfen.*

Später brachte Mardig das Thema auf seine Finanzen. »Wir haben ein Konto in Omaha. Das Geld muss hierher überwiesen werden.«

»Ich kümmere mich darum«, antwortete ich. Also los. *Wann werde ich endlich wieder zu meiner eigenen Arbeit kommen?*

In den folgenden Wochen tätigte ich zahlreiche Anrufe, versandte und empfing viele E-Mails. Die ersten Anrufe galten meinen Nachbarn. Obwohl es mir ein wenig peinlich war, sie wissen zu lassen, dass mein Vater, der künftig bei uns wohnen würde, nicht ganz zurechnungsfähig war, sagte ich ihnen die Wahrheit: David und ich haben meinen 86jährigen Vater zu uns geholt, der an Alzheimer-Demenz erkrankt ist. Er ist etwa 153 cm groß und 112 Pfund schwer. (Er war stark abgemagert, bevor wir uns seiner angenommen hatten.) Er trägt gewöhnlich eine Brille mit schwarzem Gestell, eine Baseballmütze und eine braune Jacke. Wenn Sie ihn auf der Straße sehen, rufen Sie uns bitte an, weil er sich in der Gegend nicht auskennt und sich leicht verlaufen könnte.

Diese Maßnahme sollte sich als sehr nützlich erweisen. Zwei Tage später rief eine unserer Nachbarinnen an und teilte mir mit, sie habe meinen Vater gerade in Richtung ihres Hauses gehen sehen.

Es ist verblüffend, in welchem Maße eine Veränderung im Leben sich auch auf die Beziehung zu anderen Menschen auswirkt. In unserem Fall beeinflusste es nicht nur unsere persönlichen, sondern auch unsere beruflichen Kontakte.

Eine Kollegin schrieb uns, dass David und ich etwas sehr Nobles täten; sie wisse aus eigener Erfahrung mit ihrem Onkel, dass einen Alzheimer-Patienten aufzunehmen so ähnlich wäre, wie plötzlich ein Kind zu haben.

Meine Antwort:

> Danke für Ihre lieben Worte. Ja, er ist Davids und mein 86jähriger Sohn. Wir werden ihm ein sicheres Zuhause schenken, in dem er in Würde leben kann.

Wir haben uns daran gewöhnt, nachts nicht mehr durchzuschlafen … wie bei einem Kind müssen wir immer wieder nachts aufstehen und ihm gut zureden, weiterzuschlafen.

Auch ist er immer sehr verwirrt, wenn er hierher zurückkommt, nachdem wir mit ihm unterwegs waren. Es gefällt mir, dass er so regen Anteil an allem nimmt, und doch kann ich langsam verstehen, warum so viele alte Menschen in Pflegeheimen untergebracht und dort ruhiggestellt werden. Wenn er nicht mein Vater wäre, würden David und ich wohl kaum so viel Geduld mit ihm aufbringen. Wie Sie sich denken können, hat sich unser Alltag sehr verlangsamt, seit er bei uns lebt.

Ich wusste es damals noch nicht, aber mein Entschluss, mich um meinen Vater zu kümmern, sollte mein Leben nachhaltig verändern. Diese Kollegin beispielsweise sah ich erst ein Jahr später wieder. Mehr noch, ich hörte auf, meinen Unterschriftenblock »Sprecherin, Autorin & Beraterin« zu benutzen, wenn ich E-Mails versandte. Mardigs Angelegenheiten beherrschten mein Leben in solchem Maße, dass ich nicht mehr reisen konnte, um als Rednerin und Beraterin tätig zu sein.

Ein Kollege schrieb:

David und du seid außergewöhnliche Menschen – nicht jeder ist bereit, die Mühe und Verantwortung auf sich zu nehmen, die die Pflege eines an Alzheimer erkrankten Familienmitgliedes mit sich bringt, auch wenn er diese Person sehr gern hat. Ich ziehe den Hut vor euch.

Ein anderer Kollege und seine Frau, zwei der diszipliniertesten Menschen, die ich kenne, schrieben:

> Deinen Vater bei euch aufzunehmen wird zweifellos eine große Herausforderung werden, und wir bewundern euch für euer Gottvertrauen und euer Mitgefühl … die wenigsten Menschen würden eine solche Verpflichtung auf sich nehmen.

Sie alle hatten Recht … Und wie Recht sie hatten!

6

DIE SENIORENTAGESSTÄTTE

In dieser Zeit stellten sich auch die echten Verpflichtungen ein: Gesundheitsfürsorge und finanzielle Angelegenheiten. Zuerst bemühten wir uns darum, Mardig tagsüber beschäftigt zu halten. In Milwaukee war er mit der Nachbarschaft vertraut und unternahm Spaziergänge, ging einkaufen, zur Bank usw. Hier in Kalifornien lag alles weit auseinander, und mein Vater kannte sich in der Gegend nicht aus. Er las sehr gerne, also abonnierten wir für ihn eine Tageszeitung. Er las die Zeitung, Zeitschriften und Bücher. Nach ein paar Tagen wurde er zunehmend unruhig. Er wollte etwas tun, *irgend etwas*! Sein fast unstillbarer Lesedurst war erschöpft.

Ich überlegte, womit er sich beschäftigen könnte. Da unser Haus viel neuer und besser in Schuss war als sein altes, boten sich für ihn nur wenige Möglichkeiten, seinem Hobby zu frönen und sich handwerklich zu betätigen. Aber wir hatten zwei Außensteckdosen, die nicht mehr richtig funktionierten. Ich fragte ihn, ob er die reparieren könnte. Er stimmte sofort zu und erledigte das an einem Nachmittag. Das genügte nicht, um seinen Geist rege zu halten. Er brauchte mehr.

Mardig las die Stellenanzeigen in der Zeitung. Ich versprach, ihm zu helfen, einen Job zu finden. Ich erwog ernsthaft, ihn bei Wal-Mart jobben zu lassen, da dort auch Pensionäre beschäftigt wurden. Mein Vater war freundlich, umgänglich und liebenswürdig. Das würde ihm gefallen! Während ich so überlegte, was er alles tun könnte, vergaß ich fast, dass er krank war. Auch wenn sie anfangs noch recht harmlos waren, konnten seine Phasen der Desorientierung sich in einem *richtigen* Job als problematisch erweisen.

Ich dachte über Alternativen nach. Sally hatte ihren Vater in der Seniorentagesstätte der örtlichen *Visiting Nurses Association's* (VNA) untergebracht, die sie mir wärmstens empfahl. Hier wurde ihr Vater geistig angeregt, und er konnte sich mit anderen austauschen. Zuerst gefiel mir die Vorstellung ganz und gar nicht. Es machte für mich keinen Sinn. Ich meine, normalerweise bringen Eltern ihre Kinder in eine Tagesstätte, aber doch nicht Kinder ihre Eltern. Zumindest glaubte ich das damals noch. (Ich hatte noch so viel zu lernen.)

Da Sally mir sehr eindringlich empfahl, mich mit dieser Möglichkeit auseinander zu setzen, rief ich dort an, um mich zu informieren. Roberta, die Leiterin der Seniorentagesstätte meldete sich. Nachdem ich ihr meine Situation erklärt hatte, lud sie mich ein, vorbeizukommen und mir alles anzusehen.

Am nächsten Tag fuhr ich unangemeldet hin, um mir die Tagesstätte anzusehen. Roberta war nicht auf meinen Besuch vorbereitet. Sie war mit den Angehörigen eines weiblichen Gastes der Tagesstätte beschäftigt; die Frau würde aus gesundheitlichen Gründen nicht mehr kommen können. Ihr Sohn und ihre Schwiegertochter waren in Robertas Büro, um alles Nötige in die Wege zu leiten und sich zu verabschieden.

Roberta nahm sich trotzdem Zeit für mich. Sie versuchte, sich ihre Trauer nicht anmerken zu lassen, und erklärte mir, dass die alten Menschen ihr innerhalb kürzester Zeit sehr ans Herz wüchsen. So konnte sie auch die Tränen nicht zurückhalten, als sie von der alten Dame Abschied nahm. Sie bat um Entschuldigung für diesen Gefühlsausbruch. Ich war gerührt von Robertas ehrlicher Sympathie für diese Frau und

– wie ich noch erfahren sollte – für alle anderen Senioren in der Tagesstätte. Obwohl Mardig noch nicht dazu gehörte, konnte ich mir gut vorstellen, dass sie eines Tages auch für ihn so empfinden würde, wenn er nicht mehr kommen konnte.

Während Roberta ihre Zeit zwischen der Familie und mir aufteilte, beobachtete ich die alten Leute. Ich war nicht vorbereitet auf das, was ich sah. Die Pfleger gingen mit den Senioren wie mit Kindern um. Sie begegneten den älteren »Gästen« mit einer Wärme und Freundlichkeit, mit der man normalerweise Babys behandelt. Ich versuchte, diese für mich völlig neue Erfahrung zu akzeptieren. Später würde ich Sally anrufen, sie würde mir helfen, das alles zu verstehen. Vielleicht konnte ich dann das, was ich sah und fühlte, in die richtige Perspektive bringen. Im Übrigen waren meine Möglichkeiten sehr begrenzt!

Andererseits war mir die Vorstellung, meinen Vater dort unterzubringen, peinlich. *Brendas Vater geht in eine Tagesstätte.* Was sollten die Leute denken? *Und welche Tochter brachte ihren Vater schon in eine Tagesstätte? Warum sich nicht daheim selbst um ihn kümmern? Warum die Verantwortung an jemand anders abtreten? Das kam mir vor wie das Dilemma berufstätiger Eltern mit Kindern im Vorschulalter.*

Und dann waren da noch die anderen Überlegungen. *Wie sollte mein Vater sich hier einfügen? So schlimm stand es um ihn ja nun auch wieder nicht.*

Nachdem ich die Tagesgäste jedoch eine Weile beobachtet und mich mit Roberta unterhalten hatte, schwand meine Skepsis. Ich konnte sehen, wie liebevoll das Personal mit den alten Leuten umging. Langsam begann ich, die Unterbringung vor mir zu rechtfertigen. *Wenigstens würde man meinen Vater liebevoll behandeln. Geduldig. Er würde die Aufmerk-*

samkeit bekommen, die er brauchte – mehr, als ich ihm geben konnte.

Aber was war mit individueller Betreuung? Mardig konnte nicht in die Tagesstätte. Er wollte arbeiten!

Ich erkundigte mich bei Roberta danach, inwieweit auf die Individualität der einzelnen »Gäste« eingegangen wurde, und erklärte ihr, dass mein Vater das Gefühl bräuchte, nützlich zu sein. Er wollte nicht nur aushelfen oder aus reiner Freundlichkeit das eine oder andere erledigen. Sein Ziel war, zur Arbeit zu gehen und etwas Geld zu verdienen. Mardig war einfach nicht bereit, sich auf die faule Haut zu legen.

Roberta wollte wissen, wie alt mein Vater war.

»86 Jahre«, antwortete ich.

Sie lächelte und lachte leise. Dann erklärte sie mir, dass ihre Angestellten sehr wohl auf die individuellen Bedürfnisse der Tagesgäste eingingen. Wenn ein Gast arbeiten wollte, würde das Personal ihn nicht nur als Mitarbeiter aufnehmen, sondern ihm auch bestimmte Aufgaben zuweisen. Wenn ein anderer die Schule besuchen wollte, wurde ihm auch dieser Wunsch erfüllt und er bekam Unterricht.

Ich war verblüfft. »Tun Sie das wirklich?«, fragte ich. Und das war nur die Spitze des Eisbergs dessen, was sie taten! Mardigs Ansprüche waren nichts im Vergleich dazu, inkontinenten Gästen die Unterwäsche zu wechseln, mehrmals täglich unterschiedliche Medikamente zu verabreichen und die zahllosen ganz persönlichen Wünsche zu erfüllen.

»Ja selbstverständlich!«, entgegnete Roberta. »Sonst wären unsere Gäste ja nicht glücklich bei uns.«

»Heißt das, Sie erkundigen sich nach den Bedürfnissen jedes einzelnen und respektieren diese auch?«

»Ja. Wenn jemand zur Schule gehen möchte, geht er zur Schule. Wenn Ihr Vater arbeiten möchte, geht er arbeiten. Jeder unserer Mitarbeiter wird in Zusammenhang mit Ihrem Vater nur von ›Arbeit‹ sprechen«, versicherte sie mir.

Das sprach zweifellos für die Tagesstätte. Dieser persönliche Touch gefiel mir. Wir unterhielten uns etwa 45 Minuten, und ich lernte auch einige andere Mitglieder des Personals kennen – Ellie, Tee, David und Kathy –, sowie auch einige der Tagesgäste.

Langsam gewöhnte ich mich an den Gedanken, dass auch wenn Mardig scheinbar in viel besserer Verfassung war als diese anderen Gäste, Aktivität für ihn sehr wichtig war. Immerhin hatte ich einen Job. Ich konnte mich nicht 24 Stunden am Tag um ihn kümmern.

Schließlich teilte ich Roberta mit, dass ich es gerne probieren würde. Sie gab mir einige Formulare, die ich zu Hause ausfüllen und ihr zurückgeben sollte, wenn ich meinen Vater zum ersten Mal zu ihr brachte.

Dann fuhr ich nach Hause und sprach mit Mardig. Ich erklärte ihm, dass wenn er dorthin ginge (ich achtete darauf, die Bezeichnung Tagesstätte nicht zu benutzen), das so etwas wäre wie arbeiten zu gehen. Es wäre eine Art Grundausbildung, bevor er mit anspruchsvolleren Aufgaben betraut würde. Er war ganz aus dem Häuschen und sagte, er wolle es versuchen. Ich füllte die Formulare aus, die Roberta mir gegeben hatte.

Jetzt plagte mich das schlechte Gewissen. Ich hatte meinen Vater belogen. Er war nicht dumm und würde die Tagesstätte als das sehen, was sie war, und von mir wissen wollen, warum ich ihn an einen Ort gebracht hatte, wo gebastelt und Beschäftigungstherapie betrieben wurde – mit viel zu vielen Pausen.

Ich erinnere mich noch daran, wie ich meinen Vater in der nahegelegenen Fabrik besucht hatte, in der er vormittags arbeitete. Damals war ich zwischen 10 und 13 Jahre alt. Es war Sommer, und wir Kinder suchten eine Beschäftigung, da wir Ferien hatten. Ich lief zusammen mit meiner Schwester etwa eine Meile, um ihn auf der Arbeit zu besuchen. Wir war-

teten, bis das Pausensignal ertönte. Wenn er nicht herauskam, schaute ich im Inneren des schwach erleuchteten Fabrikgebäudes nach und sah, dass er noch arbeitete. Meistens bemerkte einer seiner Kollegen mich und fragte, ob ich meinen Vater besuchen wolle. Ich nickte eifrig und sagte »Ja!«, worauf er meinte: »Marty, ja? Der arbeitet noch. Eigentlich hat er Pause, aber er arbeitet einfach durch. Warte, ich hole ihn für dich.«

Während ich wartete, war ich etwas ängstlich, weil ich nicht wusste, wie mein Vater reagieren würde, wenn ich ihn bei der Arbeit störte. Manchmal ging ich einfach zu der Maschine, an der er arbeitete, und er schaute mit einem breiten Lächeln auf und sagte »Lass mich das nur fertig machen. Warte draußen, ich komme dann raus und wir unterhalten uns«. Er kam, und wir redeten. Dann, fünf Minuten später, noch bevor das Signalhorn die Arbeiter an ihre Arbeitsplätze zurückbeorderte, sagte er: »Ich muss wieder an die Arbeit. Danke für deinen Besuch. Gehst du jetzt heim?« Ich war ein wenig enttäuscht, dass er so kurz angebunden war und an die Arbeit zurück wollte, obwohl noch Zeit war. Immerhin war ich einen ziemlich weiten Weg zu Fuß gegangen, um ihn zu besuchen. Aber so war er eben.

Ich sprach mit David über die Lüge, die ich meinem Vater erzählt hatte. Was, wenn Mardig das Theater durchschaute, dass es kein Job war, sondern er in einer Tagesstätte untergebracht war, damit er Kontakt zu anderen Leuten hatte und aktiv blieb? Immerhin arbeitete er zu Hause. Er fand immer die eine oder andere Beschäftigung, nahm irgendeine Maschine auseinander, reinigte sie und setzte sie wieder zusammen. Oder er sortierte seine Unterlagen, erledigte Bankangelegenheiten, ordnete sein Werkzeug und reparierte das eine oder andere im oder am Haus.

Dennoch beschlossen David und ich, den Versuch zu wagen.

Mardig würde von den Sozialkontakten und den Aktivitäten profitieren. Er hatte so lange gelebt wie ein Einsiedler. Während seiner letzten Monate in Milwaukee hatte er seine meiste Zeit zu Hause verbracht, herumgewerkelt und versucht, seinen Papierkram zu bewältigen – das Haus verließ er nur, um Lebensmittel einzukaufen oder zur Bank zu gehen. Trotzdem belastete es uns, ihn angelogen zu haben. Wir schliefen in dieser Nacht schlecht. Es machte mich ganz nervös, daran zu denken, wie Mardig reagieren würde. Ich wollte ihn keinesfalls vor den Kopf stoßen, vor allem aber wollte ich sein Vertrauen nicht verlieren.

Am nächsten Morgen duschte Mardig auf mein Drängen hin (»Du willst doch sauber sein an deinem ersten Arbeitstag«) und zog die Kleider an, die ich ihm zurechtgelegt hatte. Es freute ihn, dass ich ein solches Aufheben um ihn machte. »Nicht einmal Ma (damit meinte er meine Mutter) hat sich so um mich gekümmert!« *Nun, vielleicht nicht in den letzten Jahren ihres Lebens, aber ganz sicher, als er noch arbeiten ging. Er war zweifellos der gepflegteste und bestangezogene Maschinist bei General Electric. Er duschte zweimal täglich, und meine Mutter achtete immer darauf, dass er jeden Tag in sauberen, frisch gebügelten Sachen zur Arbeit ging.*

Wir frühstückten und machten Scherze zu seinem ersten Tag im neuen Job. Ich neckte ihn und ermahnte ihn brav zu sein, ich wolle keine Klagen von seinem Vorgesetzten hören. Er antwortete, dass er sich so verhalten würde, dass ich stolz auf ihn sein könne, da immerhin mein Ruf auf dem Spiel stünde, nachdem ich ihn empfohlen hätte. Es stimmte mich froh, dass er sich so auf die neue Arbeit freute, aber tief im Innersten quälte es mich weiterhin, dass ich gelogen hatte.

Ich fuhr ihn »zur Arbeit«, und das Personal empfing ihn herzlich. Nachdem sie ihn gefragt hatten, wie er seinen Kaffee trank, brachte ihm eine Mitarbeiterin eine Tasse mit reichlich Sahne und Zucker. Mardig war kein klassischer Kaffeetrinker, aber der süße cremige Geschmack sagte ihm zu. Er war gerührt von dem warmen Empfang. Ich übergab Roberta die Unterlagen, und sie versicherte mir, dass ich mir keine Sorgen zu machen bräuchte. »Wir werden uns gut um Ihren Vater kümmern«, fügte eine andere Mitarbeiterin hinzu.

Ich kehrte nach Hause zurück, zu Frieden und ungestörter Stille. Endlich konnte ich mich an die Arbeit machen. Aber es dauerte nicht lange, und ich begann mir Sorgen zu machen. Nachdem ich anderthalb Stunden an meinen Vater gedacht hatte, ohne mich auf meine Arbeit konzentrieren zu können, rief ich in der Tagesstätte an und erkundigte mich nach Mardig. Die Mitarbeiterin am Telefon versicherte mir, dass alles in bester Ordnung wäre. Vor allem die Damen seien begeistert von ihm. Das war eine Seite meines Vaters, die ich nicht kannte! Bei dem Gedanken, dass er sich offenbar gut integriert hatte, wurde ich ruhiger. Ich freute mich für ihn. Und doch blieb die kleine bange Frage, was er wohl sagen würde, wenn ich ihn an Nachmittag abholte. Da Mardig ein vollendeter Diplomat war, würde er auf der *Arbeit* kein Wort sagen. Er würde warten, bis ich da war.

Am Nachmittag fuhr ich zur Tagesstätte, um Mardig abzuholen. Er machte einen glücklichen fröhlichen Eindruck. Das Personal versicherte mir, dass es eine Freude sei, ihn dazuhaben, und fragte, ob ich ihn am nächsten Tag wieder vorbeibringen würde. Obwohl ich ein gutes Gefühl hatte, wollte ich abwarten, wie Mardig sich dazu äußerte.

Auf der Heimfahrt erzählte er, wie viel Spaß er an diesem Tag gehabt hatte. Er meinte, dass wenn man das Arbeit nannte, die Arbeitsbedingungen sich sehr geändert hätten seit seiner Zeit bei General Electric. *Er hatte die List nicht durchschaut!*

Als David später nach Hause kam, äußerte Mardig sich ihm gegenüber in gleicher Art. Wir waren froh. Das bedeutete, dass er unter Menschen sein, an diversen Aktivitäten teilnehmen, Spaziergänge unternehmen und vor allem ständig von aufmerksamem Personal umgeben sein würde. Und es hieß, dass ich sechs Stunden täglich haben würde, um meine Arbeit zu erledigen.

Im Großen und Ganzen funktionierte es gut. Mardig ging gern zur Tagesstätte, und die dort angebotenen Aktivitäten machten ihm Freude. Ich erfuhr, dass er vor allem gerne mit den Damen tanzte. In Anbetracht der Tatsache, dass mehr Damen als Herren die Tagesstätte frequentierten, tanzte er oft mit verschiedenen Partnerinnen. Da er in so guter körperlicher Verfassung war, ließ er keinen Tanz aus und ermüdete seine Partnerinnen, die oft viel jünger waren als er. Ich freute mich für ihn.

Jeden Nachmittag, wenn ich ihn abholte, berichtete mir das Personal, woran er an diesem Tag gearbeitet hatte. Manchmal brachte Mardig etwas mit nach Hause, das er gebastelt hatte. Er hielt nicht viel von diesen »Kunstwerken« und legte sie beiseite, aber ich hütete sie wie eine stolze Mutter. Immerhin hatte mein Vater das gebastelt!

In der Tagesstätte wanderte Mardig ebenso umher wie zu Hause. Manchmal machte er es dem Personal mit seinem Bewegungsdrang recht schwer, vor allem dann, wenn er nach einem Spaziergang nicht mehr hereinkommen wollte. Einmal, als ich geschäftlich unterwegs war, weigerte er sich so hartnäckig zurückzukommen, dass man schließlich David in der Arbeit anrufen musste, um Mardig zur Vernunft zu bringen. David machte sich sofort auf den Weg und fuhr zwei Stunden bis zur Tagesstätte, um Mardig heimzubringen.

Trotz der Schwierigkeiten gab die Seniorentagesstätte meinem Vater die Möglichkeit, Sozialkontakte zu pflegen, aktiv zu bleiben, zu denken, zu lächeln, zu lachen und all die Dinge zu tun, die er verdient hatte.

Mit Hilfe der Tagesstätte hoffte ich, eine gewisse Regelmäßigkeit in Mardigs Tagesablauf bringen zu können. Nachdem ich ihn abgeholt hatte, sah er die Post durch und las dann Zeitschriften, bis David gegen 18.00 Uhr nach Hause kam. Dann aßen wir zu Abend. Wir unterhielten uns eine Weile, lasen oder sahen fern. Mardig zog es vor, früh zu Bett zu gehen, so gegen 20.30 Uhr. David und ich blieben noch länger auf, um diverse Hausarbeiten zu erledigen oder die Post zu lesen.

Ich fing an, mich auf den Tagesablauf meines Vaters einzustellen. David stand um 4.15 Uhr auf, um die lange Fahrt nach Los Angeles anzutreten. Eine Stunde später verließ ich das Bett, um etwas arbeiten zu können, bevor mein Vater aufwachte. Gelegentlich wurde Mardig früher wach und kam in mein Arbeitszimmer, um zu plaudern. Normalerweise überredete ich ihn, sich wieder hinzulegen, damit er für die Arbeit ausgeruht war. Normalerweise befolgte er diesen Rat. Dann arbeitete ich weiter bis halb sieben, der Zeit, zu der ich ihn weckte.

Im Laufe der Wochen weigerte Mardig sich jedoch zunehmend, sich wieder ins Bett zu legen, nachdem er frühmorgens aufgewacht war. Er kam vollständig angezogen in mein Arbeitszimmer und wollte »zur Arbeit«. Jeden Morgen redete ich mit Engelszungen auf ihn ein, noch ein wenig zu schlafen. Er weigerte sich. Ich wusste nicht mehr, was ich tun sollte.

Eines Morgens schloss ich die Tür zu meinem Arbeitszimmer ab, in der Hoffnung, er würde mich nicht bemerken. An jenem Morgen störte er mich nicht. Ich hörte, wie er umherwanderte, den Kühlschrank aufmachte und dann in sein Zimmer zurückging. Langsam stand ich von meinem Bürosessel auf, öffnete vorsichtig die Tür und blickte den Flur hinunter in Richtung seines Zimmers. Auf Zehenspitzen schlich ich in die Küche, um nachzusehen, ob er die Kühlschranktür auch richtig geschlossen hatte. Es schien alles in Ordnung zu sein. Ich sah ein Bonbonpapier auf der Arbeitsfläche liegen und stellte fest, dass Süßigkeiten aus der Bonbonniere fehlten.

Leise schlich ich zu seinem Zimmer. Er hatte die Tür nur angelehnt. Durch den schmalen Spalt sah ich ihn mit dem Rücken zur Tür im Schaukelstuhl sitzen. Ich war nicht sicher, ob er schlief oder wach war. Meine Neugier siegte, und so öffnete ich ganz langsam die Tür. Hoffentlich würde sie nicht knarren und so meine Anwesenheit verraten. Lautlos schwang die Tür auf. Und da Mardig nicht gut hörte, konnte ich mich unbemerkt anschleichen. Er hatte die Augen geschlossen. Auf dem Fußboden lagen drei Bonbonpapiere, und auf Mardigs Schoß eins von Davids Technikbüchern. In einem der Bücherregale stand ein fast leeres Glas Milch. Ich widerstand dem Impuls, ihn zu wecken und ihm ins Bett zurück zu helfen, wo er es bequemer haben würde. Stattdessen zog ich mich leise zurück, ging wieder in mein Arbeitszimmer und schloss die Tür hinter mir.

Ich musste daran denken, wie steif sein Hals und Nacken davon werden würden, dass er im Schaukelstuhl schlief. Er beklagte sich nie. Etwa zwei Stunden später klopfte er an meine Tür. Ich unterbrach meine Arbeit, um Frühstück zu machen. Wir unterhielten uns, bis es Zeit war, ihn zur »Arbeit« zu fahren.

Am nächsten Morgen versuchte ich es wieder mit derselben Taktik. Es funktionierte. Ich wiederholte den Versuch. Auch diesmal gab es keine Probleme. Daran würde ich festhalten.

Manchmal konnte ich anderthalb Stunden ungestört arbeiten, bevor Mardig an die Tür meines Arbeitszimmers klopfte. Er war höflich, er kam nie ohne Anklopfen in mein Zimmer.

Anfangs half ich ihm jeden Morgen dabei, zu duschen und sich anzuziehen, was für sich allein schon ein Kampf war. Dann machte ich Frühstück und fuhr ihn zur Seniorentagesstätte.

Allerdings lief bei diesem allmorgendlichen Ritual nicht immer alles glatt.

7

WO SIND MEINE SCHUHE?

Das Zusammenleben mit anderen Menschen kann schwierig sein. David und ich bitten unsere Gäste immer, ihre Schuhe in der Diele auszuziehen. Auf diese Weise bleiben unsere Teppiche länger sauber, und wenn wir uns auf den Boden setzen oder legen wollten, brauchten wir uns keine Sorgen darüber zu machen, was jemand von draußen eingeschleppt haben könnte. Mardig seinerseits vertrat die Ansicht, dass ein Mann nicht auf Strümpfen herumlief.

Das war ja in Ordnung. Wir kauften ihm Wildlederslipper. Die waren ihm nicht gut genug. Er war schwere Lederschuhe mit dicker Ledersohle gewohnt. Und damit fing der Ärger an …

»Mardig, bitte zieh im Haus deine Schuhe aus.«

»Warum?«

»Weil wir im Haus keine Schuhe tragen. So bleibt der Teppich sauber.«

»Meine Schuhe sind nicht schmutzig. Siehst du?« Er zeigte mir zum Beweis seine Schuhsohlen.

»Ja, das sehe ich. Aber du weißt nicht, in was du alles getreten bist. Wir sitzen und liegen gerne auf dem Fußboden, ohne uns Sorgen machen zu müssen wegen irgendwelcher Keime.«

Mardig hatte sich deswegen noch nie Sorgen gemacht. »Ein paar Bakterien schaden niemandem«, hatte er meine Mutter oft geärgert, wenn sie ihn ermahnt hatte, sich die Hände zu waschen.

Wir drehten uns im Kreis, bis David und ich schließlich einsehen mussten, dass dies zu nichts führte.

Wozu die ganze Aufregung? Wir brauchten die Teppiche nur reinigen zu lassen. Dazu musste man aber eine Firma beauftragen und sich die Zeit nehmen, zu Hause zu sein, wenn sie kam, um den Teppichboden einzuschäumen. Dazu musste man jedoch die Möbel verrücken, selbstverständlich mit kleinen Puffern unter den Möbelfüßen, damit diese keine Abdrücke hinterließen. Dann musste der Teppich noch trocknen, bevor die Möbel wieder an ihren alten Platz geschoben werden konnten. Wir hatten keine Zeit für so was! Mein Vater würde sich in diesem einen Punkt unseren Wünschen beugen!

David und ich ließen uns etwas einfallen. Wir würden warten, bis Mardig seine Schuhe auszog, wenn er zu Bett ging. Und dann würden wir seine Schuhe verstecken und sie ihm erst wieder zurückgeben, wenn er das Haus verließ.

Als Mardig am Abend zu Bett ging, sagte ich ihm gute Nacht und schnappte mir diskret seine Schuhe, die er ordentlich unter das Bett geschoben hatte. Dann verließ ich das Zimmer wieder, ohne dass er etwas bemerkt hätte.

In dieser Nacht wachte Mardig auf, zog sich an und konnte seine Schuhe nicht finden. Er kam in unser Schlafzimmer. Und dann fing es an … diese drei Worte, die uns noch in Angst und Schrecken versetzen sollten. »*Wo sind meine Schuhe?*«

»Warum? … Brauchst du sie?«

»Ja. Ich gehe zur Arbeit.«

»Jetzt?«

»Ich will nicht zu spät kommen.«

»Das wirst du nicht. Du bist mindestens sechs Stunden zu früh dran.«

»Wirklich?«

»Ja. Du fängst erst um acht an.«

»Wie spät ist es?«

»Halb zwei.«

»Ach so. Trotzdem ... *wo sind meine Schuhe?* Ich will nicht zu spät kommen.«

Da David in weniger als drei Stunden eine über zweistündige Fahrt zur Arbeit vor sich hatte, stand ich auf und brachte Mardig auf sein Zimmer, um ihn dort zu überreden, sich wieder hinzulegen. Nach einer halben Stunde und dem Versprechen, ihn rechtzeitig zu wecken, damit er nicht zu spät zur *Arbeit* kam, zog Mardig sich aus und legte sich wieder hin.

Aaaahh. Noch einmal davongekommen. Wir hatten ihm nicht einmal sagen müssen, wo seine Schuhe waren.

Am nächsten Morgen um 3.00 Uhr hörte ich ihn fragen: »*Wo sind meine Schuhe?*«

Ich hatte tief und fest geschlafen und wurde von den Stimmen Davids und Mardigs in unserem Schlafzimmer wach.

Das wurde zum neuesten frühmorgendlichen Ritual. Mardig wachte zu den unmöglichsten nachtschlafenden Zeiten auf und wanderte durch das Haus auf der Suche nach jemandem ... irgend jemandem. Bis er schließlich in unserem Schlafzimmer landete. Wir wachten davon auf, dass wir ihn umherschlurfen hörten. Eltern kennen das Gefühl, jedes leiseste Geräusch zu hören, das ihr Kind verursacht. Bei uns war das nicht anders. Wir hatten die Entscheidung gefällt, meinen Vater zu adoptieren, und waren somit in die Elternrolle geschlüpft.

An manchen Morgenden kam er herein und tastete an der Wand entlang nach dem Lichtschalter. Nachdem wir mehrmals in Folge mitten in der Nacht von grellem Licht geweckt worden waren, legten wir den Lichtschalter lahm. *Auch die Sonne braucht eine gewisse Zeit, bis sie am Morgen in ihrer ganzen Helligkeit erstrahlt!*

In der Vergangenheit hatte Mardig eine Taschenlampe benutzt. Aber er hatte sie so oft auseinandergenommen und wieder zusammengebaut, dass inzwischen einige Teile fehlten. Und das war gut so, weil es nicht gerade angenehm ist, vom Strahl einer Taschenlampe geweckt zu werden, der einem mitten ins Gesicht leuchtet.

Da er jetzt kein Licht mehr hatte, tastete Mardig sich an Wänden, Möbeln und sonst was voran. Wenn er sich unserem Bett näherte, blieben wir ganz still liegen, auch wenn er am Bett und an unseren Körpern herumtastete. Das war für uns beide ein sehr komisches Gefühl. *Brendas Vater betastet sie und ihren Mann im Bett.* Wir hofften, Mardig würde nichts und niemanden finden und ins Bett zurückgehen. Aber das sollte nicht sein. Er bekam Angst und rief unsere Namen. Wir wurden weich. Wir standen auf und redeten ihm gut zu, wieder ins Bett zu gehen. *Ist das etwas anderes, als ein ängstliches Kind zu trösten?*

Wochen später rief ich total erschöpft Sally an. Sie hatte Glück. Ihr Vater wanderte nicht umher wie Mardig. Sie empfahl uns, unsere Schlafzimmertür abzuschließen. David und ich schliefen lieber bei offener Tür. Wir mussten uns umgewöhnen. Wir mussten sie nicht nur zu machen, sondern außerdem abschließen. *Aber was war mit meinem Vater? Würde das nicht zu traumatisierend für ihn sein?* Als ich sie darauf ansprach, erinnerte Sally mich daran, dass David und mir langsam die Energie ausging, weil wir nicht genug Schlaf bekamen. Sie versicherte mir, dass unsere Ohren wichtige Geräusche registrieren würden und das vielleicht ein Weg wäre, Mardig seine nächtlichen Wanderungen abzugewöhnen.

Wir versuchten es. In der ersten Nacht schliefen wir schlecht, weil wir uns Gedanken machten, wie Mardig damit klar kommen würde. Mardig schlief die Nacht durch, abgesehen von einem Besuch im Bad.

In der zweiten Nacht versuchte er, unsere Schlafzimmertür zu öffnen. Er rüttelte am Türknauf. Als die Tür sich nicht öffnen ließ, hörten wir ihn weggehen. Als wir gerade wieder einschlafen wollten, hörten wir wieder ein Rütteln am Türknauf. Mardig hörte nicht auf, sondern hielt uns die ganze Nacht wach. Wir lagen still und sicher auf der anderen Seite dieser Tür und fühlten uns ganz elend, weil wir uns vor meinem Vater versteckten und sein Unbehagen dadurch nur steigerten.

Leider hatten wir keine andere Wahl, wenn wir nicht vor Erschöpfung oder Verzweiflung zusammenbrechen wollten. Aber verschaffte uns diese radikale Maßnahme wirklich Ruhe? Wir hörten ihn in Richtung Wohnzimmer gehen. Am nächsten Morgen fanden wir ihn schlafend im Fernsehsessel. Er trug eine Jacke, seinen Pyjama und Hausschuhe. Er sah so unschuldig aus, so friedlich. Wie ein Kind. Er tat mir leid, weil er jedes Zeitgefühl verloren hatte.

In anderen Nächten hörten wir das Knarren der Haustür, als er versuchte, das Haus zu verlassen. Wir hatten gesicherte Fliegengittertüren, die mit einem Schlüssel abgeschlossen wurden. Mardig konnte nicht raus. Nach mehreren vergeblichen Versuchen kam er zurück und rüttelte wieder am Knauf unserer Schlafzimmertür.

Eines Nachts hörten wir Geräusche aus der Waschküche. Wir konnten sie nicht zuordnen, und so stand ich, obwohl ich todmüde war, auf und öffnete vorsichtig die Schlafzimmertür, um nachzusehen. Ich war schockiert von dem, was ich sah. Er versuchte, die Scharniere der Tür zur Garage abzumontieren! Ich ging näher heran, um zu sehen, mit was für Werkzeug Mardig zugange war – eine Schere, ein Nagelknipser und ein Stück Holz.

Diese nächtlichen Eskapaden laugten uns aus. Aber auch unser Gewissen hielt uns davon ab, ruhig zu schlafen. Das war keine Art, einen Menschen zu behandeln. *Kinder wuch-*

sen aus einer solchen Phase heraus und schliefen irgendwann die Nächte durch. Bei Alzheimer gibt es keine Besserung, sondern es wird unweigerlich immer schlimmer. Wir versuchten, rational vorzugehen. Nichts half. Uns war bewusst, dass wir nicht immer liebevoll mit ihm umgingen. Eltern würden aufstehen und ihr Kind trösten. Und doch konnten wir nur dann durchhalten, wenn wir versuchten, ihn zu ignorieren, solange er nicht in Gefahr war.

»Was meinst du?« David versuchte, die Antwort auf die Frage meines Vaters hinauszuzögern.

»Jemand hat meine Schuhe weggenommen«, erklärte Mardig.

»Wir haben sie«, antwortete ich, für Ehrlichkeit optierend.

»Warum?«

»Weil wir nicht möchten, dass du sie im Haus trägst«, antwortete ich.

»Warum hast du mir meine Schuhe weggenommen?«, fragte mein Vater erneut.

»Weil du sie im Haus trägst«, antwortete David bestimmt.

»Wo sind meine Schuhe?«

»Wir haben sie«, sagte ich.

»Es sind *meine* Schuhe«, sagte er nachdrücklich.

»Ja, ich weiß, dass es deine sind. Und du bekommst sie zurück, wenn du das Haus verlässt«, fügte ich hinzu.

»Ich verlasse das Haus jetzt!«

»Um drei Uhr früh?«, fragte David.

»Es spielt keine Rolle, wie spät es ist. Ich will *meine* Schuhe.«

An diesem Abend nach dem Essen überraschte Mardig uns mit seiner Reaktion. Er machte ein ehrlich verwirrtes Gesicht und sprach ganz langsam, als würde er laut nachdenken. »Wisst ihr, ich ziehe jeden Abend meine Schuhe aus und stelle sie unter das Bett, und dann verschwinden sie einfach. Wisst ihr, wo sie sind?«

»Ja, wir haben sie.«

»Ihr habt sie?«, fragte er überrascht.

»Ja.«

Er lachte leise und sagte dann: »Wozu braucht ihr meine Schuhe?«

Wir wussten nicht, ob er uns austricksen wollte, indem er diplomatisch vorging, oder ob er es tatsächlich nicht mehr wusste. Es war schwer zu beurteilen, ob er selbst sprach oder seine Krankheit.

Jeden Tag fragte mein Vater morgens und abends »Wo sind meine Schuhe?« Diese vier Worte, so oft und so eindringlich wiederholt, quälten uns.

Wir mussten sie sogar suchen. Mardig kapierte ziemlich schnell und fing an, seine Schuhe vor uns zu verstecken! Es wurde zu einem wahren Wettstreit, bei dem es darum ging, wer Mardigs Schuhe vor wem versteckte. Zuerst schob er sie nur weiter unter das Bett. Wir fanden sie und nahmen sie an uns. Dann standen sie hinter dem Schaukelstuhl neben dem Bücherregal. Es dauerte zwar ein wenig, aber auch hier fanden wir sie und nahmen sie an uns. Dann standen sie im Schrank. Wir brauchten eine Weile, aber wir fanden sie … hinter ein paar Kisten im Schrank … hinter den Türen des Regals. (Dieses letzte Versteck erforderte wiederholte Besuche in seinem Zimmer; einer von uns lenkte ihn ab, während der andere suchte.) Ein weiteres Mal stellte er sie ganz offen hin, nur dass wir sie erst bemerkten, nachdem wir das ganze Haus abgesucht hatten. Er hatte seine Schuhe in der Diele stehen lassen, wo er sie zuvor ausgezogen hatte. *Augenblick mal … er hatte uns ausgetrickst! Jetzt waren plötzlich Davids Schuhe verschwunden!*

Bei Gesprächen mit anderen erfuhren wir, dass es immer ein bestimmtes Verhalten gibt, das einen Betreuer erheblich stört, nein, an seinen Nerven zehrt. Was das war, war individuell verschieden.

Mardig ließ seine benutzten Zahnstocher überall herumliegen – auf der Ablage in seinem Badezimmer, auf den Bücherregalen, in Bücher eingeklemmt, auf der Stereoanlage, auf der Arbeitsfläche in der Küche, hinter der Stereoanlage, im Diskettenlaufwerk des Computers und auf dem Fernsehsessel (den fanden wir, als einer von uns sich draufsetzte). Mit dieser Angewohnheit konnten wir leben. Sogar mit dem Kaugummi, der an seinem Nachttisch klebte oder außen am Rechner. Nichts von alledem nervte uns so sehr wie die ewige Frage: »Wo sind meine Schuhe?«

Wir hatten uns bewusst dafür entschieden, diese Verantwortung zu übernehmen. Jetzt durften wir uns nicht beklagen.

8

MEDIZINISCHE BEURTEILUNG UND MEDIKAMENTENSTUDIE

Trotz aller Hektik räumte ich der ärztlichen Untersuchung Mardigs oberste Priorität ein. Roberta und eine ihrer Mitarbeiterinnen empfahlen mir wärmstens die Geriatrie des *Granada Hills Community Hospital*. Ich rief dort an und hinterließ eine Nachricht. Als eine junge Frau namens Bert sich daraufhin meldete, erklärte ich ihr, dass ich meinen Vater gerne von Spezialisten untersuchen lassen würde, bevor ich mich auf Geschäftsreise begab. Wir hatten Mardig gerade erst nach Kalifornien geholt und wollten sicher sein, dass er keine unmittelbaren Gesundheitsprobleme hatte. Bert gab uns einen Termin für eine erste Untersuchung in der folgenden Woche.

Marlene Harrison, die Leiterin der Geriatrie, rief ein paar Tage später an, um mir vorab ein paar Fragen zu stellen. Ich fühlte mich nicht ganz wohl dabei, medizinische Fragen im Namen meines Vaters zu beantworten. Es fiel mir schwer, mich daran zu gewöhnen, für einen anderen Erwachsenen verantwortlich zu sein – einen Menschen, dessen medizinischen Zustand ich gerade erst kennen lernte.

Nach einstündiger Fahrt zum San Fernando Valley (nördlich von Los Angeles) und nachdem ich einen Berg von Dokumenten unterzeichnet hatte, bemühte sich das Personal der Geriatrie sehr freundlich und rücksichtsvoll um meinen Vater. Ich freute mich über diese Aufmerksamkeit. Das Personal verstand etwas von seinem Fach, und mein Vater wurde gründlich untersucht.

In den ersten zwei Stunden wurden seine Vitalfunktionen überprüft (Blutdruck, Puls, Temperatur, Größe, Gewicht). Es wurden Blut- und eine Urinprobe genommen und ein Test zur Beurteilung seiner geistigen Fähigkeiten und seines Gedächtnisses. Darüber hinaus wurde er von Dr. Weinberg untersucht, einem auf Demenz spezialisierten Neurologen. Im Laufe dieses und noch zweier weiterer Termine wurden an Mardig alle erdenklichen Untersuchungen durchgeführt. Dazu gehörte auch eine Röntgenaufnahme des Brustkorbs (Routine, da seine Krankenakte kein neueres Bild einschloss), ein EEG und ein EKG.

Dazu wurden noch umfassende verbale Tests durchgeführt, wie ich sie mir in ihrer Gründlichkeit nicht hätte vorstellen können: Beurteilt wurden Sprache, Ausdrucksweise sowie kognitive Fähigkeiten und das Erinnerungsvermögen. Marlys Meckler war eine fantastische Sprachtherapeutin und gab mir zahlreiche nützliche und praktische Tipps für die Betreuung meines Vaters.

Beispielsweise schlug sie vor, wir sollten jede Tür im Haus beschriften, um meinem Vater die Orientierung zu erleichtern. Wir schrieben Schilder mit 10 Zentimeter großen Buchstaben im Computer und brachten sie an den einzelnen Türen an: DRAUSSEN; MARDIGS ZIMMER; BRENDAS ARBEITSZIMMER; DAVID & BRENDAS SCHLAFZIMMER; GARAGENTÜR. Marlys meinte außerdem, wir sollten Augenkontakt herstellen und Mardig sachte berühren, wenn wir ihn auf uns aufmerksam machen wollten. Sie legte uns nahe, darauf zu achten, dass er sein Hörgerät trug (sie erklärte uns, wie es anzuwenden war). Wir sollten mit ihm Fotos von Familienangehörigen anschauen, das würde ihm bei der Orientierung helfen. Was Termine betraf, sollten wir ihn davon erst in Kenntnis setzen, wenn wir das Haus verlassen mussten. Schließlich riet sie uns, alle Aktivitäten in einfache einzelne Schritte zu gliedern: »Zieh dein Hemd an«, »Hier hast du deine Hose«, »Zieh die Jacke an«, »Denk an deine Brille.«

Mardig genoss die Aufmerksamkeit, die man ihm schenkte. Auf der Heimfahrt vom Krankenhaus äußerte er wiederholt, wie glücklich er war, dass ich mir seinetwegen solche Umstände mache.

Bei einem der Besuche in der Geriatrie empfahl Dr. Weinberg (ein freundlicher, einfühlsamer Mann) Mardig sollte zur Fußpflegerin gehen wegen seiner Fußpilzinfektion. Darüber hinaus sollten wir seine Augen untersuchen lassen, bevor die Alzheimer-Demenz soweit fortgeschritten war, dass er die Fragen des Arztes zur Sehschärfe nicht mehr korrekt beantworten konnte (Fragen wie beispielsweise »Ist die Stärke so besser oder so?«). Außerdem stand ein Besuch beim Hautarzt an wegen des Ausschlags, den wir bemerkt hatten, als er sich wiederholt an den Beinen kratzte. Diese verschiedenen Arztbesuche und Termine erledigte ich mit Mardig gleich nach der Rückkehr von meiner Geschäftsreise. Ich vereinbarte auch einen Zahnarzttermin für ihn. Und so wurde Mardig innerhalb nur eines Monats bei Ärzten der meisten Fachrichtungen vorstellig.

Als ich Marlys nach den Untersuchungsergebnissen fragte, erklärte sie mir, dass am Granada Krankenhaus Teamarbeit praktiziert würde und eine Geriatrie-Schwester, ein Allgemeinmediziner, ein Psychologe, ein Apotheker und andere zusammenkämen, um jeden einzelnen Fall zu besprechen. Aufgrund der Ergebnisse dieser Besprechung wurde dann ein leicht verständlicher Bericht erstellt. In unserer Zeit, in der ärztliche Fließbandversorgung an der Tagesordnung ist, war ich überrascht, dass man meinem Vater so viel Zeit widmete.

Abschließend erhielt ich einen etwa 20 Seiten langen Bericht und wurde außerdem umfangreich persönlich aufgeklärt: Der Report umfasste eine Aufstellung von Mardigs

Krankengeschichte, seinen Lebenslauf und seinen familiären Hintergrund, Ergebnisse der physikalischen und neurologischen Untersuchungen sowie diverse allgemeine Bemerkungen. Ich war beeindruckt. Wir wussten jetzt, dass Mardigs Gesundheitszustand gut war und er nicht wegen irgendeines akuten Leidens behandlungsbedürftig war.

Jedes Mal, wenn ich meinen Vater die 52 Meilen zur Geriatrie des Granada Hospitals fuhr, kam ich mir vor wie eine Mutter mit Kind. Es war verblüffend. Ich war öfter mit Mardig beim Arzt gewesen als wegen eigener Wehwehchen.

Im Dezember 1996, nur drei Monate, nachdem Mardig nach Kalifornien gezogen war, beschlossen wir, ihn als Probanden einer Medikamentenversuchsreihe anzumelden. Das Medikament, Donepezil Hydrochlorid (Aricept®) war gerade von der Gesundheitsbehörde FDA zugelassen worden, aber es wurden noch weitere Tests durchgeführt, um Daten zur Wirkung zu sammeln. Sämtliche Probanden bekamen die Droge in Dosen von fünf oder zehn Milligramm verabreicht.

David und ich sprachen mit Dr. Jacobs, dem Leiter der Studie, sowie mit Dr. Weinberg. Wir stellten viele Fragen zu Aricept® und lasen alles, was wir über dieses Medikament finden konnten.

Um in die Studie aufgenommen zu werden, musste Mardig zuerst einige Hürden nehmen. Wir vereinbarten einen Termin, bei dem er durchgecheckt wurde (Vitalfunktionen, geistige Fähigkeiten und allgemeiner Gesundheitszustand). Nachdem er all diese Tests bestanden hatte, machten wir einen Termin für einige speziellere Tests.

Es gab zwei Gründe, weshalb wir uns die Zeit nahmen, Mardig in dieses Experiment zu integrieren. Erstens bestand durchaus die Möglichkeit, dass das Medikament seinen Zustand verbesserte. Er hatte in den vergangenen Wochen nachgelassen, und wir hofften, dass er sich wenigstens soweit erholen würde, dass er sich wieder selbst um seine Geldgeschäfte kümmern konnte. Seine finanziellen Angelegenheiten hatten viel mehr Zeit beansprucht, als wir erwartet hatten. *Vielleicht konnte er ja sogar wieder in sein altes Haus ziehen!* Das war unser eigentlicher Traum. Kim Wilms, die die Medikamentenstudie koordinierte, teilte uns allerdings gleich zu Anfang mit, dass bislang keine so massiven Verbesserungen festgestellt worden wären.

Zweitens würde er im Rahmen der Aricept®-Studie die ganze Zeit ärztlich betreut, und das war sicher ein Vorteil im Hinblick auf seine Therapie, da Pfizer und Eisai, die Pharmakonzerne, die die Studie sponserten, sehr gründlich vorgingen und die strengen Vorschriften der FDA befolgten.

Ich löcherte Dr. Jacobs mit weiteren Fragen, weil ich ganz sicher gehen wollte, dass ich die richtige Entscheidung für meinen Vater traf. Dr. Jacobs war ungewöhnlich gekleidet für einen Arzt und ich brauchte eine Weile, um mich an sein Cowboy-Outfit zu gewöhnen – weites Jeanshemd, dessen oberste Knöpfe offen standen, enge Jeans mit einem Gürtel mit übergroßer Schnalle und dazu Cowboystiefel. Später erfuhr ich, dass dieser sympathische und erfahrene Arzt mit dem Motorrad zur Arbeit fuhr. *Mein Vater wird an einer Medikamentenstudie teilnehmen, die von einem Motorrad-Cowboy geleitet wird!*

Mardig schien sich an Dr. Jacobs Aufmachung nicht zu stören und verlor nie auch nur ein Wort darüber. Ich unterzeichnete den Vertrag, der seine Teilnahme an der Studie regelte, und versprach, die geriatrische Abteilung des Granada Hospitals über Mardigs Zustand auf dem Laufenden zu halten.

Am 18. Dezember fing ich an, im Rahmen der Studie Tagebuch zu führen über Mardig. Ich machte mir Notizen, wann immer ich konnte. Das ging etwas über einen Monat so.

Im Folgenden finden Sie den Großteil meiner Einträge:

Mittwoch, den 18. Dezember 1996

War mit Mardig in der Geriatrie des Granada Hospitals. Bei Mardigs mentaler Untersuchung ereignete sich etwas Merkwürdiges. Als Mardig aufgefordert wurde, möglichst viele Worte aufzuzählen, die mit »s« beginnen, sagte er als erstes »Sex«. In Anbetracht seines Zustandes zeigte die Anzahl an dreisilbigen Worten, die er mühelos aufzählte, dass die Jahre des Lesens einiges gebracht hatten. Er wurde zu der Medikamentenstudie zugelassen. Hat um 17.10 Uhr noch im Krankenhaus die erste Tablette (5 mg) genommen.

Waren zum Abendessen in North Hollywood (um zu feiern und den Berufsverkehr auf der Heimfahrt zu umgehen). Nachdem er das Straßenschild »Hollywood« gesehen hatte, wollte Mardig nicht glauben, dass »Hollywood« nicht in Chicago war. Er schlug vor, die Nacht in einem Hotel zu verbringen, weil er keine Lust mehr hatte, nach dem Abendessen noch weit zu fahren. (Vermutlich glaubte er, die Strecke wäre viel weiter als sie tatsächlich war.) Waren um 22.00 Uhr zu Hause. Er staunte darüber, dass seine ganzen Sachen hier waren … dass alles unverändert aussah. Wollte weg … wurde böse … sagte hässliche Dinge.

Donnerstag, 19. Dezember 1996

8.00 Uhr. Hat von einem schrecklichen Albtraum der vergangenen Nacht erzählt.

Freitag, 20. Dezember 1996

Irritiert … kam zweimal innerhalb von fünf Minuten in mein Arbeitszimmer und fragte, wo er sich die Haare schneiden lassen könne. Er konnte meine Antwort nicht hören. Weigerte sich, sein Hörgerät zu tragen. Wollte seine Schuhe.

Samstag, 21. Dezember 1996

Unruhig. Zwischenfall, bei dem er seine Schuhe im Haus getragen hat und sich weigerte, sie auszuziehen.

Ging raus in den Garten … hat etwas gesucht? Kam wieder ins Haus, ging dann wieder raus und war verschwunden! David machte sich mit seinem Handy zu Fuß auf die Suche. Er folgte ihm 40 Minuten lang in einigem Abstand … Mardig fragte fremde Leute, wo er wohne … versuchte, David abzuschütteln.

Ich kam später mit dem Wagen nach und holte David ab. Dann fuhren wir neben Mardig her und versuchten, ihn zu überreden, einzusteigen. Er wollte nicht. Wir ließen ihn vorausgehen und verloren schließlich die Geduld dabei, ihn aus der Ferne zu verfolgen. Als er eine belebte Straße erreichte, beschlossen wir, wenn nötig Gewalt anzuwenden, um ihn in den Wagen zu bekommen. Wir hatten Angst davor, ihn in der Nähe einer stark befahrenen Straße allein zu lassen. Mit hohem Adrenalinpegel fuhr ich vor und brachte den Wagen auf der ganz rechten Fahrbahn der sechsspurigen Straße zum Stehen. Ich schaltete den Warnblinker ein. Als Mardigs Vormund forderte ich David auf, Mardig in den Wagen zu schaffen, egal mit welchen Mitteln. Ich wollte nicht riskieren, dass David zu einem späteren Zeitpunkt wegen Nötigung angezeigt wurde, weil er als Schwiegersohn Gewalt gegen Mardig angewendet hatte. *Es war wie ein Kidnapping. Wir alle haben das schon im Fernsehen gesehen: ein Van hält in Höhe eines Spielplatzes, jemand steigt aus, schnappt sich ein Kind, und der Van rast davon.* Wir hatten Angst, zitterten und fragten uns, was wir sagen sollten, falls uns jemand sah und sich einmischte. Wir mussten schnell handeln.

David und ich näherten uns Mardig von beiden Seiten, hakten ihn unter und zerrten den um sich tretenden und schreienden alten Mann die paar Meter zum Wagen. Dann drehte ich ihn zu mir um und versuchte, ihn auf die Rückbank zu drücken. Er weigerte sich, den Kopf einzuziehen. Mir fiel etwas ein, das ich im Fernsehen gesehen hatte, und versuchte, ihn dazu zu bringen, sich nach vorn zu beugen, indem ich Druck auf seinen Bauch ausübte. Es funktionierte. Er bückte sich, schrie aber, er würde sich den Kopf am Türrahmen stoßen. Das tat er nicht. Meine Hand ruhte auf seinem Kopf, und es waren noch 5 cm Platz. Als wir ihn endlich im Wagen hatten, bat ich David, sich zu ihm nach hinten zu setzen. Ich fuhr los, während Mardig im Fond zeterte, Entführung sei gegen das Gesetz und er könne uns verhaften lassen, weil wir ihm wehgetan hätten. Ich erklärte ihm, wir täten das nur zu seinem eigenen Besten. Dann bot ich ihm an, dass ich ihn zum Sheriff fahren würde, damit er Anzeige erstatten konnte, wenn er wirklich der Meinung war, wir hätten ihm etwas getan. Er fuhr fort, sich zu beklagen, also fuhr ich zur Wache und fragte ihn, ob er aussteigen und Anzeige erstatten wolle. Mardig zögerte. Ich erbot mich, mit ihm reinzugehen. Er weigerte sich und sagte, das würde uns nur in Schwierigkeiten bringen und das wolle er nicht. *Puhhh!*

Nachdem ich den Wagen in die Garage gefahren und das Tor geschlossen hatte, versuchte ich, ihn mit viel gutem Zureden ins Haus zu schaffen. Er betrachtete es als Gesichtsverlust, wenn er mit reinkam. David, den die ganze Sache sehr mitgenommen hatte, war bereits reingegangen. Viel später, nach langem Hin und Her, kam er schließlich doch rein, aß eine Kleinigkeit und spielte dann eine Partie Backgammon. Ich wusste, dass das Schlimmste überstanden war, als er sagte: »Mein Gehirn ist zu klein für so ein kompliziertes Spiel!«

Sonntag, 22. Dezember 1996

Starrsinn und Anzeichen von Depression. Ist auf seinem Zimmer geblieben. Haben ihm seine Zeitung und eine Tasse heiße Schokolade gebracht. Später kam er dann doch raus und half uns beim Frühstückmachen, indem er den Speck briet. Nach dem Frühstück besprachen wir einige finanzielle Dinge … er wollte, dass seine Finanzen ein Geheimnis blieben. »Nur du und ich brauchen davon zu wissen«, sagte er. Er bestand darauf, seine Brieftasche zu suchen, bevor wir zum Einkaufen fuhren. Wir suchten 20 Minuten lang … bis er vergessen hatte, wonach er eigentlich suchte.

Montag, 23. Dezember 1996 (Davids Eintrag)

War verärgert wegen Alzheimer-Armband. Hat immer wieder versucht, es abzunehmen. Spricht ständig davon, dass ihm die Schuhe weggenommen werden. Machte am Abend einen deprimierten Eindruck.

Mittwoch, 25. Dezember 1996 (Davids Eintrag)

Ist aufgestanden und wollte seine Schuhe haben, um arbeiten zu gehen. Wiederholte immer wieder, dass er weg müsse. Wollte das Haus im Schlafanzug verlassen. War sehr gereizt am Morgen bevor wir losfuhren. Wir fuhren zu einem Freund am Flughafen Burbank und von da aus nach Oxnard, um das Meer zu sehen und am Strand spazieren zu gehen. Den Rest des Tages war er sehr umgänglich. Am Abend packten wir Geschenke aus, wobei Brenda und ich abwechselnd filmten. Hinterher sahen wir uns ein Video von Thanksgiving in Las Vegas an, unserem Tag in Oxnard und der Bescherung. Er erkannte sich im Fernsehen wieder!

Donnerstag, 26. Dezember 1996 (Davids Eintrag)

Um 5.30 Uhr hat er Süßigkeiten gegessen. Ich fand den Beutel mitten im Wohnzimmer auf dem Fußboden. Er war so energiegeladen, dass er sofort los und zur Arbeit wollte. Immer wieder versuchte er, das Haus zu verlassen. Um 8.15 Uhr habe ich ihn zur Tagesstätte gefahren.

Als er nach Hause kam, wollte er nicht zu Abend essen. Er ging um 18.30 Uhr schlafen – er wollte für den kommenden Tag ausgeschlafen sein.

(Brendas Eintrag)

Ist um 22.40 Uhr wach geworden und wollte wissen, wann wir fahren … desorientiert hinsichtlich der Tageszeit … dachte, es wäre Tag … hat den Rasierer verlegt … hat ihn in einer Kiste im Schrank versteckt … wollte nicht glauben, dass er selbst ihn dort hingelegt hat. Wollte seine Sachen einschließen, damit »ihr sie mir nicht wegnehmt und sie benutzt«.

Freitag, 27. Dezember 1996 (Davids Eintrag)

Am Morgen sehr umgänglich. War beim Hautarzt. Offensichtlich nervös. Zog das Hörgerät aus, bevor der Doktor hereinkam. Sagte, der Arzt solle laut sprechen, er könne ruhig »was tun für sein Geld«!

Samstag, 28. Dezember 1996 (Davids Eintrag)

Bin aufgewacht, als ich hörte, wie er versuchte, das Haus zu verlassen. Erste Frage am Morgen: »Wo sind meine Schuhe?« Nachdem wir ihn davon überzeugt hatten, dass er heute nirgendwo hin musste, beruhigte er sich schließlich. Für etwa anderthalb Stunden. Am Nachmittag unternahmen wir einen etwa drei Meilen langen Spaziergang. Er war kooperativ. Es scheint, als würde seine Erinnerung partiell zurückkehren. Als ich ihn danach fragte, erinnerte er sich, dass er drei Kinder hatte, kannte seine Adresse in Milwaukee, wusste die Adresse von Brendas Schwester. Er beantwortete jede meiner Fragen, ohne zu zögern. In seinem leicht erregten Zustand wusste er diese Dinge. Es kann sein, dass er sich nur deshalb erinnern konnte, weil er aus irgendeinem Grund geistig besonders rege war. Vielleicht liegt es auch an dem Medikament. Er hatte auch einen ernsten Anfall des »Sundowner's-Syndroms«. Er beharrte darauf, dass er heim müsse, und konnte nicht verstehen, dass hier sein Zuhause war. Schließlich gab er nach, war aber ein wenig deprimiert, weil er anfing, seine eigene Verwirrung zu registrieren. Seine kognitiven Fähigkeiten scheinen sich zu verbessern – er hat herausgefunden, wie man das Garagentor öffnet (indem man einen Knopf neben der Tür drückt. Außerdem ist er dahintergekommen, wie man aus dem Garten hinter dem Haus herauskommt – wir glauben, er hat den Riegel kaputt gemacht. Vielleicht bilde ich mir einen Fortschritt nur ein, aber diese Dinge sind jedenfalls eindeutig anders.

Sonntag, 29. Dezember 1996

Hat die Sonntagszeitung gelesen.

Montag, 30. Dezember 1996

Sehr kooperativ. Aricept® scheint zu wirken. Um 15 Uhr wurde ihm ein Zahn gezogen (wegen einer Entzündung und einem beschädigten Nerv). Er erfuhr erst 30 Minuten vorher von dem Eingriff. Natürlich war er sehr nervös, und das Ganze behagte ihm gar nicht. Es hörte bald auf zu bluten und spürte keine Schmerzen. Nun bekommt er viermal täglich eine Penicillin-Tablette. Ich habe auch Tylenol für den Fall, dass er welches braucht, aber bisher spürt er nichts. Er ist gegen halb neun schlafen gegangen.

Dienstag, 31. Dezember 1996 (Davids Eintrag)

Sehr kooperativ und liebenswert. Scheint, als würden seine kognitiven Fähigkeiten sich verbessern – er war sehr daran interessiert, eine Geschichte in Reader's Digest zu lesen und konnte mir hinterher sogar etwas zum Inhalt sagen. Er ist auch eher in der Lage, einem Gespräch zu folgen. Und sein Appetit hat zugenommen.

Er ist gegen 20.00 Uhr zu Bett gegangen. Um 24.00 Uhr ist er aufgestanden, hat sich angezogen und wollte zur Arbeit fahren – konnte nicht begreifen, wie viel Uhr es war. War wütend, weil wir ihm seine Schuhe nicht geben wollten. Wollte etwas essen. Wir machten ihm eine Kleinigkeit und gingen dann wieder schlafen. Er blieb noch eine Weile auf.

Mittwoch, 1. Januar 1997

Zum ersten Mal seit langem (fast vier Monaten) war Mardig in der Lage, ruhig dazusitzen und sich zweieinhalb Stunden lang auf eine Sache zu konzentrieren. Er sah sich die Rose Bowl Parade im Fernsehen an. Er war wie hypnotisiert! Hinterher fuhren wir mit ihm auf den Mount Wilson mit Blick auf Pasadena. Er schien mit der Höhe (1 700 Meter) gut zurechtzukommen und schaffte auch die dreieinhalb sehr schmalen Treppen zum Teleskop hinauf. Wir gingen ziemlich lange im kalten Nieselregen spazieren, und er hielt sich gut. Anfangs hatte er Angst, als wir die gewundene Bergstraße hinauffuhren … »Langsamer!«, rief er ein wenig gereizt. »Sieh auf die Straße!«

Hinterher war er froh, dass wir den Ausflug gemacht hatten. »Das war es wirklich wert!«, sagte er.

Donnerstag, 2. Januar 1997

Mardigs kognitive Fähigkeiten scheinen nachgelassen zu haben. Auf der Heimfahrt von der Tagesstätte fragte er: »Wo ist Ma?« Das hatte er schon eine ganze Weile nicht mehr gefragt. Er schien überrascht, dass weder seine noch meine Mutter noch lebten. Dann sagte er, er wisse nicht einmal mehr, wie sie ausgesehen hätten. Ich zeigte ihm Photos von ihnen, als wir wieder daheim waren. Dann fragte er, ob es außer mir noch jemanden gäbe (er meinte Geschwister). Er lachte, als ich ihm erklärte, sie wären in Milwaukee und wir in Kalifornien. Ich wiederholte, dass wir in Kalifornien seien, er lachte wieder.

Schließlich gab ich ihm ein Buch von Lois Erisey Poole, einer hiesigen Autorin. Er las ein paar Seiten, legte das Buch dann zur Seite und sagte: »Das verdaue ich später.«

Freitag, 3. Januar 1997

»Wo sind meine Schuhe?« Aaaahhh … willkommen zu den Morgenden mit Mardig … jeden Morgen … nur ganz selten fällt diese Frage nicht.

Abend. Mardig hat ferngesehen. Er achtete weniger auf das, was der Sprecher sagte, als vielmehr darauf, wie er es sagte (sein Tonfall, seine Nationalität und seine Überzeugungskraft). Als ich ihn nach dem Inhalt der

Sendung fragte, meinte er, er habe den Anfang verpasst und wolle sich mit dem Rest nicht belasten … er würde ihn später verdauen. Nachdem er die Augen eine Weile zugemacht hatte, fragte er, ob das im Fernsehen noch derselbe Sprecher war wie vorhin. Er sah oft so fern. Fast war es so, als wäre es ihm zu anstrengend, den Inhalt zu analysieren, sodass er nur noch das Bild kommentierte und die Betonungen, die er wahrnahm.

Dienstag, 7. Januar 1997

Es scheint, als würde Mardig mehr Höhen und Tiefen durchmachen. Zwei Tage macht er einen wacheren, klareren Eindruck, dann ist er wieder zwei Tage desorientiert und verwirrt.

Donnerstag, 16. Januar 1997

Mardig ist seit Montag erkältet … war in der Tagesstätte schwierig … als er nach Hause kam, hatte er 38,8 Grad Fieber. Habe ihm Tylenol gegen das Fieber gegeben. Habe die Geriatrie angerufen wegen der Medikamentenstudie.

Mardig hatte erste sporadische Phasen von Inkontinenz. Hat vor der Toilette auf den Boden uriniert. Hat in seine Hose uriniert. Bislang fünf solcher Zwischenfälle.

Habe Mardig mit 38,6 Grad Fieber zu unserem Hausarzt gebracht. Ich wollte nichts riskieren. Der Arzt hat Antibiotika verschrieben wegen leicht entzündeter Schleimhäute (grünlicher Schleim).

Montag, 20. Januar 1997 (Davids Eintrag)

Hat immer wieder gefragt, »Wo ist die Taschenlampe?«, während er sie bereits in der Hand hielt. Als ich ihn darauf hinwies, sagte er: »Ja, aber wo ist die Taschenlampe?«

Er war wirklich sehr durcheinander.

Dienstag, 21. Januar 1997

Mardigs Zeitgefühl scheint weiter nachgelassen zu haben.

Kann anhand eines Blickes auf die Uhr nicht sagen, ob Tag oder Nacht ist. Auch seine Konzentrationsfähigkeit ist geringer geworden. Vielleicht liegt es auch daran, dass wir nicht in der Lage sind, all seinen Bedürfnissen nachzukommen. Wir bitten ihn, das eine zu tun, und er tut etwas völlig anderes. »Zieh dein Hörgerät an.« Er sagt: »Okay«, geht auf sein Zimmer und holt einen Zahnstocher.

Manchmal summt er eine Melodie ... die hat er früher immer gesummt, wenn er guter Dinge war. Jetzt summt er sie, um sich gut zu fühlen oder um eine Erinnerung festzuhalten. Wir wünschten, wir könnten eine Aufnahme des Liedes besorgen, aber wir sind nicht sicher, wie der Titel heißt. Ein Freund meinte, das Lied hieße *Good Night Irene*. Aber diesen Titel gab es im Musikladen nicht.

Etwas sonderbar – er schaltet sein Hörgerät ab und will sich dann unterhalten. Prompt hört er nichts und sagt: »Häh?«

(Davids Eintrag)

Interessiert sich nicht mehr für Steuern. Ich glaube, er weiß oder begreift nicht mehr, was Steuern sind. Er hat die Unterlagen unterschrieben, ohne sie vorher durchzulesen. Das war ungewöhnlich für ihn.

Donnerstag, 23. Januar 1997

8.30 Uhr. Wachsende Frustration: Mardig macht nur das, was er will, und ich muss die Spuren seiner Inkontinenz wegwischen. Ich bin ziemlich am Ende. Diskussion mit Mardig über die Schuhe, seinen Egoismus und seine Weigerung auf uns einzugehen.

»Lass mich in Frieden, bis ich sterbe«, antwortete er auf meine frustrierten Äußerungen.

Stur. Weigert sich weiterhin, das Hörgerät zu tragen. (»Wenn ich dir etwas bedeute, dann sprich lauter.«)

Habe ihn zur Seniorentagesstätte gebracht. Er sagte, die Wärme im Auto wäre ihm angenehm. Tagsüber würde er oft frieren. Weigerte sich, aus dem Wagen zu steigen, als wir wieder zu Hause waren. Saß in der Garage im Auto. Als ich fünf Minuten später wieder nach ihm sah, erklärte er mir, er wolle im Wagen schlafen. Ich versuchte, ihn zum Aussteigen zu überreden, aber vergeblich. Ging wieder ins Haus und kam fünf Minuten später wieder zurück. Diesmal scheuchte er mich mit Handgesten fort. Ich konnte hören, dass er eine andere Melodie vor sich hin summte!

Wir werden langsam ungeduldiger im Umgang mit ihm … wir sind müde.

Zu den Rahmenbedingungen der Medikamentenstudie gehörten auch verschiedene Untersuchungen zur Feststellung von Mardigs Allgemeinzustand während der Einnahme von Aricept®. Einer dieser Termine war in einer Woche im Februar, in der David und ich beide nicht in der Stadt sein würden. Kim erbot sich, die 52 Meilen zu fahren, um meinen Vater zu sehen.

Am 12. März brachte ich Mardig zu seiner letzten Nachuntersuchung ins Granada Hills Hospital.

Die folgenden Notizen kritzelte ich auf drei Zettel:

Mittwoch, 12. März 1997

Fahrt ins Krankenhaus … Hat die ganze Fahrt über Fragen gestellt … eine nach der anderen … wie ein Kind. Hat geplappert … stellte wiederholt dieselben Fragen (»Wohin fahren wir?«), fünf Minuten nachdem ich darauf geantwortet hatte.

Da wir zu früh eintrafen, erkundeten wir den Ort.

Wir fuhren durch die Hügel westlich des Balboa Boulevard im San Fernando Valley. Ich erfuhr, dass die Immobilien dort zwischen 250 000 Dollar (kleinere Häuser) und 1 000 000 kosteten (größere Häuser mit größeren Grundstücken). Er war verblüfft von diesen Preisen!

Wir hatten immer noch Zeit, also fuhren wir zu Circuit City und sahen uns nach einem Mini-Fernseher um. Mein Vater fing an, sehr laut vor sich hin zu summen. Das Verhalten meines senilen Vaters inmitten all der jungen Leute in dem Laden war mir peinlich. Also nahm ich seinen Arm und verließ eilig das Geschäft.

Jetzt sitzt er neben mir in einem Büro des Krankenhauses … in der Geriatrie … summt und spricht laut … und bettelt dann scherzhaft: »Ich will nach Hause.« Jetzt liest er eine Zeitschrift. Ist beschäftigt und still.

Ich nehme am Rande eine männliche Stimme wahr, die fragt: »Zu wem muss ich eigentlich?« Eine Frau antwortet. Er wiederholt ihre Antwort: »Dr. Jacobs?«, »Oh, okay.« Einen Moment ist alles still, dann höre ich wieder dieselbe Frage: »Zu wem muss ich eigentlich?« Das geschieht mehrmals hintereinander. Das muss die Krankheit sein.

Dr. Jacobs hat unsere Tagebucheinträge gelesen. Er sagt, mein Vater litte an leichter Alzheimer-Demenz, einem mittleren Stadium.

Dann unterzog er Mardig einem kleinen Test. Er zeichnete einen Kreis und sagte zu ihm, das sei eine Uhr. Dann forderte er meinen Vater auf, die Ziffern einzutragen. Mein Vater zeichnete vier kleine Markierungen ein, jeweils im gleichen Abstand zueinander: eine bei 12.00 Uhr, eine bei 3.00 Uhr und die beiden anderen bei 6.00 Uhr und 9.00 Uhr. *Das war ein guter Anfang. Er würde das schon schaffen!* Er zögerte einen Moment und trug dann eine »1« an der 10.00-Uhr-Position ein und endete mit einer »3« auf der 11.30-Uhr-Position. Dann schrieb er eine »12« auf die 1.00-Uhr-Position und endete mit der »2« auf der 2.30-Uhr-Position. *Was ging nur in seinem Kopf vor?* Der Doktor fragte, ob das alles wäre. Mardig schrieb deine »6« auf die 5.00-Uhr-Position und quetschte dann die Ziffern »7« bis »10« in den kleinen Abstand zwischen 6.30 Uhr und 8.30 Uhr.

Erstaunlich. Ich saß still da, wie immer, während er einem Test unterzogen wurde. Mein Wunsch, ihm zu helfen, wurde in Schach gehalten von dem Privileg, bei diesen Beurteilungen dabei sein zu dürfen.

Als der Arzt fertig war, kam Aris, eine Krankenhausangestellte, mit einem kleinen grünen Büchlein herein, das schon bei Mardigs vorangegangenen Terminen während der Medikamentenstudie zum Einsatz gekommen war, und stellte ihm wieder dieselben Fragen. Auf diese bekam sie einen Eindruck von seinem Bewusstsein von Zeit und Raum. Sie sagte, es handle sich um ein kleines Staatsexamen in Sachen geistiger Klarheit.

»Was haben wir heute für ein Datum?«, begann sie.

»Das ist mir egal.«

»Welches Jahr?«

»1957.«

»Wissen Sie, welche Jahreszeit gerade ist?«

»Herbst.«

»In welchem Land sind wir?«

»In Russland.«

»Welchem Staat?«

»Das war einmal Wisconsin«, entgegnete mein Vater und lachte nervös.

»… Stadt?«

»Als ich klein war, hieß sie Milwaukee.«

»In welchem Gebäude befinden wir uns?«

»Einem staatlichen.«

»In welchem Stock?«

»Erdgeschoss.«

Während dieser Frage-und-Antwort-Episode unterbrach Mardig sie mehrmals und stellte ihr Fragen. Wenn er die Antwort auf eine ihrer Fragen nicht wusste, erklärte er ihr den Grund hierfür. So nahm dieser Zehn-Minuten-Test letztlich ganze 20 Minuten in Anspruch.

Als Nächstes bat sie ihn, das Wort »WELT« zu buchstabieren. Das schaffte er leicht.

Dann forderte sie ihn auf, »WELT« rückwärts zu buchstabieren. Er sagte »TLE« und fügte nach einer Pause hinzu »LT«.

Sie stellte ihm noch einige weitere Aufgaben.

»Schließen Sie die Augen, Mr. Avadian.«

Er sah sie unverwandt an und sagte: »Schließen Sie Ihre Augen.«

Sie wiederholte ihre Bitte.

Er legte je eine Hand über ein Auge, bis sie sagte, er könne die Augen wieder aufmachen.

Sie forderte ihn auf, einen Satz auf ein weißes Blatt Papier zu schreiben. Irgend etwas, das ihm gerade in den Sinn kam.

Er schrieb: »Dieser Lehrer ist zu streng.« Bei seinem letzten Besuch hatte er geschrieben, er hoffe, er habe die Fragen richtig beantwortet. Bei einem früheren Besuch: »Ich hoffe, das alles führt zu etwas.« Einmal schrieb er auch, dass er den Grund für diese Tests nicht verstünde.

Sie bat ihn, zwei bereits auf einer anderen Seite des Buches abgedruckte Fünfecke abzumalen. Bisher war dies nie ein Problem für ihn gewesen, aber diesmal tat sich Mardig mit der Aufgabe schwer.

Es stimmte mich traurig, dass die Fähigkeiten meines Vaters immer mehr abnahmen. Bei der ersten Beurteilung am 18. Dezember hatte er noch 21 Punkte gemacht. Das Maximum liegt bei 30. Eine Woche später, bei der Untersuchung für die Medikamentenstudie, waren es nur noch 17. Vier Wochen später 16. Acht Wochen später 19. Und diesmal 14.

Nach diesem Test wurde Mardig aus der Medikamentenstudie herausgenommen, da er die Grundvoraussetzungen nicht mehr erfüllte. Wir erkannten, dass Aricept® seinen Verfall verzögert hatte. Dabei hatten wir so gehofft, dass mein Vater sich soweit erholen würde, dass er seine Träume realisieren konnte, die er immer wieder aufschob. Allem Anschein nach hatte das Aricept® jedoch den Krankheitsverlauf nicht stoppen können. Sobald das Medikament abgesetzt wurde, nahm der Verfall weiter seinen Lauf. Ich würde die Dinge akzeptieren müssen, so wie sie waren, wenn ich die Zeit, die mir mit meinem Vater noch blieb, positiv nutzen wollte.

9

GELD, GELD, GELD

Nachdem die gesundheitlichen Bedürfnisse meines Vaters geregelt waren, nahm ich seine Finanzen in Angriff.

Als David und ich uns entschieden hatten, für Mardig zu sorgen und seine Angelegenheiten in die Hand zu nehmen, wussten wir, dass er Aktien von General Electric besaß sowie amerikanische Staatsobligationen. Außerdem waren uns zwei Giro- und Sparkonten zusätzlich zu ein oder zwei Einlagezertifikaten bekannt. Wir schätzten Mardigs Vermögen auf maximal 200 000 Dollar.

Das würde leicht sein. Mardig hatte mir Vollmacht über seine beiden Bankkonten eingeräumt. Ich würde also nur sein ganzes Geld überweisen müssen, damit wir die Finanzen von Kalifornien aus erledigen konnten.

David und ich sagten uns, dass wir uns um so eher wieder um unsere eigene Arbeit kümmern können, je früher wir das erledigten.

»Wie viel habe ich?«

Als ich im März 1996 in Milwaukee war, forderte mein Vater mich auf, ihn zur Bank zu begleiten. Er sagte, er müsse ein paar Dinge regeln. Seine Bank war eine halbe Meile entfernt, und er wollte der Bewegung halber zu Fuß gehen. Ich erklärte mich einverstanden, mitzugehen. Das wäre für uns beide eine willkommene Gelegenheit, an die frische Luft zu kommen. Wie sich herausstellte, konnte ich, obwohl ich fast fünfzig Jahre jünger war als er, kaum mit ihm Schritt halten, geschweige denn, mich dabei mit ihm unterhalten, ohne ganz außer Atem zu geraten.

Es war ein komisches Gefühl, dabeizustehen, während er seine Bankangelegenheiten erledigte. Meine Eltern waren immer sehr diskret gewesen in finanziellen Dingen. Als ich finanzielle Unterstützung beantragen wollte, um die University of Wisconsin-Milwaukee besuchen zu können, weigerten sie sich, die Formulare auszufüllen, weil sie nicht wollten, dass irgend jemand wusste, wie viel Geld sie auf der Bank hatten. Also versuchte ich jetzt, möglichst unbeteiligt dreinzublicken und dachte dabei an meine Kindheit zurück.

Meine Gedanken wurden unterbrochen, als ich hörte, wie die Sachbearbeiterin höflich zu Mardig sagte: »Mr. Avadian, Sie waren schon vor zwei Tagen hier und wollten diese Information haben.«

»Nun, ich möchte sie noch einmal«, entgegnete Mardig ruhig.

»Sie haben einen Kontoauszug bekommen!«

Warum war die Bankangestellte so unnötig unfreundlich zu Mardig? Ich trat näher und fragte, was er denn bräuchte. Er warf mir einen flüchtigen Blick zu, wandte sich dann wieder an die Bankabgestellte und sagte »Ich möchte meinen Kontostand wissen.«

Stöhnend gab sie es auf und sagte: »Schon gut, Sie bekommen noch einen Ausdruck.

Mardig sah mich triumphierend an. Ich fragte, was er denn damit bezwecke. Er erklärte mir, dass er nicht wolle, dass die Bank sein Geld vergesse, und er darum immer wieder überprüfen müsse, was er besitze.

Im nächsten Moment fiel sein Blick auf einige Broschüren, und ich nutzte seine Unaufmerksamkeit, um mich der Bankangestellten vorzustellen und danach zu erkundigen, was eigentlich los wäre.

Sie bat um Entschuldigung für ihre Ungeduld und erzählte mir, dass Mardig dreimal die Woche kam und nach dem aktuellen Stand seiner Konten fragte.

Ich war überrascht. Ich konnte einfach nicht glauben, dass er solches Aufhebens machte um seine Konten. »Tatsächlich?«

»Ja.« Sie senkte den Blick.

»Warum?«

»Er vergisst, dass er gerade erst da war.«

»Meine Güte, das muss ganz schön nervig sein«, sagte ich.

Sie blickte lächelnd auf. »Sie sind seine Tochter?«, fragte sie.

»Ja, das bin ich.« Ich straffte leicht die Schultern und hielt mich etwas gerader.

»Sie sollten vielleicht versuchen, sich von ihm eine Vollmacht ausstellen zu lassen, damit Sie ihm bei seinen Geldangelegenheiten helfen können.«

»Ich verstehe nicht.«

Sie erklärte mir, dass eine Vollmacht mir die Verfügungsgewalt über seine Konten einräumen würde. In Anbetracht meiner Kindheitserfahrungen klopfte mir bei dieser Aussicht das Herz bis zum Hals. *Ich glaubte das einfach nicht!* Ich beruhigte mich wieder und teilte der Frau mit, dass ich darüber nachdenken würde, ich aber erst mit meinen Geschwistern reden müsse, die möglicherweise ebenfalls involviert sein wollten.

Als ich mich von dem Schalter entfernte, ging ich wie auf Wolken. Mir war angetragen worden, in die geheime Finanzwelt meines Vaters vorzudringen. WOW, war ich aufgeregt!

Nur wenige Tage später bat Mardig mich, ihm bei seinen Geldangelegenheiten behilflich zu sein. »Sprich du mit der

Bank, und ich werde dich entsprechend einweisen, um sicher zu gehen, dass sie uns nicht betrügen.« Stolz sah er zu, wie ich sein rechter Arm wurde und bei der Bank seine Wünsche durchsetzte. Dann sagte er: »Lass uns zur anderen Bank gehen. Diesmal möchte ich, dass du …«

Bei dieser Gelegenheit erteilte er mir bei einer Bank Vollmacht über seine Konten. Wenn ich mich recht erinnere, brauchten wir nur einen Vordruck zu unterschreiben. Und doch war mir nicht ganz wohl bei der Sache. Ich hatte meine Geschwister wiederholt gebeten, sich an Mardigs Betreuung und der Erledigung seiner Angelegenheiten zu beteiligen. Sie reagierten nicht. Ich fühlte mich allein gelassen.

Trotzdem war ich weitsichtig genug, unnötige Komplikationen zu vermeiden. Ich bat Mardig, mir auch eine Vollmacht für die andere Bank zu erteilen. Er lehnte ab. Ich dachte mir: »Das ist seine Sache.«

Als wir uns fünf Monate später im August wiedersahen, bat er mich, mich auch seiner Finanzangelegenheiten bei dieser zweiten Bank anzunehmen. Er sagte, es gefiele ihm, wie ich seine Papiere in Ordnung halte. Es freute ihn, dass ich seine Fragen prompt beantworten und ihm schriftliche Belege für das vorweisen konnte, was er besaß. Ich zögerte. »Bist du sicher?«, fragte ich. »Was ist mit meinen Geschwistern?« Ich fühlte mich nicht ganz wohl dabei, mit seinen Bankangelegenheiten betraut zu sein, und wollte fair sein. Obwohl sie sich bislang aus allem herausgehalten hatten, wusste ich nicht, was ich von den beiden zu erwarten hatte.

Mardig erklärte mir, dass er es vorzog, meine Geschwister nicht miteinzubeziehen. Er nannte mir Gründe, die mich überraschten und mich gleichzeitig in meiner Bereitschaft bestärkten, ihm zu helfen.

Wenige Tage später erklärte er mich zu seiner gesetzlichen Vertreterin.

Wir versuchten, in Kalifornien ein Bankkonto zu eröffnen. Mardig und ich suchten eine Bank in der Nähe unseres Hauses auf, um in seinem Namen ein Konto einzurichten. Er sagte, dass ich als seine Bevollmächtigte alle Formalitäten erledigen solle. Ich sagte ihm, er müsse mitkommen. Und so fuhren wir gemeinsam zur Bank.

»Guten Tag. Ich würde gerne für meinen Vater ein Konto eröffnen.«

»Kann er sich ausweisen?«

»Also, um ehrlich zu sein, nein.« Ich senkte die Stimme und erklärte: »Er leidet an Alzheimer-Demenz und hat seine Brieftasche verlegt. Allerdings besitze ich eine Vollmacht, die mich zu seiner gesetzlichen Vertreterin bestimmt, und ich habe meinen Ausweis bei mir.«

»Wir können kein Konto in seinem Namen eröffnen, wenn er kein Dokument vorlegen kann, dass seine Identität beweist.«

»Und was würden Sie als solches Dokument akzeptieren?«

»Einen Führerschein oder irgendein anderes offizielles Dokument mit einem Passfoto und seiner Unterschrift.«

»Er fährt nicht mehr Auto.«

»Also … *Sie* könnten ja ein Konto eröffnen«, schlug die Bankangestellte mir vor.

»Nein, das möchte ich nicht. Ich möchte ein Konto auf seinen Namen mit mir als zweitem Verfügungsberechtigtem.«

Das gleiche Gespräch führten wir mit noch einigen anderen Banken. Irgendwann gab ich das Klinkenputzen auf und rief weitere Banken von zu Hause aus an. Es war sinnlos, weiter Zeit damit zu vergeuden, bei jeder einzelnen Bank vorstellig zu werden. Also griff ich zum Telefon. »Guten Tag, ich lebe seit sieben Jahren hier, kaufe in der Nähe Ihrer Bank ein, habe ein Konto bei … können Sie mir helfen?« Jedes einzelne Bankinstitut lehnte mein Anliegen ab.

Mit diesen Zurückweisungen begann ein langer frustrierender Spießrutenlauf von einer Behörde und privaten Einrichtung zur nächsten. Ich brauchte anderthalb Monate, um einen neuen Ausweis für Mardig zu beschaffen.

Zuerst füllte er einen Antrag bei der Sozialversicherungsanstalt aus. Das allein erforderte schon insgesamt drei Termine mit einer Wartezeit von jeweils 30 bis 45 Minuten. Als Nächstes füllte er ein Antragsformular beim Straßenverkehrsamt aus, um einen kalifornischen Ausweis zu bekommen. Dazu waren zwei weitere Termine nötig. Man teilte uns mit, dass sein Antrag von einer speziellen Behörde in Sacramento geprüft werden würde. Der Sachbearbeiter war nicht sicher, ob seine Einbürgerungsurkunde aus den 30er Jahren zur Identifizierung ausreichte, da sein Geburtsdatum auf dem Papier nicht vermerkt war. Andererseits war sein Alter zum Zeitpunkt der Urkundenerstellung eingetragen. Ein simple Rechnung könnte dieses Problem lösen, aber sagen Sie das mal einem Sachbearbeiter vom Straßenverkehrsamt! Wir beschlossen, auch einen Kreditkartenantrag zu stellen. Die wäre nützlich bei Arztbesuchen, Kleidereinkäufen, Reisen etc. Da Mardig in Kalifornien kein Bankkonto eröffnen konnte, beantragten wir die Kreditkarte bei einer seiner Banken in Milwaukee.

Nach und nach füllte sich seine Brieftasche.

In dieser Zeit stellten wir auch fest, dass Mardigs Sparbriefe abgelaufen waren. Einige der mehr als 30 Jahre alten Sparbriefe warfen keine Zinsen mehr ab. Wir veranlassten ihre Auszahlung, um von diesem Geld die Kosten für seine medizinische Versorgung zu bestreiten. Eine Auszahlung in Kalifornien war nicht möglich … weil Mardig immer noch kein Bankkonto in diesem Staat besaß.

Rückblickend war ich froh, die Mitarbeiter von Mardigs Bank daheim in Milwaukee kennen gelernt zu haben. So konnte ich mir telefonisch die unbezahlbare Unterstützung einer Sachbearbeiterin sichern, die die Liquidation der Sparbriefe veranlasste. In Kalifornien hätte Mardig jeden einzelnen Sparbrief in Gegenwart eines Notars unterschreiben müssen. Er besaß an die 40 dieser Wertpapiere. Bei 5 bis 10 Dollar pro Beglaubigung wäre das ein teurer Spaß geworden!

David gab die Seriennummern der Sparbriefe in den Computer ein, und wir schickten eine Kopie der Dokumente an seine Bank in Milwaukee. Mardig musste trotzdem jeden einzelnen Sparbrief unterschreiben. (Das tat er gern, weil er seine sämtlichen Papiere verkaufen sowie seine diversen Konten auflösen wollte, um sein ganzes Geld auf einem einzigen zusammenzufassen. Wir hielten das für keine gute Idee, da er auch Aktien und Investmentfonds besaß.)

Da die Bank in Milwaukee so hilfsbereit gewesen war, versprach ich, dass der Erlös aus dem Verkauf der Sparbriefe einige Monate auf seinem Konto verbleiben würde. Das war meine Art, mich erkenntlich zu zeigen, da die Bank mit dem Geld mehr verdienen konnte, als sie an Zinsen zahlte. Und was hätte ich auch sonst mit dem Geld machen sollen? Es war immer noch nicht gelungen, in Kalifornien ein Konto für Mardig zu eröffnen.

Kleine Herausforderungen wie diese sowie die ständige Rennerei kosteten uns viel Zeit.

Zwei Monate später half mir der kalifornische Rechtsanwalt, den ich engagiert hatte, um mich in Mardigs Finanzangelegenheiten zu beraten, bei einer Bank in der Nachbarschaft ein Konto einzurichten. *Insgesamt dauerte es fünf Monate, bis wir endlich ein Konto für Mardig in Kalifornien eröffnen konnten.*

Außerdem engagierten wir einen Steuerberater, der alle Gelder und Wertpapiere meine Vaters erfasste und sich um die Buchhaltung kümmerte. Jedes Quartal brachten wir Mardigs Kontoauszüge und eine Liste der von ihm ausgestellten Schecks zu seinem Steuerberater, der sich Kopien machte, um Mardigs Unterlagen zu aktualisieren. Das erforderte ein Ablagesystem, damit Mardigs Unterlagen gut organisiert und durchschaubar waren. Wir gewöhnten es uns an, jeden Vorgang zu dokumentieren, weil man nie wissen konnte, ob meine Geschwister nicht irgendwann entsprechende Belege würden sehen wollen.

Meine Tante und mein Onkel warnten mich, dass die merkwürdigsten Dinge passieren konnten, wenn es innerhalb von Familien um Geld ging. »Die Menschen reagieren nicht immer vernünftig«, warnten sie mich. Darum legte ich Wert auf eine ordentliche Buchhaltung und die beste Beratung, die man für Geld bekommen konnte. Falls es nötig wurde, wollte ich jede meiner Entscheidungen rechtfertigen können.

Einige Monate vor Mardigs Umzug nach Kalifornien rief er mich an, um mir zu berichten, dass sein Wagen gestohlen worden sei. Er sagte, er sei gefunden worden, er müsse ihn aber selbst abholen gehen. Als ich ihn fragte, ob er das Auto abholen würde, antwortete er, dass es mehrere hundert Dollar kosten würde, den Wagen auszulösen. Er fand, dass sei er nicht wert, und so wollte er den Wagen einfach dort lassen. Für mich machte das keinen Sinn, da das Fahrzeug immerhin mehrere Tausend Dollar wert war. David und ich kamen zu dem Schluss, dass Mardig selbst den Wagen irgendwo geparkt hatte, ihn dann vergessen hatte und zu Fuß oder mit dem Bus heimgekehrt war. Bestimmt hatte die Stadt den Wagen dann abschleppen lassen.

Ich sprach mit meinen Geschwistern über den Wagen, kurz nachdem Mardig uns die Geschichte von dem Diebstahl erzählt hatte. Wir waren uns einig, dass es besser war, wenn unser Vater nicht mehr Auto fuhr.

Monate später, als Mardig bereits bei uns eingezogen war, bekam ich einen Anruf. Sein Wagen war auf einem Krankenhausparkplatz in einem Vorort im Westen von Milwaukee gefunden worden. Ein Wachmann rief an und sagte, ihm sei aufgefallen, dass der Wagen schon Wochen dastünde. Er wollte ihn kaufen. Ich teilte ihm mit, dass ich ihn erst meiner Schwester anbieten wolle. Meine Schwester und ihr Mann besaßen nur ein Auto, und zwei Wagen wären für sie sicher eine große Erleichterung.

Obwohl ich nur sehr unregelmäßigen Kontakt zu meiner Schwester hatte, bemühte ich mich, ihr gegenüber aufmerksam zu sein. Ich sagte mir, dass sie bestimmt irgendwann einmal positiv auf meine Bemühungen reagieren würde.

Als ich anrief und ihr den Wagen anbot, war sie sehr gut aufgelegt und redete wie ein Wasserfall. Dieses Geschenk, das auch Mardig absegnete, sorgte einige Wochen für Gesprächsstoff und E-Mails zwecks Überschreibung des Fahrzeugs auf sie. Sie erzählte mir, das Ganze wäre viel leichter gewesen, wenn unser Bruder sie in sein Haus gelassen hätte, um die Wagenpapiere zu holen.

Nachdem meine Schwester den Wagen übernommen hatte, machte sie mir schwere Vorwürfe, dass ich den Gegenwert offiziell von Mardigs alljährlicher Schenkung an sie und ihren Mann abzog. *Sie spuckte mir ins Gesicht dafür, dass ich ihr geholfen hatte!* Die Anwälte hatten mir geraten, bei der Schenkung so zu verfahren. Als ich ihnen von der Klage meiner Schwester erzählte, waren sie sprachlos. *Das ist ein Novum: ein Anwalt, dem es die Sprache verschlägt!*

Noch ein kleines, aber zeitraubendes Detail, das es zu klären galt, war, wem Mardigs Haus nun tatsächlich gehörte. Mein Vater hatte mehrfach geäußert, dass er fürchte, es gehöre meinem Bruder, sodass er diesem gegenüber stets vorsichtig sein müsse, um nicht eines Tages auf der Straße zu sitzen.

Wir waren nicht sicher, wer Eigentümer des Hauses war. Mein Bruder behauptete, es wäre sein Haus. Wir fanden undatierte und nicht unterschriebene Kopien eines Vertrages, auf dem der Name meines Bruders stand. Ich zeigte die Unterlagen einem Rechtsanwalt, der mir empfahl, ein Ermittlungsverfahren zwecks Klärung der Eigentumsverhältnisse an der Immobilie einzuleiten. Wir warteten auf das Ergebnis dieser Prüfung. *Wenn das Haus meinem Bruder gehörte, würde uns das viel Arbeit ersparen – dann nämlich würden wir es ihm überlassen, die im Laufe von Jahrzehnten angehäufte Habe meiner Eltern auszuräumen. Gehörte das Haus allerdings Mardig, würde ich veranlassen müssen, dass es leergeräumt wurde. Wie viel Zeit würde das wohl in Anspruch nehmen? Wer sollte das übernehmen? Würde derjenige so gründlich vorgehen, wie ich es würde? Wann würde ich die Zeit finden, mich darum zu kümmern? Mir waren auch so schon genug geschäftliche Gelegenheiten entgangen.*

Wir warteten. David und ich diskutierten des Öfteren über das Für und Wider des Verfahrens zur Klärung der Eigentumsverhältnisse. In der Zwischenzeit traf Mardigs Post bei uns ein, nachdem wir in Milwaukee einen Nachsendeantrag gestellt hatten. Es befanden sich darunter auch Rechnungen der öffentlichen Versorgungsbetriebe sowie eine Forderung des Finanzamtes über die Grundsteuer. Wenn das Haus tatsächlich meinem Bruder gehörte, warum waren dann diese Rechnungen an Mardig adressiert? Und warum wurden einige der Forderungen bereits angemahnt?

Wir warteten und warteten, während wir weiter Mardigs umfangreichen Papierkram erledigten. Wenn das Haus Mardig gehörte, wie sollte ich dann meinen Bruder dazu bewegen, auszuziehen, nachdem er sein ganzes Leben dort gewohnt hatte? David und ich hofften, dass mein Bruder tatsächlich der Eigentümer war. Das wäre ein Segen.

Wie bei den meisten wichtigen Angelegenheiten, erwies sich auch diese als wahre Herausforderung. Das Haus gehörte Mardig. Mein Bruder würde ausziehen müssen, damit ich es verkaufen konnte. Das war keine leichte Sache, ich konnte nicht einfach hingehen und sagen: »Lieber Bruder, du hast 45 Jahre lang mietfrei gewohnt. Findest du nicht auch, dass es an der Zeit ist, dass du dir etwas Eigenes suchst?«

Ich musste rechtliche Schritte veranlassen, um einen Untermieter, der keine Miete zahlte, aus Mardigs Haus werfen zu lassen. *Oh ja, es gibt Gesetze, um Mieter loszuwerden, die keine Miete zahlen!* Zuerst suchte ich Rat bei Mardigs Rechtsanwälten und setzte ein Schreiben an meine Geschwister auf, in dem ich auflistete, was alles erledigt werden müsse. Ich forderte sie auf, mir dabei zu helfen, die persönliche Habe meiner Eltern zu »entsorgen«. Dabei hoffte ich, dass Neugier und die Aussicht auf manch verborgenen Schatz im Haus sie dazu verleiten würden, bei der Entrümpelung zu helfen. Nachdem ich sie mehrfach angeschrieben hatte, ohne Antwort zu bekommen, schickte ich ihnen das Schreiben ein letztes Mal zusammen mit einer Kopie mit meiner Handlungsvollmacht.

Meine Geduld und Energie waren langsam erschöpft. Ich hatte meinen Vater in meinem Haus aufgenommen und pflegte ihn hier. Ich hatte an allen Ecken und Enden mit Problemen zu kämpfen. Es lief nicht alles so reibungslos, wie ich erwartet hatte. Und zu allem Überfluss mussten so unzählige Kleinigkeiten geregelt werden!

Monate vergingen. Mein Bruder zog endlich aus, und ich flog zweimal nach Milwaukee, um das Haus auszuräumen und verkaufsfertig zu machen.

Etwa acht Monate bevor ich den Hausverkauf einleitete, hatte ich Mardig gefragt, wie viel er dafür verlangen würde, falls meine Schwester oder mein Bruder es haben wollten. *Ich hatte selbst daran gedacht, es zu kaufen, aber ich wohnte einfach zu weit weg. Es wäre eine zu große Belastung gewesen, mich aus der Entfernung um alles zu kümmern.*

Das Haus war Teil von Milwaukees blühender Geschichte. Es war ein zweistöckiges rotes Backsteingebäude im Kolonialstil, das 1923 im Auftrag eines Bankers errichtet worden war. Wir fanden sogar die Originalblaupausen mitsamt der Baubeschreibung, Briefe des Erstbesitzers etc. in einer alten verstaubtren Kiste auf dem Dachboden. Ich war beeindruckt, mit welcher Sorgfalt die Baumaterialien ausgewählt worden waren:

> Die Terrazzo-Fliesen in der Diele, im Wintergarten und Bad sollen bester Qualität sein und … müssen von Fachkräften und Spezialisten im Verlegen von Terrazzo-Böden verlegt werden. Im Wohn- und Esszimmer im Erdgeschoss sowie im gesamten Obergeschoss werden Massivholzdielen aus astfreier Eiche verlegt … dazu weiße Leisten … und für den Anstrich wird ausschließlich Farbe auf Leinölbasis verwendet … Die Haustür wird aus massiver Eiche gefertigt … und der Sturz soll mit verzinktem Glas verziert werden sowie mit einer Borde für nicht weniger als 2 Dollar die Elle …

Als der Gutachter das Haus besichtigte, war er so davon angetan, dass er es als wahres Museumsstück bezeichnete.

Alles an diesem Haus befand sich noch im Originalzustand. Meine Eltern waren die Zweitbesitzer gewesen und hatten nicht das Geringste verändert. Das Haus verfügte noch über den ersten Heißwasserboiler, den alten Herd und Ofen, Originalbadewanne und -waschbecken und stellenweise sogar -tapete! Das Innere war großzügig mit feingemustertem massivem Eichenholz getäfelt. Der ursprüngliche Edwardianische Bronzelüster war noch ebenso vorhanden wie die Edwardianischen Wandleuchten in Wohn- und Esszimmer. Draußen waren noch die Original-Kupferdachrinnen angebracht.

Mein Vater sagte: »Biete es ihnen für 5 bis 10 Prozent unter dem Marktwert an.« Ich ließ das Haus schätzen. Dann ließ ich ein Gutachten erstellen und den Marktwert feststellen. Die Gutachterin nahm sich viel Zeit und stellte zahlreiche Vergleiche an.

Meine Schwester war an dem Haus interessiert, und so schickte ich ihr eine Kopie des Gutachtens. Sie machte mir ein mündliches Angebot, das ich akzeptierte, weil es sich innerhalb der von Mardig eingeräumten Marge bewegte. Dann folgte ein schriftliches Angebot.

Zu meiner Überraschung tat sie etwas, das ich früher bei Aktiengeschäften getan hatte. Ich entschied, welche Summe ich investieren wollte, und dann, während ich mein Angebot machte, senkte ich den Preis, in der Hoffnung, dass die Wertpapiere noch ein klein wenig abfielen, sodass ich sie zu einem günstigeren Kurs ergattern konnte. Manches Mal erwirtschaftete ich mit dieser Taktik einen größeren Gewinn, wenn die Aktien wieder stiegen, aber häufig ging mir auch ein Schnäppchen durch die Lappen, sodass ich mit der Zeit lernte, mein Angebot näher am offiziellen Preis zu orientieren.

Das schriftliche Angebot meiner Schwester war viel niedriger als das mündliche. Ich konnte es nicht akzeptieren, weil es unterhalb dessen lag, was Mardig verlangte. Sie war nicht eben erfreut, als ich ihr Angebot ablehnte. Mit dem Scheitern dieser Transaktion brach unser Kontakt ab. *Ich versuchte noch mehrfach, mit ihr in Kontakt zu treten, aber sie antwortete nie.*

Bei der Durchsicht von Mardigs Unterlagen stieß ich auf eine Reihe von Zahlungen Mardigs an eine offiziell klingende Organisation, die behauptete, Rentenansprüche und ärztliche Versorgung abzusichern. Er schickte ihnen Schecks, nachdem er ihre offiziell aussehenden Unterlagen gelesen hatte. David stellte fest, dass die Zahlungszeiträume meines Vaters sich von *jährlich* auf *monatlich* und schließlich *vierzehntägig* verkürzt hatten. Wir mussten dem ein Ende machen. Vielleicht war ich ja naiv, aber ich war tatsächlich überrascht, als die Organisation Mardigs Schecks weiter einlöste. Unseres Wissens waren weder Mardigs Rente noch seine ärztliche Versorgung jemals gefährdet.

Als ich mich einverstanden erklärt hatte, meinen Vater zu betreuen, hätte ich niemals mit einer solchen Fülle zu erledigender Kleinigkeiten gerechnet. Anfangs war die Erledigung dieser Details sogar zeitaufwendiger als Mardigs Pflege.

Es ist traurig, dass meine Geschwister und ich nicht besser miteinander auskamen. Ich weiß wirklich nicht, warum. Vielleicht war es eine Frage des Vertrauens. Ich habe Geschichten von Geschwistern gehört, die sich erbittert und hasserfüllt bekriegt und ihr ganzes Erbe Rechtsanwälten in den Rachen geworfen haben. Vielleicht haben meine Geschwister ja kein Vertrauen in mich und meine Handhabung der Angelegenheiten meines Vaters. Ich kann das verstehen. Immerhin war ich immer das Nesthäkchen, was weiß ich also schon? Ich habe als erstes das Haus verlassen und bin weit weggezogen. Aber da ich von Anfang an mit ihrem Misstrauen rechnete, hatte ich über alles Buch geführt und mich von Spezialisten beraten lassen. Eines Tages, wenn das alles längst vorbei ist, werden mein Bruder und meine Schwester vielleicht erkennen, dass ich nur im Interesse Mardigs und seiner Erben gehandelt habe.

Ich bin sicher, dass weder mein Bruder noch meine Schwester die Geduld aufgebracht hätten, diese vielen Details zu regeln. Vieles hätten sie bestimmt nie entdeckt. Einmal sagte mein Bruder: »Ich werfe einfach alles auf den Müll. Ich habe keine Zeit für diesen Mist. Brenda, ich habe eine Firma zu leiten.« Zu diesem »Mist« gehörten unter anderem die Sparbriefe meines Vaters sowie Informationen zu weiteren Konten überall in den USA. Alles in allem sollte sich der »Mist« auf ein Mehrfaches des von uns geschätzten Vermögens belaufen.

10

DIE SELBSTHILFEGRUPPE: WIR BRAUCHEN HILFE!

Es kommt die Zeit, da jeder von uns an seine Grenzen stößt und andere um Hilfe bitten muss. David und ich näherten uns dieser Grenze mit großen Schritten. Angefangen hatte alles einige Monate zuvor, als verschiedene Mitarbeiter der Seniorentagesstätte mir empfohlen hatten, zu ihren Gruppentreffen zu kommen. Sie hatten mir diesen Vorschlag unterbreitet, nachdem ich mehrfach um Rat gefragt hatte. »Die Gruppe kann Ihnen in diesem Punkt wirklich helfen, Brenda«, hatten sie geantwortet, jedes Mal, wenn ich eine Frage gestellt hatte.

Ich war noch nie bei einer Selbsthilfegruppe gewesen und kam mir komisch vor bei dem Gedanken, mich mit anderen in einen Kreis zu setzen, um von meinen Problemen zu erzählen und mir die der anderen anzuhören. Ich stellte mir so etwas wie eine Therapiesitzung vor oder ein Treffen wie bei den Anonymen Alkoholikern oder Weight Watchers. Außerdem hatte ich viel zu viel zu tun. Wie sollte ich die Zeit finden, wo ich doch schon vollauf damit beschäftigt war, meines Vaters Angelegenheiten zu regeln und mein akut existenzgefährdetes Unternehmen aufzubauen?

Aber einige Wochen später war ich so ausgepowert, dass ich der Verzweiflung nah war. Ich war körperlich am Ende. *Warum baute Mardig bei all der Pflege, die wir ihm angedeihen ließen, so schnell ab?* Machten wir etwas falsch? *Taten wir nicht genug? Was lief da schief?*

Eines Tages, als ich ihn an der Tagesstätte absetzte, konnte ich diese Frage nicht mehr zurückhalten. Eine Mitarbeiterin nahm mich beiseite und stellte einen sehr bildhaften Vergleich an. »Ihr Vater ist wie ein Alkoholiker, der sich bemüht, sich in der Öffentlichkeit zusammenzureißen. Wenn ihn jemand etwas fragt, gibt er eine ganz vernünftige Antwort. Das kostet ihn große Anstrengung. Und wenn er dann endlich in einem privaten Umfeld ist, in dem er sich sicher fühlt, lässt er sich gehen. Er entspannt und ist entsprechend durcheinander.«

Ich brauchte eine Weile, um diesen Vergleich zu verstehen und die Analogie zu akzeptieren. *Indem wir Mardig Gutes taten und ihm ein Gefühl der Geborgenheit vermittelten, förderten wir den Krankheitsverlauf. Das machte doch keinen Sinn.*

Ich konnte mich immer noch nicht auf den Ausbau meines Geschäfts konzentrieren. Und der berufliche Frust führte dazu, dass ich zunehmend die Geduld mit Mardig und seinen Angelegenheiten verlor. Am nächsten Dienstag gab ich mich geschlagen und ging zu meinem ersten Selbsthilfegruppen-Treffen. Ich *nahm* mir die Zeit.

Anfangs fühlte ich mich ein wenig unbehaglich. Ich war die Jüngste in einer Gruppe von Menschen, die 50 und älter waren. Etwa die Hälfte der Teilnehmer versorgte den Ehepartner, der Rest einen Elternteil. Ich saß schweigend da und hörte mir an, wie alle nacheinander die aktuelle Situation schilderten. Dann war ich an der Reihe. Die Diskussion, die auf jeden Kommentar folgte, erwies sich als so unschätzbar wertvoll, dass ich es gar nicht erwarten konnte, wiederzukommen. Die anderthalb Stunden vergingen wie im Flug. Ich hatte eine ganze Seite voller Ideen notiert.

Wenn der Patient sich schwer tut, in den Wagen ein- und auszusteigen, legen Sie einen Plastikmüllsack auf den Sitz.

Auf dem glatten Untergrund kann der Betreffende sich leichter drehen.

Wenn der Patient noch zu Hause ist und Bade- und Schlafzimmertüren von innen abschließbar sind, achten Sie darauf, immer ein kleines spitzes Werkzeug griffbereit zu haben. Ich benutzte einen kleinen Juwelier-Schraubenzieher. Man kann eine Tür von außen öffnen, indem man das Werkzeug in das winzige Loch im Türknauf steckt und hin und her bewegt, während man gleichzeitig den Knauf dreht, bis das Schloss aufspringt. Das erwies sich als praktisch, als Mardig sich zum Duschen im Bad einschloss.

Machen Sie sich klar, dass sie jetzt Vater/Mutter sind und zu seiner eigenen Sicherheit streng sein müssen mit dem Patienten.

Besorgen Sie Satinbettwäsche für den Patienten, damit er leichter aus dem Bett aufstehen kann. Dieser Vorschlag kam leider für uns zu spät. Wir hatten gerade dicke Flanellbettwäsche bestellt, damit Mardig es bequem und warm hatte.

»Letztendlich werden Sie froh sein, diese Verantwortung übernommen zu haben«, hieß es weiter. *Ja, wenn ich das Ende noch erlebe!*

Danach ging ich regelmäßig zu den Treffen. Während meine Karriere mir nach 17 Jahren aus den Fingern glitt, konzentrierte ich mich zunehmend auf meinen Vater und seine Betreuung.

Die anderen Mitglieder der Selbsthilfegruppe wurden meine zweite Familie. Wir hatten etwas Wichtiges gemein: Jemand aus unserer Familie litt an Alzheimer. Ich glaube, niemand, der es nicht selbst erlebt hat, kann ermessen, was es heißt, jemanden zu betreuen, der Alzheimer hat. Es gibt nicht genug Worte auf der Welt, um ein wirklich reales Porträt dessen zu zeichnen, was das heißt.

In den Tagen zwischen den Zusammenkünften der Selbsthilfegruppe notierte ich mir Fragen, die sich im Umgang mit

Mardig ergaben. Jedes Treffen war so hilfreich! Wir alle versorgten Alzheimer-Kranke in den unterschiedlichsten Stadien. Wir konnten uns so viel geben. Es entstanden Bande, die uns über Wochen und Monate hinweghalfen, durch Höhen und Tiefen. Inzwischen sind es Jahre geworden.

Paul, der Anfang achtzig war, gab uns bei jedem Treffen etwas zu denken.

Patti, Anfang fünfzig, versorgte ihren 62jährigen Ehemann. Er hatte die blauesten Augen und das beachtlichste schneeweiße wallende Haar, das ich je gesehen hatte!

Jonathan war mit 83 Jahren der älteste Mensch, den ich kannte, der in seinem Denken progressiv genug war, im Internet zu surfen.

Später erfuhr ich, dass Paul ebenfalls einen Internetzugang hatte und sogar mit weiterem Equipment wie beispielsweise Spracherkennungssoftware und einer Digitalkamera arbeitete.

Paul und Jonathan waren beide über 50 Jahre mit ihren Frauen verheiratet gewesen, als bei diesen schließlich Alzheimer-Symptome auftraten. Patti war zehn Jahre mit Ralph glücklich, bis er von Alzheimer befallen wurde.

Jeanne, eine Krankenschwester, hatte ihren Beruf aufgegeben, um ihre Mutter im eigenen Haus zu pflegen. Sie war Anfang 50.

Es nahmen noch andere an den Treffen teil, aber jene Teilnehmer kamen regelmäßig und waren mir die größte Hilfe.

Wenn es um Familien und die Loyalität von Familienmitgliedern untereinander geht, heißt es oft: »Blut ist dicker als Wasser«. Leider habe ich das anders erlebt. Ich leide darunter, dass meine Geschwister mich in keinster Weise unterstützen. Ich würde gerne darauf erwidern, »Blut ist dicker als Wasser? Na und*? Wasser ist der Stoff, aus dem das Leben ist!*

Die Selbsthilfegruppe und das Buch *The 36-Hour-Day* von Nancy L. Mace und Peter V. Rabins waren meine wichtigsten Helfer.

Auf dem Cover des Buches steht: »A Family guide to caring for persons with Alzheimer's disease, related dementing Illness, and memory loss in later life« (Ein Leitfaden für Menschen, die Angehörige betreuen, die an Alzheimer oder Gedächtnisverlust anderen Ursprungs leiden). Es war unsere Bibel. Jeder von uns besaß seine eigene Ausgabe, auf die wir uns bezogen, wenn sich etwas ereignete, das wir nicht verstanden. Manchmal waren die Antworten nicht spezifisch genug. Dann wieder waren sie nahezu schmerzlich plastisch.

In einer besonders nervenaufreibenden Woche im Oktober 1996 wollte ich die Frage stellen, die jedem irgendwann auf der Zunge liegt: »Wann weiß ich, dass ich es allein nicht mehr schaffe?«

Oktober 1996

Die letzte Nacht war furchtbar … Mir ging es sehr schlecht. Ich habe eine schwere Erkältung, und Mardig zeigte sich nicht eben kooperativ. Er legte sich gegen 22.00 Uhr schlafen, und ich tat es ihm gleich. Ich hatte schrecklichen Schüttelfrost. Der Heizlüfter war voll aufgedreht, um mich trotz der drei Decken zu wärmen, und ich fror immer noch. David räumte die Küche auf, nachdem er uns Hühnersuppe gekocht hatte.

Gegen halb elf kam David ins Bett. Mardig war auf seinem Zimmer, und das Licht war ausgeschaltet. Um 23.00 Uhr ging das Licht bei ihm an. Das war der Anfang eines wahren Albtraums …

Mardig verließ sein Zimmer fertig angezogen und aufbruchbereit. Er lief mit Schuhen im ganzen Haus herum, öffnete Türen, Schränke und allein die Haustür acht Mal (Sie quietscht beim Öffnen). Ich wollte nicht aufstehen, weil mir immer noch schrecklich kalt war. Dann ging er in die Waschküche und schaltete das Licht ein und wieder aus. Wir wurden nicht schlau aus dem, was wir *nicht* hörten. Er musste im Dunkeln stehen. David stand auf und blickte von unserer Schlafzimmertür aus den Flur hinunter. Wer wusste, was mein Vater gerade anstellen mochte. Ich fürchtete, er könnte sich verletzen. (Wir müssen das Haus kindersicher machen, damit er sich nicht verletzen kann.)

Danach stand David noch sechs oder sieben Mal auf. Inzwischen war es 3.00 Uhr, und in einer Stunde musste David aufstehen, um um 4.55 Uhr die Fahrt zur Arbeit anzutreten. Er war erschöpft und ausgelaugt. Um 3.30 Uhr entschloss ich mich, nach Hardig zu sehen.

Davids Akten und einige Geschäftsunterlagen waren durchgesehen, die ordentlichen Stapel auf meinem Schreibtisch durcheinandergebracht worden. Jeder Stapel gehörte zu einem bestimmten Projekt. Es hatte mich viel Zeit gekostet, meine Arbeit zu organisieren. In den wenigen Stunden, die mir täglich zum Arbeiten blieben, hatte ich keine Muße, Unterlagen neu zu sortieren, die jemand anders durcheinander brachte! Ich fror, fror erbärmlich. Da verlor ich die Geduld. Was soll passieren, wenn ich verunglücke oder wirklich nicht aufstehen kann? Wer soll sich dann um meinen Vater kümmern? Das Ganze war unzumutbar. Die Betreuung meines Vaters machte einfach zu viel Arbeit. Bibbernd kam ich zu dem Schluss, dass ich genug hatte … Ich ging zu Mardig und eröffnete ihm, dass es so nicht weiter gehen könne. Er sagte, ich solle ihn in Ruhe lassen. Ich entgegnete, dass könne ich nicht, weil er meine Sachen und mein ganzes Leben durcheinanderbringe! Seine Reaktion war nur, ich solle ihn in Frieden lassen, er werde sowieso bald sterben. *Oooohhhh, das ultimative Mittel, mir ein schlechtes Gewissen einzureden!*

Am nächsten Morgen fand ich ein Stück Edelbitterkuvertüre auf dem Fußboden neben der Küchenspüle. (Wir bewahren Süßes in Schränken auf, die eigentlich außer Mardigs Reichweite sind.) Ich fand einen Löffel im Toaster. (Glücklicherweise haben wir es uns zur Gewohnheit gemacht, immer den Stecker des Toasters herauszuziehen.) Als ich Mardig darauf ansprach, reagierte er verblüfft und meinte, er würde niemals etwas so Dummes tun. »Dabei kann man einen elektrischen Schlag kriegen!«, fügte er hinzu. Dann fand ich das Glas Erdnussbutter zwischen den Putzmitteln unter der Spüle.

Später an diesem Tag nahm er sich noch eine Scheibe Brot aus der Tüte, nachdem ich ihm bereits eine gegeben hatte, die er zu seiner Limonade essen wollte. (Er aß gerne Brot, das er mit süßer Limonade herunterspülte.) Als ich in die Küche kam, lagen beide Brotscheiben im Katzenfutternapf am Rand der Arbeitsplatte. Ich wies ihn auf das hin, was er getan hatte. Er dankte mir dafür, dass ich auf ihn Acht gab. Ich warf das Brot für die Vögel nach draußen und nahm zwei weitere Scheiben für Mardig aus der Tüte. *Ich muss ihn ständig im Auge behalten, damit er sich nicht selbst schadet.*

Vielleicht würden Schlaftabletten helfen. Wir beschlossen, es damit zu versuchen, damit Mardig durchschlafen konnte. Das würde ihm und uns gut tun. Ein anderer Teilnehmer der Selbsthilfegruppe hatte das vorgeschlagen. Wie sich später herausstellte, wirkten die Schlaftabletten nur in der ersten Nacht. In der zweiten und dritten Nacht wanderte er wieder umher, sodass wir die Tabletten danach wieder absetzten.

Ich beschloss, mich zu erkundigen, wie die Möglichkeiten professioneller Hilfe bei der Pflege Mardigs aussahen. Wir wollten uns am Wochenende umsehen. Es war einfach zu anstrengend, ständig auf ihn aufzupassen, wenn er nachts aufstand.

Ich empfand gleichzeitig Trauer und Erleichterung ... David sagte, Mardig sei 86. Er habe sein Leben gelebt, und jetzt müssten wir das unsere leben. Einerseits stimmte ich ihm zu; andererseits kam Mardig mir so hilflos vor, so schutzbedürftig. Seine Anwesenheit hier hatte mich soviel über Möglichkeiten gelehrt. Das Leben war voll von ihnen! Und es war ja nicht so, als ob er sich absichtlich so verhalten würde. Sicher, manchmal war er starrsinnig, aber die meiste Zeit war ihm gar nicht bewusst, wie anstrengend er war.

Nach diesen Zwischenfällen warf ich die Frage beim nächsten Treffen der Selbsthilfegruppe auf. »Wann weiß man, dass man es alleine nicht mehr schafft? Dass man den kranken Menschen, auch wenn er einem noch so am Herzen liegt, nicht mehr pflegen kann?«

»Sie werden selbst erkennen, wann es soweit ist«, entgegnete einer der Teilnehmer. »Das kann Ihnen niemand sagen, weil das von jedem anders empfunden wird«, fügte Paul hinzu.

Ich war enttäuscht von seiner Antwort. *Was für ein einfacher Ausweg, sich aus der Affäre zu ziehen, ohne auch nur im Mindesten hilfreich zu sein. Das war nicht das, was ich brauchte, schon gar nicht von meiner zweiten Familie! Ich hatte so etwas noch nie gemacht – wie sollte ich da wissen, wann ich an meine Grenze stoße?*

Im Laufe der Monate sollte ich jedoch erfahren, wie Recht sie hatten. Jeder von uns kennt seine Grenzen. In den fünf Monaten, die mein Vater bei uns lebte, gab es viele Augenblicke, in denen ich das Handtuch werfen wollte. »Bringen wir ihn einfach nach Milwaukee zurück. Soll er doch sehen, wie er alleine klar kommt«, schimpften wir nach einem besonders schwierigen Tag. »Wir sind ihm nichts schuldig! Wir haben schon mehr für ihn getan als sonst jemand in der Familie!«

Doch das ging nicht, wir konnten ihn nicht zurückbringen. Wir hatten die Verantwortung übernommen, und jetzt mussten wir das durchziehen. David und ich brachten viele Opfer. Ganze Wochenenden und Abende widmeten wir ausschließlich meinem Vater. Der Stress wirkte sich nicht eben positiv auf unsere Beziehung aus.

Alles war kräftezehrend ... Mardigs unregelmäßige Schlafgewohnheiten, seine zunehmende Desorientierung und Verwirrung, die immer wieder auftretende Inkontinenz. David fuhr jeden Tag zur Arbeit, während ich daheim blieb und meinen Vater pflegte, der an einer schweren Erkältung litt.

Mardig hatte sich geweigert, sich von mir fern zu halten, als ich krank war. Er fasste mich an und aß dann etwas, ohne sich vorher die Hände zu waschen. »Was sind schon ein paar Bakterien?«, antwortete er, wenn David und ich ihn drängten, sich doch die Hände zu waschen.

Mardig hatte zwei schlimme Phasen der Inkontinenz; einmal, als er so erkältet war, und ein zweites Mal, nachdem er Katzentrockenfutter gegessen hatte. Als er erkältet war, bemühten wir uns, das Fieber zu senken. Ich rief in Panik den Arzt an, als das Fieber auf 39,4 stieg und einfach nicht sinken wollte. Der Arzt riet uns, ihm Tylenol zu verabreichen. Es wirkte schnell. Alle paar Stunden, wenn seine Temperatur wieder anstieg, gab ich ihm Tylenol. Er war sehr verwirrt, wusste nicht, wann und wie er auf die Toilette gehen sollte oder welche Tageszeit es war.

Und so erfuhr ich, wie weit mein Mitgefühl und meine Fürsorge für meinen Vater gingen. Kot fiel aus seiner Schlafanzughose, als ich ihn ins Bad brachte. Ich half ihm auf die Toilette und kehrte dann zurück, um seine Hinterlassenschaft zu beseitigen. In seinem Zimmer trat ich sogar hinein. *Igitt! Menschliche Exkremente!*

Er aß von dem Katzentrockenfutter, das wir in einer Plastikdose auf der Arbeitsfläche in der Küche aufbewahrten. *So viel dazu, dass manche alten Leute so arm waren, dass sie Hundefutter aßen. Mein Vater litt keinen Mangel und aß trotzdem Katzenfutter!* Danach bekam er solche Verstopfungen, dass er jede Gelegenheit nutzte, seinen Darm zu entleeren, egal, wo er sich gerade befand. Wir fanden Kot in seinem Schlafzimmer, auf dem Flur und sogar im Wohnzimmer. *Jetzt mussten wir wirklich dringend die Teppichböden reinigen lassen.*

Inzwischen stand ich jeden Morgen um 4.30 Uhr auf, um wenigstens etwas an Arbeit zu schaffen. Vorher warf ich jedoch einen Blick in sein Badezimmer. »Es ist leichter, ein kleines Malheur zu beseitigen als ein großes«, war meine Devise. Oft entdeckte ich Exkremente und Urin auf dem Fußboden und seine Unterhose im Waschbecken. *Wenn seine Unterhose im Waschbecken lag, was trug er dann (nicht)?* Ich begann jeden Morgen mit einer Flasche Chlorreiniger und reichlich Küchentüchern, um sein Bad zu säubern. Was für eine Art, jeden neuen Tag anzugehen.

Wir wussten, dass der Tag nicht mehr fern war, da wir ihn nicht mehr daheim pflegen konnten.

In dieser Zeit der Höhen und Tiefen war die Selbsthilfegruppe eine unschätzbare Hilfe für mich. Ohne meine zweite Familie wäre ich mir sehr allein, missverstanden und isoliert vorgekommen. Ehrlich, ohne sie hätte ich es wohl nicht durchgestanden. Diese Menschen teilten offen ihre sehr eigenen Erfahrungen und halfen mir zu verstehen, was Mardig durchmachte. Indem sie von sich erzählten, bereiteten sie mich auf das vor, was mir noch alles bevorstand. Sie selbst hatten bereits alles probiert. Ihre Unterstützung half mir, leichter mit Mardigs Pflege fertigzuwerden. Und je mehr ich lernte, desto mehr revanchierte ich mich. *Es ist nicht schwer, auf diesem Gebiet innerhalb kürzester Zeit viel dazuzulernen. In nur einigen wenigen sehr nervenaufreibenden Monaten reichte meine Erfahrung bereits aus, um Neuzugänge beraten zu können.*

John Bradshaw sagte einmal: »Wenn man Mitglied einer Selbsthilfegruppe wird, sollte man mindestens ein bis drei Jahre dabei bleiben, um maximal von dieser Erfahrung zu profitieren.« Ich stimme dem zu. Die Teilnahme an ein oder zwei Treffen bringt nicht viel. Das Wichtigste ist, eine vertrauensvolle Beziehung zu den anderen zu entwickeln. Dafür braucht man Zeit, in der gegenseitiger Respekt und Vertrauen entstehen können. Darum ging ich immer wieder zu der Selbsthilfegruppe und freundete mich mit den anderen Mitgliedern an, die sich seit Monaten, ja teilweise Jahren getroffen hatten, bevor ich dazugestoßen war.

Ich bin froh, dass ich mich ihnen angeschlossen habe – um meines Vaters aber auch um meiner selbst willen!

III

ERTRINKEN IN UNSICHERHEIT

11

DIE SCHWIERIGSTE ENTSCHEIDUNG

Im Januar 1997 mussten David und ich Mardigs Pflege neu überdenken. Diesmal dachten wir sehr viel gründlicher darüber nach, als einige Monate zuvor.

David und ich stellten eine Liste auf mit allen Möglichkeiten. Anschließend wägten wir dann ab, wie vernünftig oder praktikabel diese waren. Letztendlich blieben drei Punkte übrig:

1. Ein größeres Haus kaufen. Von meinem Onkel kam der Vorschlag, David und ich sollten vom Vermögen meines Vaters ein schönes großes Haus für uns drei kaufen. Als Mardig nach Kalifornien gekommen war, hatte er davon gesprochen, sich ein eigenes Haus kaufen zu wollen. Aber wenn wir von seinem Geld ein größeres Haus kauften, würden wir auf seine Kosten leben, und uns war nicht ganz wohl bei dem Gedanken. Wir rechneten damit, dass meine Geschwister protestieren würden, wenn wir finanziellen Nutzen aus der Pflege meines Vaters zogen. Im Übrigen wollten wir nicht die zusätzliche Bürde auf uns nehmen, nach Mardigs Tod das Haus verkaufen zu müssen, um meine Geschwister als Miterben auszuzahlen.
   Ein Mitglied der Selbsthilfegruppe war diesen Weg gegangen. Ihre Mutter hatte ein großes Haus gekauft. Sie und ihre Familie (Ehemann und Kinder) lebten oben und ihre Mutter im Erdgeschoss. Im Laufe der Zeit fing ihre Mutter an, sie zu beleidigen und zu beschimpfen. Diese

Ausbrüche waren für die Familie eine große Belastung, aber da sie im Haus der Mutter wohnte, fühlte sie sich verpflichtet, diese zu pflegen.

Aber wenn wir ein größeres Haus hätten, könnten wir eine Pflegekraft für Mardig einstellen. Wir brauchten mindestens 16 Stunden täglich jemanden, der sich um ihn kümmerte. Eine Person würde kaum so viele Stunden täglich arbeiten. Die Alternative wäre, mehrere Pfleger zu engagieren, die sich abwechselten. Aber das würde bedeuten, Zeit aufzuwenden, um qualifiziertes Personal zu finden. Und wie sollten wir über die Qualifikation eines Bewerbers urteilen? Man würde in der Praxis ausprobieren müssen, ob jemand geeignet war oder nicht. Aber wer hatte schon so viel Zeit? Außerdem würden wir uns um die Details eines Arbeitgeber/Arbeitnehmer-Verhältnisses kümmern müssen, um Lohnnebenkosten, Lohnsteuer usw. Wenn wir jemanden über eine Agentur engagierten, würde das noch teurer werden, ohne Garantie, dass die Pflegekraft wirklich geeignet und zuverlässig war. Was, wenn David und ich geschäftlich unterwegs waren und deroder diejenige nicht zum Dienst erschien?

2. Wir konnten auch von unserem eigenen Geld ein größeres Haus kaufen. Aber in Anbetracht des unsicheren Immobilienmarktes in der Gegend wollten wir unser Geld nicht in ein so unsicheres Unternehmen investieren.

   Wir konnten Mardig in einem privaten Pflegeheim unterbringen. Diese wurden von Ehepaaren geleitet, die über ein großes Haus verfügten und eine Handvoll alte Menschen aufnahmen. In diesen Heimen ging es familiär zu, und wir konnten meinen Vater jederzeit besuchen. Aber was war mit den Fällen von Vernachlässigung und Missbrauch, von denen wir gehört hatten? Natürlich konnten wir darauf ein Auge haben, indem wir unangemeldet zu Besuchen auftauchten. Aber wie sollten wir wirklich si-

cher sein, dass er optimal versorgt wurde? Und doch war das eine verlockende Möglichkeit – ein freundliches und komfortables Haus mit familiärer Atmosphäre.
Wir mussten nur eine gute Familie finden. Das schien unerwartet einfach zu sein, da wir gleich in der Nachbarschaft auf eine geeignete private Einrichtung stießen. Die Familie machte einen netten Eindruck. Das einzige Problem war, dass sie nur behinderte alte Damen aufnahmen. Mein Vater war weder das eine noch das andere. Außerdem war die Backsteinmauer um das Grundstück nur 120 cm hoch. Mardig wanderte gern umher, und diese Mauer konnte er leicht überwinden. Wir suchten ein Pflegeheim, in dem die Türen abgeschlossen wurden, sodass Patienten wie mein Vater, die zum Herumwandern neigten, nicht hinaus konnten. Im Laufe unserer Suche erfuhren wir, dass man eine spezielle staatliche Genehmigung brauchte, wenn man die Türen seiner Pflegestelle verschlossen halten wollte, um zu verhindern, dass jemand unbemerkt das Haus verließ. Die privaten Pflegestellen, die wir besuchten, waren keine staatlich anerkannten Einrichtungen.

3. Wir erwogen, Mardig in einem richtigen Pflegeheim unterzubringen. Vor Monaten hatten wir ein solches Heim von außen angesehen, und der Gedanke, dass Menschen in einem institutionalisierten Umfeld wohnen mussten, hatte uns deprimiert. Einige Wochen später besichtigten Mardig, David und ich das Heim. Es erinnerte stark an ein Krankenhaus; weiße Wände, steriles Umfeld und über allem der durchdringende Geruch von Desinfektionsmittel. Zweifellos war es dort sehr sauber. Als wir nachfragten, wurde uns erklärt, dass viele der Bewohner die Orientierung verloren und dann gelegentlich auf den Fluren oder in ihren Zimmern urinierten. Das Heim reagierte hierauf mit ständigem Putzen.

Wie sollten wir meinen Vater aus unserem hübschen gemütlichen Heim mit den dicken Teppichen, weichen Lehnsesseln, kuscheliger Biberbettwäsche und Daunendecken herausreißen, um ihn in einer so sterilen Einrichtung mit kalten Fliesenböden und weißen Wänden unterzubringen? Allein der Gedanke schmerzte uns. Nach der Besichtigung fragte Mardig: »Waren wir meinetwegen hier?«

»Ja«, antworteten wir ehrlich. Wir waren überrascht von seiner Offenheit und fürchteten, er werde negativ reagieren.

»Das wäre ein ganz anständiger Ort zum Leben, wenn ich in Rente gehe«, meinte er. Diese Antwort tröstete uns ein wenig.

Immerhin wäre er dort in einem staatlich anerkannten Heim untergebracht und würde rund um die Uhr versorgt werden. Das sollte eine Garantie sein dafür, dass man die Insassen im Auge behielt und anständig mit ihnen umging.

Einige Wochen später entschieden wir, dass die dritte Möglichkeit die beste und sicherste wäre.

Weniger als eine Woche vor Mardigs Aufnahme waren David und ich immer noch unsicher, ob wir die richtige Wahl getroffen hatten. Im Februar hatten wir beide eine Geschäftsreise geplant, und jemand musste sich um Mardig kümmern. Das experimentelle Medikament hatte entgegen unseren Hoffnungen keine merkliche Besserung seines Zustandes bewirkt. Ein wenig Trost schöpften wir daraus, dass wenn Mardigs Zustand sich besserte, wir ihn immer noch zu uns zurückholen konnten. Wir arrangierten Mardigs Aufnahme in das Heim eine Woche vor Antritt unserer Reise, um ihm Zeit zu geben, sich einzugewöhnen. Falls es nicht klappte, blieben uns noch ein paar Tage, um eine andere Lösung zu finden. Wenn sein Zustand sich besserte, würden wir Mardig wieder zu uns holen. Dieser Gedanke half uns ein wenig darüber hinweg, dass wir Mardig der Pflege anderer überlassen mussten. Die größte Schwierigkeit bestand darin, ihm die Neuigkeit beizubringen. Er würde nicht mehr in seinem warmen weichen Bett schlafen, nicht mehr mit uns frühstücken und zu Abend essen. Würde er diese Veränderung durchstehen? Wie würde er reagieren?

Stress und innere Unruhe fraßen mich auf. Ich fing wieder an, meine Gedanken in meinem Tagebuch festzuhalten.

24. Januar 1997

Ein Tag emotionaler Höhen und Tiefen … großer emotionaler Stress …

Gestern Nacht hörten wir das Summen von Mardigs elektrischem Rasierapparat. Das bedeutete, dass er sich fertig machte, um zur Arbeit zu gehen. David erklärte ihm, wir müssten alle ins Bett, weil es Nacht wäre. Mardig lachte nur, wie er es immer tut, wenn er anderer Meinung ist. Er muss einige Zeit aufgeblieben sein!

Um 7.45 Uhr habe ich Mardigs Zimmer betreten. Er hat geschlafen. Das war ungewöhnlich … andererseits hatte er ja am vergangenen Abend geglaubt, es wäre Morgen. Ich weckte ihn und sagte, er müsse aufstehen. Mardig war müde und wollte noch zehn Minuten liegen bleiben. »Ich habe um 9.00 Uhr einen Termin, es ist schon 8.32 Uhr und wenn du noch 10 Minuten liegen bleibst, komme ich ganz sicher zu spät.« Er ließ sich überreden. »Okay«, und ich reichte ihm die Hand, um ihm aus dem Bett zu helfen. Als er ohne meine Hilfe aufstand, meinte er, meine Finger wären zu dünn, und wenn er meine Hand nähme, würde er fallen. *Hmmm.*

Dann zog er sich zügig an und fragte nach seinen Schuhen.

Wir machten uns auf den Weg zur Tagesstätte. Ich setzte ihn am Eingang ab, und Ellie, die gerade draußen stand, brachte ihn hinein.

Um 9.00 Uhr war ich beim Anwalt, um mit ihm einige Dinge hinsichtlich Mardigs Nachlass zu besprechen – ich wollte seine Habe in seinem Haus in Milwaukee schätzen lassen, Geschenke, Möbel usw. Ich hatte meine Notizen sehr sorgfältig vorbereitet und eine Liste erstellt, auf der die Gegenstände nach Priorität aufgelistet waren. Bei einem Honorar von 200 Dollar in der Stunde wollte ich mich möglichst kurz fassen!

Um 10.15 Uhr fuhr ich zum Pflegeheim, um einen Berg von Aufnahmeformularen für meinen Vater auszufüllen. Es war schon kurz vor 12.00 Uhr, als ich mich durch den fast zweieinhalb Zentimeter dicken Stapel gearbeitet hatte. Die Dame von der Aufnahmestelle war so freundlich gewesen, uns einige Formulare vorab zu faxen, und David und ich hatten jede einzelne Seite gelesen und Fragen am Rand vermerkt. Somit war ich gut vorbereitet und konnte ganz gezielt einige Dinge ansprechen. Ich versuchte, effizient zu sein. Die Verwaltungssekretärin meinte, andere Angehörige würden nicht so viele Fragen stellen und auch nicht so viele Details ansprechen. (Ich habe Mardigs Gene.) Und doch war die Realität dieser Vorbereitungen zu viel für mich. Solange ich in dem Büro saß und mich auf die Unterlagen konzentrieren konnte, gelang es mir, ruhig zu bleiben. Bevor ich ging, nutzte ich noch die Gelegenheit, ein paar Minuten mit Mardigs künftigem Arzt zu sprechen.

Als ich jedoch alle Formalitäten erledigt hatte und das Heim verließ, fing ich an, am ganzen Leib zu zittern. Ich verlor die Orientierung, konnte keinen klaren Gedanken mehr fassen. Es war nach 12.00 Uhr, und eigentlich musste ich noch zu einem Schreibwarenladen fahren, um Papier zu besorgen. Ich erstarrte, wusste plötzlich nicht mehr, wohin ich als Nächstes musste. Mir kam gar nicht der Gedanke, einen Blick in meinen Terminkalender zu werfen. Dabei weiß jeder, der mich kennt, dass der Blick in den Terminkalender bei mir so selbstverständlich ist wie Luftholen. Ich rief zu Hause an und hörte den Anrufbeantworter ab. Keine Nachrichten. Also fuhr ich in südliche Richtung zur Kreditbank, um mich um einige längst überfällige Überweisungen zu kümmern und Geld abzuheben.

Auf der Heimfahrt verspürte ich Erleichterung, dass ich mich um Mardigs Angelegenheiten gekümmert und mit dem Anwalt und dem Pflegeheim gesprochen hatte.

Im Herzen wusste ich, dass ich alles in meiner Macht Stehende für ihn tat. Ich wusste, dass aufgrund meines gestörten Verhältnisses zu meinen Geschwistern eines Tages jeder meiner Schritte unter die Lupe genommen werden würde. Darum habe ich immer nach bestem Wissen und Gewissen gehandelt und den Rat von Experten eingeholt, um mein Handeln rechtfertigen zu können.

Aber die Zukunft hält für jeden von uns manche Überraschung bereit …

27. Januar 1997 5.29 Uhr

Ich konnte nicht länger schlafen. David ist um 4.29 Uhr heute morgen losgefahren, um Überstunden abzuleisten, damit wir am Donnerstag Mardig zusammen ins Heim bringen können. Der Gedanke an den Tag X, an dem Mardig bei uns auszieht, lässt mich nicht mehr los.

Gestern Abend haben David und ich uns lange darüber unterhalten, ob wir Mardig im Voraus von seinem Umzug ins Heim erzählen sollen oder nicht. Es ist unsere moralische Pflicht und das einzig Richtige … ganz zu schweigen davon, dass wir uns besser fühlen würden, wenn wir offen und ehrlich zu ihm wären. Andererseits wird Mardig die Einzelheiten sowieso wieder vergessen, um sich möglicherweise nur an das zu erinnern, was er bei dieser Neuigkeit empfunden hat. Vielleicht stellt er immer wieder dieselben Fragen und regt sich auf. Und wenn wir es ihm sagen, wie genau sollen wir es formulieren? Wenn mein Bruder hier wäre, würde er sagen: «Heh, Mardig, du kommst in ein Pflegeheim.« Wenn wir ganz ehrlich wären, würden wir sagen: »Du wirst eine Weile dort bleiben müssen, unter ärztlicher Aufsicht und mit Menschen, die dir helfen werden, aktiv zu bleiben. Da du an der Medikamentenstudie teilnimmst, könnte das die Chancen auf eine Besserung deines Zustandes erhöhen. Hinzu kommt, dass David und ich zwei Wochen verreist sein werden, und wir wollen sicher gehen, dass du in dieser Zeit gut versorgt bist, dass du regelmäßige Mahlzeiten einnimmst und man sich auch deiner sonstigen Bedürfnisse annimmt.«

Die Ungewissheit, wie er reagieren würde, quälte uns und hielt uns wach. Das hier ist ein freies Land, und auch ein Mensch mit Alzheimer, der seine Tochter zu seiner gesetzlichen Vertreterin gemacht hat, hat das Recht, sich zu weigern, in ein Pflegeheim zu gehen.

Und was tun wir dann?

Jedenfalls lag ich den ganzen Morgen wach, und die Gedanken wirbelten wild in meinem Kopf umher.

»Was sollte ich noch in Mardigs Aufnahmevertrag vermerken, um ganz sicher zu gehen, dass all seine Bedürfnisse dokumentiert waren und ihnen Rechnung getragen wurde? Ich muss die Notizen auf der sechs Seiten langen Auflistung seiner Pflegeheimbewohnerrechte noch einmal durchlesen und ergänzen.« Außerdem dachte ich darüber nach, was ich ihm alles einpacken musste (Kleidung, persönliche Dinge) für seine Aufnahme am Donnerstag. Ich überlegte, welche Freunde ich anrufen und bitten konnte, ihn in unserer Abwesenheit ab und an zu besuchen.

Seufz. Das ist alles für den Augenblick. Zeit, Kaffee zu kochen. (5.40 Uhr).

In den Tagen vor Mardigs Umzug in das Pflegeheim machte ich Videoaufnahmen. Am 26. Januar 1997 erwarteten wir Dave und Jan, die sich mit uns zusammen ansehen wollten, wie die Green Bay Packer ihren dritten Super Bowl gewannen. Es würde vier gegen einen stehen, wir ehemaligen Wisconsiniten (Jan, Mardig, David und ich) gegen den ehemaligen Pennsylvanier Dave. Mardig saß am Esszimmertisch und las die Sonntagszeitung, wobei er immer wieder versuchte, Djermag zu verscheuchen, unsere weiße Katze, die seine Vorliebe für Zeitungen teilte. Mardig liebt es, Zeitung zu lesen, während Djermag sich gern auf ihnen wälzt.

Ich wollte möglichst viele Augenblicke mit meinem Vater festhalten. Das nächste Mal würde ich ihn an dem Abend, bevor er ins Pflegeheim umzog, filmen. Seit drei Tagen rang ich mit mir, hatte es aber immer noch nicht über mich gebracht, es ihm zu sagen. Aber jetzt gab es kein Zurück mehr. Ich war es ihm schuldig.

Mittwoch, 29. Januar 1997

Ich bin früh wach geworden und habe um 4.50 Uhr angefangen zu arbeiten. Mir geht viel im Kopf herum, und ich habe Bauchkrämpfe und Sodbrennen. Habe eine Tablette genommen. Der Gedanke, einen Angehörigen zu verlieren, quälte mich, und die Haltung meiner Geschwister bereitete mir Kummer. Ich verstehe sie einfach nicht.

Mardig und ich begrüßten uns gegen 5.00 Uhr, nachdem ich sein Hörgerät hatte pfeifen hören. Der durchdringende hohe Ton hatte David und mich in den vergangenen Monaten des Öfteren geweckt. Mardig nahm sein Hörgerät ab und legte es eingeschaltet irgendwo hin. Wenn man dann etwas daneben stellte, gab es eine Rückkopplung. Als ich in sein Zimmer ging, um das Gerät abzuschalten, sah ich, dass er auf war. Ich redete ihm gut zu, sich wieder hinzulegen. Zu meiner Überraschung sagte er: »Dir zuliebe tue ich das.« Warum musste er ausgerechnet einen Tag bevor er uns verlässt so lieb und kooperativ sein? Ich deckte ihn wieder zu.

Dann ging ich zurück in mein Arbeitszimmer.

Kurze Zeit später hörte ich ihn aufstehen, um auf die Toilette zu gehen. Er kam in mein Arbeitszimmer und stellte die unausweichliche Frage, mit der er David und mich seit Monaten terrorisierte. »Wo sind meine Schuhe?« Nach einem kurzen Wortwechsel versuchte ich, ihn erneut zu überreden, ins Bett zurückzugehen. Er weigerte sich und meinte, er würde lieber aufbleiben, da er sich schon mehrmals wieder hingelegt hatte. Schließlich ging er ins Wohnzimmer und setzte sich in den Fernsehsessel.

Ich ging wieder an den Schreibtisch. Seit einigen Tagen wartete ich auf eine E-Mail von meiner Schwester. Ich hatte ihr eine Mail geschickt, in der ich ihr die aktuelle Lage erklärte – dass wir geschäftlich verreisen mussten und Mardig rund um die Uhr beaufsichtigt werden musste. Wenn sie doch nur irgend etwas geantwortet hätte. Stattdessen: nichts. *Diesen Weg muss ich allein gehen.*

Mein Bruder hatte sich kein einziges Mal gemeldet. David fragte, ob ich ihn anrufen oder sonst wie mit ihm in Verbindung treten wollte. Wahrscheinlich sollte ich das tun. Wenigstens einer von uns muss versuchen, sich wie ein erwachsener Mensch zu benehmen. Außerdem gibt es in jeder Familie jemanden wie ihn – wohnt miet- und nebenkostenfrei, ruft nie an, schreibt nicht, erkundigt sich nie, wie es seinem Vater geht, verschafft sich auf fragwürdigen Wegen eine beträchtliche Summe Geldes, behauptet, seiner Mutter sehr nahe zu stehen, solange diese lebt und ihm regelmäßig Geld zusteckt, und lässt sich dann nicht einmal blicken, als sie stirbt. Doch nicht nur mein Bruder, auch meine Schwester verhielt sich so. *Wie kommt es nur dazu? Früher dachte ich immer, wir wären eine Familie, die zusammenhält.* Wenn jemand dem Rest der Familie den Rücken gekehrt haben sollte, dann ich! Ich war mit 18 von zu Hause weggegangen, hatte nie irgendwelche Unterstützung bekommen und war nie wieder zu Hause eingezogen.

Mir ist kalt. Ich werde mir eine heiße Schokolade kochen. Vielleicht beruhigt das meinen rumorenden Magen und wärmt mich. In den letzten 12 Stunden habe ich nur gefroren! Das muss an dem Stress liegen wegen der Unterbringung meines Vaters im Heim. Mardig geht es sicher nicht anders als mir. Ich sollte eine Tasse für ihn mitkochen. Heute ist sein vorletzter Morgen bei uns. Bei dem Gedanken jagt mir ein Schauer über den Rücken. »Mein Gott, es ist ja nicht so, als würde er sterben! Es ist ja nicht so, als würde ich ihn nie wiedersehen«, sage ich mir immer wieder. Trotzdem wird es eine große Veränderung in seinem und unserem Leben sein. Ich werde ihm eine heiße Schokolade mit Honig bringen. Er liebt Süßes.

Soll ich mich zu ihm setzen und mit ihm plaudern? Etwas Zeit mit ihm verbringen? Oder soll ich lieber weiter meine Gedanken zu Papier bringen? Ich weiß, dass wenn er erst einige Zeit weg ist, ich wieder mehr Zeit, Geduld und Energie für ihn aufbringen werde. Und doch ... wenn jemand so viel Aufmerksamkeit und Zeit beansprucht, hinterlässt seine plötzliche Abwesenheit eine Lücke.

Zeit für seine Schokolade und ein Plauderstündchen. (6.47 Uhr).

Am Abend, nachdem ich mich endlos damit herumgequält hatte, wie ich Mardig beibringen soll, dass er vorübergehend woanders wohnen würde, sagte ich ihm, ich wolle ihn filmen. Es war für mich wichtig, diesen emotional schwierigen und einschneidenden Augenblick in seinem Leben auf Band festzuhalten. Er war einverstanden.

Ich war nervös und wusste nicht, wie ich anfangen sollte. Er fragte, was er machen solle. Ich forderte ihn auf, sich zu setzen. Als die Kamera aufgebaut war und wir beide Platz genommen hatten, stellte ich ihm zuerst ein paar ganz allgemeine Fragen zu seinem Tag.

»Was hast du heute gemacht?«

»Ich habe versucht, das *People's* … äh, *People's Manual* zu lesen.«

»Du meinst den *People's Almanac*«, verbesserte ich ihn.

»Ja.«

»Und was hast du sonst so gemacht? Weißt du das noch?«

»Eigentlich gar nichts. Du hast alles gemacht.«

»Und was hast *du* gemacht?«

»Du warst mit mir beim Arzt. Wir haben den Doktor soweit gebracht, zu bestätigen, dass ich noch ganz gut in Schuss bin.« (Er war bei der Fußpflegerin.)

»Wir waren in dem neuen Haus«, fuhr er fort.

Ich wusste nicht, was er meinte, also stellte ich eine andere Frage. »Erinnerst du dich noch, was du in dem Gebäude hinter der Kirche gemacht hast?« So beschrieben wir die Seniorentagesstätte.

»Ja.«

»Haben sie eine Party für dich veranstaltet?« Roberta hatte gesagt, sie würden eine kleine Abschiedsfeier für ihn organisieren. Ich ging davon aus, dass sie das getan hatten, also versuchte ich, seine Erinnerung daran zu wecken.

»Nee!«, entgegnete er und lachte leise. »Die würden für niemanden eine Party schmeißen. Wenn ich irgendeine Prüfung absolvieren würde, würde ich für sie eine Party geben. Aber die denken bestimmt: ›Gut, dass wir ihn los sind, jetzt haben wir Platz für andere.‹«

Unser Gespräch setzte sich fort. Ich gab mir alle Mühe, geduldig zu sein, obwohl es mir auf der Zunge brannte, endlich mit ihm über das zu sprechen, was ihm bevorstand. Eigentlich wartete ich auf die Gelegenheit zu einem ganz natürlichen Übergang. Doch dieser ergab sich nicht, und als ich es nicht länger aushielt, sprach ich das Thema einfach an.

»Mardig, hast du dich denn nicht gefragt, warum das dein letzter Tag war?«, fragte ich zögernd.

Er fing an zu husten und sagte: »›Dein letzter Tag‹ sagst du … warte, ich bin gleich zurück.« Er stand auf, um auszuspucken. »Dein letzter Tag … Ich verstehe nicht ganz, was du damit meinst.« Mardig kam wieder zurück.

Ich wusste nicht, was ich sagen sollte. Meine Nervosität stieg. »Du bist doch die letzte Zeit immer in dem Haus hinter der Kirche gewesen. Jeden Morgen sind wir hingefahren …«

»Ja …«

»Und heute war dein letzter Tag.«

»Warum denn das?«

»Weil du ab morgen woanders hingehst«, antwortete ich ausweichend. Ich fand einfach nicht die richtigen Worte, um das zu sagen, was gesagt werden musste.

»Wie?«, fragte er. Trotz Hörgerät stellte er ständig in Frage, was er hörte.

Ich wiederholte mich. »Weil du ab morgen woanders hingehst.«

»Oh, das ist interessant. Erzähl mir davon. Könnte zwar sein, dass es mir nicht gefällt, aber erzähl es mir.« Seine letzte Bemerkung machte es mir auch nicht leichter.

»Also, ich hoffe, es wird dir gefallen.« Ich versuchte, möglichst enthusiastisch zu klingen. »Ab morgen gehst du … Augenblick, ich muss gerade etwas nachsehen.« Das Band in der Kamera drohte auszugehen. *Was für ein ungünstiger Augenblick für eine Unterbrechung. Es war schwer genug gewesen, bis hierher zu kommen!*

Er beobachtete mich und fing an, vor sich hin zu summen. Er summte immer dann, wenn er besonders gut gelaunt oder wenn er nervös war. Schließlich brach er das angespannte Schweigen. »Vorhin, als du sagtest, dass … na ja … so nah wir uns auch stehen … manchmal weiß ich nicht … heh, sie ist ja ein Mädchen!« Er blickte zu David auf, der eben hereingekommen war.

»Ja, ja!«, entgegnete ich. In letzter Zeit hatte er Schwierigkeiten gehabt, mein Geschlecht zu erkennen. Außerdem bemerkte er regelmäßig, wie fesch ich wäre und dass ich keine Mühe haben würde, eine Freundin zu finden. Er versuchte sogar mehrfach, mich mit Mitarbeiterinnen und ehrenamtlichen Helferinnen der Seniorentagesstätte zu verkuppeln.

»Ist mir nie aufgefallen; da ist ein Unterschied. Lass uns die Unterschiede feststellen …«

Ich tat ihm den Gefallen. »Ich bin so gebaut wie ein Mädchen und du wie ein Junge«, sagte ich.

»Damit wären wir quitt, was?«, scherzte er.

Ich mühte mich verzweifelt damit ab, ihm klar zu machen, dass sein Leben sich vom morgigen Tag an entscheidend verändern würde. Entnervt fuhr ich fort. »Morgen beginnt eine neue Phase in deinem Leben. Morgen bringen wir dich an einen Ort, wo man dich beobachten wird … wo Ärzte dich beobachten werden.« *Alle hatten uns geraten, diese Strategie anzuwenden, wenn wir Mardig mitteilten, dass er an einen anderen Ort käme. Wir sollten schrittweise Tag für Tag vorgehen und ihm sagen, dass er nur ein oder zwei Tage dort bleiben würde. War er erst einmal dort, würde das Personal seine Aufenthaltsdauer auf drei oder vier Tage ausdehnen, dann auf eine Woche, einen Monat etc … Ich war so traurig, schließlich hinterging ich ihn! Und er saß da, so vertrauensvoll, so arglos, so hilflos!*

Ich nahm meinen ganzen Mut zusammen und fuhr fort. »Weißt du noch, wie wir dich für diese Medikamentenstudie angemeldet haben?«

»Ist das vorbei?«

»Nein, die geht noch eine Weile weiter.«

»Die kleine weiße Tablette, das … davon haben wir noch. Ich habe heute noch davon genommen.«

»Nein, gestern, gestern abend«, stellte ich überflüssigerweise richtig. Ich fühlte mich so unbehaglich und gab mir doch alle Mühe, mir nichts anmerken zu lassen.

»Also, dann handelt es sich gewissermaßen um eine neue Phase der Studie …« Er kam mir entgegen, machte es mir leichter. *Aber warum sollte er das tun? Ich war dabei, ihm in den Rücken zu fallen.*

»Ja, nur dass du diesmal stationär behandelt wirst, das heißt, du musst die Nacht über dort bleiben.«

»Oh!«

»Dieses Experiment wird sich über mehrere Tage erstrecken.«

»Oh!«

»Und du wirst tagsüber an irgendwelchen Aktivitäten teilnehmen. Sie hoffen, dass wenn sie dich stimulieren und diese experimentelle Medikamentenstudie an dir fortsetzen, möglicherweise eine Besserung eintritt.« *Meine grauen Zellen waren wie gelähmt. Und doch wusste ich, dass ich zusammenbrechen würde, wenn ich aufhörte zu reden. Also blieb ich am Ball. Denn ich musste es aussprechen. Er sollte hören, was ich sagen musste. Ich hatte das Gefühl, ihn zu hintergehen, und wenn ich weiterredete, war vielleicht an irgendeiner Stelle etwas darunter, das ihm gefiel. Schweren Herzens machte ich weiter.* »Der Grund, weshalb dieser Test jetzt stattfindet, ist der, dass David und ich für kurze Zeit verreisen müssen.«

»Ach? Wie lange werdet ihr weg sein?«

»Zwei Wochen«, antwortete ich wahrheitsgemäß. »Und wir müssen jemanden finden, der in unserer Abwesenheit für dich sorgt.« Wie konnte ich das sagen?

»Eine Art Babysitter, meinst du«, sagte er mit einem nervösen Lachen.

Er legte eine Hand über den Mund. Während des gesamten Gesprächs, hielt er – außer wenn er gestikulierte – die linke Hand vor den Mund. Das war ungewöhnlich. Normalerweise ruhten seine Arme und Hände auf den Lehnen des Schaukelstuhls.

»Na ja, nicht wirklich, aber wir müssen dir helfen, weil du häufig desorientiert bist.«

»Nein, nein ... nicht ... ich verstehe schon«, wollte er mich beruhigen.

»Ist dir das bewusst?« Ich wollte wissen, ob er um seine Verwirrtheit wusste.

»Nein, ich weiß nicht, was du gesagt hast, aber die Dinge ändern sich, wenn man ... äh ... ein gewisses Stadium erreicht. Erst ist man ein Kind. Man wird behandelt wie ein Kind, man ist niemand, ich meine, man kann dir gegenüber sehr unpersönlich sein und von dir wird erwartet, das alles hinzunehmen, und dann plötzlich spricht man nicht mehr mit dir ...«

»Also, du hast nichts Schlimmes gesagt«, beruhigte ich ihn. Wenn er mich als Mann sah, machte er mir gegenüber Bemerkungen über das Aussehen von Frauen und spielte den Kuppler.

»Also, ich ...«

»Du bist sehr diplomatisch«, fügte ich hinzu. »Das warst du, als ich noch ein kleines Mädchen war, und das bist du auch heute noch.« Ich wollte ihm etwas Nettes sagen. »Es war mir nur wichtig, dass du Bescheid weißt. Du wirst an diesem Ort bleiben, und man wird dort deine Fortschritte aufzeichnen. Im Februar kommt eine Spezialistin vom Granada Hills, um dich zu untersuchen. Wenn sie ...«

»Sie?«

»Ja, sie kommt her. David und ich werden unterwegs sein, wenn sie kommt, ich möchte also, dass du brav bist«, sagte ich scherzend.

»Das weiß ich noch nicht!« Er schmunzelte. »Ich werde mich benehmen wie jeder normale Mann«, fügte er augenzwinkernd hinzu.

»Ihr Männer seid doch alle gleich!« Meine Nervosität hatte etwas nachgelassen.

»Genau«, pflichtete er mir bei.

»Dein Leben wird sich dadurch für eine Weile ändern. In den letzten Monaten hast du bei uns geschlafen, aber da sie dich beobachten wollen, wirst du nicht mehr hier schlafen.«

»Ach? Und wo werde ich dann schlafen?«

»Nur vier Meilen von unserem Haus entfernt.«

»Oh«, sagte er, wobei er immer noch die Hand vor den Mund hielt.

»Kann ich die Strecke zu Fuß gehen?«

»Nein, wir kommen dich besuchen.«

»Ach, das schaffe ich schon, vor allem, wenn es nicht regnet.«

Weiter wollte ich mit ihm nicht über den kommenden Tag sprechen. Ich wechselte das Thema und versuchte, ihn dazu zu bringen, mir einige leichte Fragen zu beantworten, die sein Wahrnehmungsvermögen betrafen. Das ist ein guter Orientierungspunkt zur späteren Beurteilung des Krankheitsverlaufs.

»Weißt du, in welchem Staat wir uns befinden?«

»Jetzt wird's schwierig«, entgegnete er lachend und warf David einen Blick zu. Wir hatten in den vergangenen Wochen so oft darüber gesprochen, aber er konnte einfach nicht glauben, dass er tatsächlich in Kalifornien war.

»Also, in welchem Staat sind wir?«, wiederholte ich meine Frage.

»Geographie war noch nie meine Stärke«, entgegnete er ausweichend.

»In welchem Teil des Staates sind wir?« Ich versuchte, es ihm leichter zu machen.

»Im Osten«, antwortete er.

»In welchem Staat?«

»New York.«

»Wir befinden uns also im Osten des Staates New York?«, rekapitulierte ich der Klarheit halber.

»Ein ziemliches Stück New York liegt in diesem Teil des Landes … die Tatsache, dass ich dort eine Bank habe, die nicht Pleite gegangen ist … soweit ich weiß, habe ich noch denselben Namen.«

Ich hielt es für besser, das Thema zu wechseln. »Wie viele Kinder hast du?«

»Meine Güte, das wird ja richtig schwierig«, erwiderte er und sah David wieder hilfesuchend an.

»Also, wie viele Kinder hast du?«

»Drei«, antwortete er selbstsicher.

»Wie heißen sie?«

»[Der Name meines Bruders] … aahhhh, wie heißt noch gleich der Graf?«

Ich wusste nicht, wen er damit meinte. »Wie viele Jungen? Wie viele Mädchen?«

»Drei Jungs und ein Mädchen«, sagte er schnell.

»Das macht vier«, stellte ich fest. »Eben hast du doch noch gesagt, du hättest drei Kinder.«

Er zögerte.

»Wie viele Kinder hast du?«, versuchte ich es noch einmal.

»Du bist eins davon …« Dann fügte er hinzu » … Brenda. Eins wohnt etwas nördlich von hier, und mit dem anderen habe ich eine sehr lose Beziehung … Ich glaube, ich habe noch nie sein Gesicht gesehen.«

»Wie heißen deine Kinder?«

»Brenda«, antwortete er.

»Und wie heißt das mittlere deiner Kinder?«

»Äääåhhhh.«

»Deine Tochter … du hast zwei Töchter und einen Sohn.«

»Und einen Sohn?«, fragte er. »Heh, was hast du aus dem anderen gemacht?« Er lächelte.

»Du hattest nie einen anderen Sohn. Oder sagen wir so, in all den Jahren, die ich bei euch daheim gewohnt habe, habe ich nie etwas von einem anderen Sohn von dir gehört. Aber wenn du noch einen anderen Sohn hast, von dem niemand etwas weiß, kann ich gerne die Kamera abschalten, und wir unterhalten uns darüber.«

Wir lachten beide.

»Ist das eine Videokamera?«

»Ja. Wir können uns die Aufzeichnung später im Fernsehen ansehen … du kannst dich selbst im Fernsehen ansehen. Später.« Wegen seiner Schwerhörigkeit musste ich immer alles wiederholen und mich kurz fassen.

»Sehe ziemlich albern aus, was?«, sagte er.

»Gar nicht, wie kommst du darauf?« Gerade fing ich an, mich nicht mehr ganz so furchtbar zu fühlen wegen dem, was wir ihm antaten, und dann sagte er so was.

»Sarkastisch«, lautete seine knappe Antwort.

»Oh.«

»Gereizt und kann sich nicht benehmen«, fügte er hinzu.

Unsere schwarze Katze, die verschmusteste unserer drei Stubentiger, kam ins Zimmer. Ich nahm sie hoch und setzte sie auf seinen Schoß. Eine willkommene Ablenkung, hoffte ich. Er wollte sie nicht auf dem Schoß haben. »Ich will diesen Fremden nicht hier haben.« Er fürchtete immer, unsere *Mädchen* könnten sich auf ihm erleichtern.

»Wessen Idee ist das eigentlich, deine?«, fragte er aus heiterem Himmel.

»Was meinst du?« Ich verstand wirklich nicht.

»Mich rauszuwerfen.«

Wir beantwortete man eine so direkte Frage? »Ich versuche nur zu tun, was für dich das Beste ist, und ich denke, es könnte dir gefallen …«

»Vielleicht besitze ich ja die Gabe zu weiblicher Raffiniertheit.«

Ich konnte nicht ganz folgen. »Erklär mir das bitte genauer«, forderte ich ihn auf.

»Sagen wir kindische Züge.«

»Ach ja? In dir drin?«

»Ja. Na ja, da ich meine Freizeit fast ausschließlich mit Frauen verbracht habe und da du auch Teil der Familie warst, mir sehr nahe standest und auch eine Frau warst. Das färbt ab ...«

»Also, ich versuche, Wege zu finden, dazu beizutragen, dass es dir wieder besser geht, sofern das möglich ist ...«, sagte ich, nicht verstehend, worauf er hinaus wollte.

»Ich widerspreche ja gar nicht«, unterbrach er mich.

»Es wäre doch toll, wenn eine Besserung einträte. Siehst du, Alzheimer ist eine unheilbare Krankheit. Aber ... es gibt Medikamente und bestimmte Therapien, die dir ein bisschen helfen könnten. Es gibt Orte, an denen dir mehr Aktivitäten geboten werden, als wir dir hier bieten können. Hier bei uns liest du viel, aber du wirst nicht genügend stimuliert, bewegst dich zu wenig und ...« *Ich redete schon genauso wirres Zeug wie er!*

Unsere schwarze Katze kam wieder herein und sprang auf sein Bett. Ich lenkte seine Aufmerksamkeit auf sie.

»Geh weg da«, befahl er, aber die Katze reagierte nicht.

»Ohhhh, sieh dir nur das Miezekätzchen an«, neckte ich ihn.

»Geh weg da«, wiederholte er.

»Nein«, ärgerte ich ihn weiter. »Sieh doch, wie niedlich, sie rollt sich auf deiner kuscheligen Bettdecke zusammen.«

Unsere weiße Katze kam herein und steuerte seinen Schrank an. Die *Mädchen* hatten uns abgelenkt. Ich schaltete die Kamera ab.

Ich fühlte mich besser, als wenn ich nichts gesagt hätte. Trotzdem empfand ich ein leichtes Unbehagen. Im Herzen wusste ich, dass ich meinem Vater die tatsächliche Lage nicht korrekt beschrieben hatte. Natürlich geschah das alles zu seinem eigenen Besten, wie mir alle versichert hatten. Trotzdem schien es mir nicht richtig, ihn anzulügen.

In dieser Nacht taten David und ich kein Auge zu. Mardig schlief wie ein Baby. Er stand kein einziges Mal auf. Am nächsten Morgen wollte ich alles filmen, aber ich war so müde und nervös, dass ich die bereits schwierige Situation nicht zusätzlich verkomplizieren wollte. Allerdings filmte ich kurz, wie David Mardig rasierte. Er hatte sich angezogen, aber vergessen, sich zu rasieren, sodass David dies übernahm, während ich dumme Bemerkungen machte, um unser Unbehagen zu verbergen. Das Band würde eine schöne, rührende Erinnerung sein an die Beziehung zwischen Schwiegersohn und Schwiegervater.

Donnerstag, 30. Januar 1997 16.25 Uhr

Wir haben es getan ... Wir haben Mardig ins Pflegeheim gebracht. Um 9.00 Uhr am Morgen waren wir dort, mit exakt einer halben Stunde Verspätung. Mardig betrat das Heim freiwillig und folgte uns im Abstand von ein paar Schritten, so wie er es sich in den vergangenen Monaten angewöhnt hatte. Die Leiterin des sozialen Dienstes empfing ihn mit einem breiten Lächeln und fragte, ob er nicht mit ihr kommen wolle. Er ging mit ihr durch die Doppeltüren.

Wir sahen zu, wie er die Schwelle überschritt, die *Schwelle.* Jetzt war er auf der anderen Seite, hinter verschlossenen Türen, die sich nur dann wieder für ihn öffnen würden, wenn ihm jemand die Erlaubnis erteilte oder ihn begleitete. Oh mein Gott, was für ein Wechsel in seinem Leben. Doch auch für uns war es schwer, und ich hatte dafür bezahlt. Die Gedanken an diesen Augenblick hatten mich die letzten zwei Tage gequält – ich hatte nichts mehr essen können und kein Auge mehr zugetan. Ich war so aufgewühlt, dass ich sogar Durchfall bekommen hatte. Auch David ging es nicht besonders gut! Aber jetzt, da Mardig untergebracht war, begann ich mich besser zu fühlen.

Es war ein *Übergang*. Ein Kapitel seines Lebens hatte sich geschlossen, und ein neues begann. Und dieser Übergang berührte mich mehr als jener viel unsicherere von seinem Leben in Milwaukee zu seinem neuen Dasein bei uns in Kalifornien.

Jetzt war er in einem Pflegeheim und dachte, er würde nur ein oder zwei Tage zur Beobachtung bleiben. Die Heimleiterin, eine sehr freundliche und charmante Frau, hatte uns versichert, dass das okay wäre und das Personal seine *Beobachtungszeit* nach und nach ausdehnen würde. Das Ganze kam mir so hinterlistig vor. Und doch war das bei Menschen, die an Alzheimer-Demenz litten, der einzige Weg. Es war traurig. Der ultimative Verrat.

Jonathan und Patti waren gerade dort, um ihre Ehegatten zu besuchen und uns Mut zu machen. Ich hatte der Selbsthilfegruppe erzählt, dass wir meinen Vater heute ins Heim bringen würden. Jonathan hatte erst vor wenigen Wochen die schmerzliche Erfahrung gemacht, seine Ehefrau hier unterbringen zu müssen. Er wusste ganz genau, was in uns vorging. Bei unserer Ankunft winkte er uns von jenseits der Tür zu. Nachdem wir Mardig in die Obhut der freundlichen Dame gegeben hatten, lud er uns zum Mittagessen ein. Wir nahmen die Einladung an. Er half uns, mit dieser schwierigen Situation fertigzuwerden.

Patti trafen wir später im Heim. Sie hatte versucht, uns zu begrüßen, aber wir waren gerade in ein vertrauliches Gespräch mit der Heimleiterin vertieft gewesen. Während sie sprach, sah ihr Ehemann Ralph sie die ganze Zeit liebevoll an. Er hat eine ganz spezielle Art, Patti anzusehen – Kopf schräggelegt, in den babyblauen Augen ein anbetender Blick und ein leises Lächeln auf den Lippen als wollte er sagen: »Wie schön, dass ich dich habe, mein Schatz.« Er war früher bestimmt ein Herzensbrecher. Obwohl ich ihn heute erst zum zweiten Mal sah, würde mir sein Blick für immer im Gedächtnis bleiben. Es muss sehr schwer für Patti gewesen sein, ihn vor zwei Jahren im Heim unterbringen zu müssen.

Die Aufnahmeformalitäten dauerten sehr lange. Von 9.00 Uhr bis 12.45 Uhr. Ich fand es nützlich, Dinge bis ins Detail zu regeln – das habe ich von meinem Vater geerbt. In gewisser Weise ehrte ich Mardig, indem ich Fragen stellte und mir Notizen machte. Er hatte sich in meiner Kindheit ständig zu allem Notizen gemacht. Und jetzt tat ich das gleiche für ihn. Ich wollte über alle Unterlagen, die über Mardig angefertigt wurden, informiert sein.

Die psychosoziale Beurteilung durch die Heimleiterin bestand aus Fragen über Mardig das Jahr bei uns und zu seinem Lebensstil in früheren Jahren. »Er liest alles, arbeitet gern manuell – egal ob auf mechanischem, elektrischem oder sonst einem Gebiet«, schrieb sie auf das Formular. »Hat nicht besonders viel mit der Familie unternommen, weil er so viel gearbeitet hat.« Die Heimleiterin fragte, ob er noch andere Kinder habe.

»Noch zwei«, antwortete ich.

Sie wollte wissen, ob sie ihn besuchen würden.

»Das ist unwahrscheinlich«, sagte ich mit einiger Überzeugung. *Es ist traurig, aber nachdem ich meiner Schwester geschrieben hatte, dass wir Mardig in ein Heim bringen würden, hatte sie nichts von sich hören lassen, nicht einmal eine Bestätigung, dass sie unsere Nachricht erhalten hatte. In der Zwischenzeit hat der Rechtsanwalt ihr die jährliche Schenkung meines Vaters überwiesen. Vielleicht meldet sie sich ja bald?*

Wir erkundigten uns, warum sie diese Fragen gestellt hatte. Die Heimleiterin erklärte uns, dass diese Informationen hilfreich seien, um sich ein Bild von Mardigs Verfassung bei seiner Aufnahme zu machen, und dass sie auch für den Fall eines Prozesses in der Akte vermerkt wurden.

»Ein Prozess?«, fragte David.

»Ja«, entgegnete sie und erläuterte uns, dass Familienmitglieder später behaupteten, sie hätten ihren Angehörigen täglich besucht und einen aktiven Part in seinem Leben gespielt, um einen größeren Anteil am Erbe zu erstreiten.

Später lernten wir auch die Oberschwester kennen. Wir mussten eine wichtige Entscheidung fällen hinsichtlich Mardigs ärztlicher Versorgung. Sollte er im Ernstfall wiederbelebt und mit Apparaten am Leben erhalten werden? Wir wählten die Möglichkeit einer Entscheidung zu gegebener Zeit. Anstatt uns pauschal für »ja« oder »nein« zu entscheiden, optierten wir für Wiederbelebungsmaßnahmen im Heim, um dann, wenn er im Krankenhaus war, die ärztliche Diagnose abzuwarten und anhand dieser zu entscheiden, welche lebenserhaltenden Maßnahmen – sofern überhaupt – sinnvoll waren. *Wenn ich darüber nachdenke, ist es erschreckend, was ein einfaches »Ja« oder »Nein« alles nach sich zieht! Was, wenn er einen Herzstillstand hat und wir auf dem Formular »Nein« angekreuzt haben? Dann würde er nicht wiederbelebt werden. Wenn wir ihm nicht wenigstens diese Möglichkeit einräumen, hat er keine Chance, Punkt.*

Mardig hatte uns auf diese Situation vorbereitet. In vielen Gesprächen hatte er uns seine Ansichten zu lebenserhaltenden Maßnahmen mitgeteilt. Ich erinnere mich noch gut. Meist fanden diese Gespräche in der Küche oder im Keller seines Hauses in Milwaukee statt. Mardig betonte, dass er keine unnötige Verlängerung seines Lebens wünschte, wenn sein Zustand irreversibel und tödlich war.

Diesen Wunsch werden wir befolgen, ganz egal, wie wir persönlich dazu stehen. Es ist *sein* Leben, und er allein hat darüber zu befinden, wie er leben und wann er sterben möchte. Sein Motto war: »Wenn es keine Heilungschance gibt und mich nur noch Apparate künstlich am Leben halten würden, dann lasst mich sterben.« Deswegen werden wir im Notfall lebenserhaltende Maßnahmen von der Diagnose der Ärzte abhängig machen.

Sally hat gerade erst diese Entscheidung im Falle ihres Vaters treffen müssen. Seinem Wunsch entsprechend entschied sie gegen eine Dialyse. Ihr Vater litt an Nierenversagen. Er würde leben, bis die Toxine (die normalerweise von gesunden Nieren herausgefiltert wurden) seinen ganzen Körper verseucht hatten. Dann würde er sterben. Sie tat sich schwer damit, weil es ihr vorkam, als hätte sie den letzten ihrer Vorfahren zum Tode verurteilt. Ich hoffe, ich habe ihre Kraft, wenn es einmal soweit ist.

Gelegentlich frage ich mich, ob meine Geschwister in der Lage wären, eine solche Entscheidung zu treffen. Ich nehme an, dass sie Mardigs Wünsche nicht in dem Maße berücksichtigen würden wie ich. Diese Annahme gab mir Kraft in meiner Eigenschaft als alleinige gesetzliche Vertreterin meines Vaters. Ich weiß noch, wie mein Bruder das Krankenhauspersonal angewiesen hat, niemanden zu meiner Mutter zu lassen (nicht einmal meine Schwester oder mich), als ihr Zustand sich akut verschlechterte. Er stieß uns weg in einer Situation, in der unsere Familie hätte zusammenstehen müssen. Meine Schwester ihrerseits neigt dazu, in Krisensituationen in Weinkrämpfe auszubrechen. Sie reagiert in meinen Augen zu emotional und ist dann zu keiner vernünftigen Entscheidung mehr fähig. Und wenn ich dann äußere, dass sie den leichteren Weg geht mit ihrer Zurschaustellung weinerlicher Hilflosigkeit, bekomme ich von allen Seiten zu hören, ich sollte ihr gegenüber verständnisvoller sein. Das kann ich nicht. Ich meine, wer sagt denn, dass ich so schrecklich stark bin?

Doch so ist eben das Leben. Wir selbst sind dafür verantwortlich, das Beste aus unserem Leben zu machen. Obwohl … im Augenblick fühle ich mich vom Leben allerdings schon ziemlich strapaziert.

Es ist 17.43 Uhr, und David kocht im Dampfkochtopf Limabohnen für unser Südstaatenessen mit Lew heute abend. Ich höre den Dampf entweichen. »Was Mardig wohl gerade macht?«, frage ich mich. Ich möchte in seinem Zimmer nachsehen, aber er ist ja nicht mehr da.

12

DIE FLUCHT

Ich habe lange überlegt, ob ich von der »Flucht« erzählen soll, da mein Vater immer noch in demselben Heim untergebracht ist, in dem sie sich ereignet hat. Aber alle Leser des Manuskripts haben mir zugeredet, das Kapitel beizubehalten, um anderen zu helfen, ihre Rechte durchzusetzen im Umgang mit einer Pflegeeinrichtung. Mein Rat lautet: Stellen Sie viele Fragen, informieren Sie sich über Ihre Rechte, und setzen Sie diese durch, denn manchmal kann – wie in unserem Fall – ein Pflegeheim die einzige Option sein, die Sie haben.

Nur 12 Stunden, nachdem wir Mardig nachgeblickt hatten, wie er die Schwelle zu einem völlig neuen Leben überschritt, bekamen wir einen Anruf. Wir hatten gemütlich mit Lew gegessen, als das Büro des Sheriffs anrief. Man teilte uns mit, dass mein Vater aus dem Heim verschwunden sei! Ich war fassungslos!

Obwohl wir vollkommen erschöpft waren von den Ereignissen der vergangenen Tage, mobilisierten wir unsere letzten Reserven, um uns auf die Suche zu machen. Der Deputy sagte, er hätte bereits nach meinem Vater gesucht, allerdings ergebnislos. Lew bot uns seine Hilfe an. Uns schlug das Herz bis zum Hals, und Adrenalin füllte unsere aufgebrauchten Energiespeicher wieder auf.

Die ersten Minuten beratschlagten wir, wie wir vorgehen sollten. Wir kamen überein, dass Lew mit Davids Handy ausgerüstet eine bestimmte Route absuchen sollte, während David und ich gemeinsam eine zweite absuchten. Wer Mardig fand, verständigte den anderen. Dann rief ich das Heim an, hinterließ meine Handynummer und teilte ihnen unsere Pläne mit.

David und ich suchten überall. Wir sahen in verschiedenen Geschäften nach, in einem Krankenhaus in der näheren Umgebung und natürlich in den Straßen. Einige Leute, die wir fragten, behaupteten, einen Mann gesehen zu haben, auf den unsere Beschreibung passte; andere wiederum hatten niemanden gesehen. Die meisten waren zuvorkommend und versprachen, Mardig festzuhalten und uns anzurufen, wenn sie ihn sahen.

Wir suchten immer weiter. Zweimal fuhren wir zum Heim und sprachen mit der Heimleitung und der Verwaltung. Das Ganze war ein einziger Albtraum, den ich noch in der Nacht in meinem Tagebuch festhielt, nur Minuten nachdem wir nach Hause zurückgekehrt waren. Ich notierte alle Einzelheiten, an die ich mich noch erinnern konnte. Eine innere Stimme riet mir dazu; vielleicht brauchte ich diese Angaben später noch als Beweismittel. Im Übrigen half mir das Schreiben über den Schockzustand hinweg, in den mich dieser Zwischenfall gestürzt hatte.

Freitag, 31. Januar 1997, 00.26 Uhr

Mardig ist verschwunden! Er wurde der Heimleiterin und dem Pflegepersonal zufolge gegen 19.15 Uhr das letzte Mal gesehen; eine armenische ehrenamtliche Helferin, die bei ihm war, meinte, es sei 19.20 Uhr gewesen. Die Helferin berichtete, sie habe mit Mardig ferngesehen und sich mit ihm auf Armenisch über die »gute alte Zeit« unterhalten. Dann sei sie aufgestanden, um etwas zu essen zu holen. Als sie zurückkam, war er weg. Sie hatte angenommen, er sei auf sein Zimmer gegangen.

Die Oberschwester sagte, sie habe um 20.20 Uhr einen Anruf erhalten, demzufolge mein Vater unauffindbar sei. Das Personal hatte sein Verschwinden um 20.00 Uhr festgestellt, zu der Zeit, da die Medikamente ausgegeben wurden und noch einmal nach allen Heiminsassen geschaut wurde. Warum hat man uns erst kurz nach 21.00 Uhr verständigt, über eine Stunde nachdem festgestellt worden war, dass er nicht mehr da war?

Die Heimleiterin erklärte uns, dass um 20.00 Uhr viele Besucher gingen und Mardig vermutlich unbemerkt mit einigen von ihnen das Heim verlassen haben musste.

David und ich fuhren langsam die Hauptstraße zum Heim entlang, da wir vermuteten, Mardig könnte versuchen, nach Hause zu laufen. Wir bezweifelten, dass ihm das gelingen würde, weil es schon dunkel war und er so leicht die Orientierung verlor. Trotzdem fuhren wir bis hinter die Kirche zur Seniorentagesstätte. Das Licht brannte, und wir hofften, jemanden anzutreffen, den wir kannten. Es fand gerade ein Treffen einer anderen Selbsthilfegruppe statt. Wir fragten, ob sie vielleicht einen alten Mann gesehen hätten, und beschrieben ihnen Mardig. Leider hatten sie niemanden gesehen. Inzwischen zitterten wir regelrecht vor Angst um ihn. Wir hatten es gut mit meinem Vater gemeint, als wir ihn nach Kalifornien geholt hatten, und jetzt das! Immer weiter fuhren wir auf der belebten Straße und hielten auch in den Seitenstraßen nach ihm Ausschau. Vergeblich.

Schließlich fuhren wir zum Heim und sahen den Wagen des Sheriffs vor dem Gebäude stehen. Wir sprachen mit den Deputys, die wegen Mardigs Verschwinden gerufen worden waren, und baten sie, uns zu beraten und darüber aufzuklären, wie sie bei der Suche nach einer vermissten Person vorgingen. Sie erklärten uns, dass wenn ein Kind verschwand, sie an jede Tür in der Nachbarschaft klopften und die Anwohner befragten. Im vorliegenden Fall könnten sie jedoch nicht in dieser Art vorgehen, da mein Vater erwachsen war. Ich fragte, was wäre, wenn es sich um einen Erwachsenen auf dem geistigen Niveau eines Kindes handelte. Ihre Antwort war, dass es ihnen leid täte, aber sie verfügten einfach nicht über die Kapazitäten, um eine so flächendeckende Suche durchzuführen. *In diesem Moment zweifelten wir doch sehr an der richtigen Verwendung unserer Steuergelder.*

David und ich setzten unsere Suche fort. Wofür wir ursprünglich Minuten veranschlagt hatten, zog sich über eine Stunde hin. Und je länger es dauerte, desto mehr schwand unsere Hoffnung. Etwa zwei Stunden später wollten wir aufgeben. *Er war nirgendwo. Was sollten wir tun?* Plötzlich klingelte das Telefon. Sie hatten meinen Vater gefunden. Er lief in Rosamond herum. Das war in einer anderen County! Wie um alles in der Welt war er dorthin gekommen? Ich rief Lew an und bat ihn, sich mit uns im Heim zu treffen. Wir brauchten seine Unterstützung.

Im Heim saßen die Direktorin und die Oberschwester im Büro der Heimleiterin. Als wir eintraten, befiel mich ein sonderbares Gefühl. Der Zwischenfall war erschreckend gewesen und potenziell gefährlich für meinen Vater. Ich traute der Situation nicht.

Das Erste, was sie uns sagten, war: »Ich weiß nicht, ob wir Ihren Vater hier behalten können.« Einfach so. Kein Gespräch, *nichts!*

Diese Haltung der Heimleiterin konnte ich nicht akzeptieren. In meinem Kopf überschlugen sich die Gedanken. Ich war für Mardig verantwortlich, war seine gesetzliche Vertreterin. Mein Standpunkt war, dass das Heim seine Aufsichtspflicht vernachlässigt und so das Leben meines Vaters in Gefahr gebracht hatte.

Bevor mein Vater aufgenommen worden war, hatten die Mitarbeiterin in der Aufnahme und ein Wachmann mir die Sicherheitsvorkehrungen der Einrichtung erläutert. Man hatte uns die Türen mit eingebautem 15-Sekunden-Verzögerungsmechanismus gezeigt. Wenn jemand gegen die Tür drückte, ertönte ein Alarmton; erst 15 Sekunden später ließ sich die Tür öffnen. Diese Zeit reichte aus, dass jemand vom Pflegepersonal die Tür erreichen und den Heiminsassen am Verlassen seiner Station hindern konnte. Darüber hinaus hatte man uns erklärt, dass die Lobby videoüberwacht wäre und dass das Wachpersonal besonders aufmerksam wäre, wenn jemand hereinkam oder hinausging. Man hatte uns außerdem versichert, dass das Personal in den ersten zwei Wochen besonders auf meinen Vater aufpassen würde, bis er sich eingelebt hatte und sich in seiner neuen Umgebung zu Hause fühlte. Nach seiner Aufnahme hatte das Personal geäußert, wie nett er wäre und wie viel Spaß der Umgang mit ihm mache.

Es hatte eine Panne gegeben. Der Alarm hatte versagt. Wie konnte Mardig zusammen mit Besuchern das Heim verlassen, wenn jemand am Empfang das Kommen und Gehen in der Lobby beobachtete? Musste die Person am Empfang die Besucher nicht hinaus lassen?

Wir hatten gehört, dass manche Besucher die Türcodes kannten, und sprachen die Heimleiterin darauf an. Sie bestritt vehement, dass Besucher Zugang zu den Türcodes hatten. Und doch hatte ich bei meinen Besuchen im Heim beobachtet, wie Mitglieder des Personals ganz offen den vierstelligen Code eingaben. Dabei hatten sie keine Anstalten gemacht, diskret vorzugehen. Für aufmerksame Besucher war es ein Kinderspiel, an die Nummer heranzukommen. Doch die Heimleiterin versicherte uns, dass die Codes monatlich geändert würden.

Obwohl man uns wiederholt die Sicherheitsvorkehrungen des Heims aufgezählt hatte, hatte Mardig dieses trotzdem scheinbar mühelos verlassen können. Wir wussten, dass Mardig gerne umherwanderte, und hatten sowohl die Oberschwester als auch die Heimleiterin davon unterrichtet. Beide hatten dies zur Kenntnis genommen und erklärt, man wäre geübt im Umgang mit solchen Menschen. Sie hatten erwähnt, dass noch andere Heiminsassen immer wieder versuchten, die Einrichtung zu verlassen. *Was nützen Sicherheitsvorkehrungen, wenn sie nicht befolgt werden?*

Die Oberschwester sagte, dass die Schwestern und Betreuer, die fahrlässig gehandelt hätten, hierfür zur Rechenschaft gezogen werden würden. War das ein Schuldeingeständnis? Ich erklärte ihr, weder Schuldzuweisungen noch Strafmaßnahmen seien nötig. Viel wichtiger sei es, zum Schutz der Heimbewohner die Schwachstelle festzustellen und auszuräumen. Die Oberschwester war erleichtert, dass ich nicht auf Bestrafung ihres Personals pochte. Ich verlangte nur, dass sie ihre eigenen Sicherheitsvorschriften noch einmal durchgingen und dafür sorgten, dass sie auch befolgt wurden. Als ich das erwähnte, stimmte die Heimleiterin mir zu, dass das ein sinnvoller Vorschlag wäre, und versprach, das zu veranlassen.

Die Heimleiterin reagierte wohl deshalb so positiv auf meine Forderung, weil sie spürte, dass ich niemandem etwas wollte. Sie sagte, es wäre schwierig, dem Personal bei der Arbeit ständig auf die Finger zu schauen und gute Pflegerinnen zu finden. Ihr sei sehr an der Sicherheit der Heiminsassen gelegen und ein Prozess würde alles noch komplizierter machen. *Ich hatte nicht die Absicht zu klagen. Wozu sollte das gut sein. Beim vorliegenden Problem ging es nur um die Einhaltung bestehender Vorschriften.*

David sprach an, dass man uns bei unserer ersten Besichtigung des Heims erzählt habe, es käme zuweilen vor, dass Heiminsassen sich in Besuchergruppen versteckten, um das Heim zu verlassen. Eine Hilfsschwester hatte erzählt, es hätte zwei oder drei Zwischenfälle mit neuen Insassen gegeben. Aber bevor Mardig aufgenommen worden war, hatte man uns versichert, dass das Personal mit solchem Verhalten rechnete und entsprechend wachsam war.

In diesem Moment läutete das Telefon. Die Deputys waren mit meinem Vater eingetroffen. Wir hörten einen Tumult und standen auf, um nachzusehen. Mardig wurde von zwei Hilfsschwestern eskortiert. Obwohl es ein kalter Winterabend war, trug Mardig nur ein Flanellhemd, dazu Hose und Baseballmütze. Seine Kleidung war ganz durcheinander. Das Hemd hing halb aus der Hose, und eine Hosentasche war nach außen gestülpt. Er war unterkühlt und sichtlich gereizt.

Als ich fragte, was passiert sei, antwortete er, dass er nicht verstünde, was vor sich gehe. Er habe jemanden gebeten, ihn rauszulassen, nachdem er sich mit einer Armenierin unterhalten habe. Dann sei er immer weiter gelaufen. Er behauptete, zwei Nächte nicht geschlafen zu haben, er sei ohne Jacke unterwegs gewesen, das Führerhaus des Trucks, der ihn mitgenommen habe, sei nicht geheizt gewesen und er habe gefroren. Er sei immer weiter gelaufen, bis ein Mann ihn schließlich am Straßenrand entdeckt und gehalten hatte. Er habe einen Blick in den Truck geworfen und einen freundlich aussehenden Mann am Steuer gesehen, also sei er eingestiegen. Er fügte hinzu: »Wir sind dahin gefahren, wo ich mich dann verlaufen habe.«

Mardig war gegen 23.00 Uhr aufgegriffen worden. Wir wollten den Sheriff anrufen, um mehr Einzelheiten zu erfahren.

Die Hilfsschwestern brachten Mardig auf sein Zimmer, damit er sich schlafen legte. Wir kehrten zurück ins Verwaltungsbüro, wo die Heimleiterin und die Oberschwester ihre ehrliche Sorge zum Ausdruck brachten und meinten, dass eine von ihnen die ganze Nacht aufbleiben würde, um auf Mardig Acht zu geben. Die Oberschwester sagte, sie habe keine Ruhe, wenn nicht eine von ihnen bliebe.

Es gab nichts mehr zu sagen oder zu tun. Nachdem wir uns verabschiedet hatten, stiegen Lew, David und ich in unseren Wagen und unterhielten uns über den Vorfall. Lew teilte unsere Sorge bezüglich der Laxheit, mit der Heimleiterin und Oberschwester die eigenen Vorschriften handhabten.

Kurze Zeit später sahen wir sowohl die Oberschwester als auch die Heimleiterin das Heim verlassen und zu ihrem Wagen gehen. Beide waren im Mantel und schleppten irgendwelches Zeug. Ich war überrascht, sie zu sehen, hatten sie doch vorhin erst behauptet, eine von ihnen werde die ganze Nacht bei Mardig bleiben. Als sie uns im Wagen sitzen sahen (unsere und ihre Wagen waren die einzigen auf dem Parkplatz), gingen sie aufeinander zu und wechselten ein paar Worte. Dann fuhr die Oberschwester davon. Die Heimleiterin kehrte zurück ins Gebäude. Lew, David und ich unterhielten uns noch eine Weile, dann stieg Lew in seinen Wagen um und wir machten uns auf den Weg nach Hause.

Später an diesem Morgen, nach ein paar Stunden unruhigem Schlaf, versuchte ich, meine Gedanken zu ordnen. Ich konnte es einfach nicht fassen, dass die Heimleiterin die Dreistigkeit besessen hatte, vorzuschlagen, wir sollten meinen Vater wieder aus dem Heim nehmen. Nach allem, was wir gerade erst durchgemacht hatten – das Ausfüllen der Formulare, die endlosen Fragen, die Besichtigungen, die wiederholten Diskussionen der verschiedenen Möglichkeiten. Nein, das Pflegeheim war im Augenblick die geeignetste Unterbringung für Mardig.

Meine Gedanken drehten sich im Kreis. Meine Nerven lagen blank. Ich war derart gestresst, dass ich weder essen noch schlafen konnte. Ich war erschöpft. Und dennoch verspürte ich den unwiderstehlichen Drang, alles schriftlich festzuhalten, nur für den Fall, dass es zum Prozess kam. Beim Schreiben fiel mir noch eine Fülle von Einzelheiten ein. Meine Nacken- und Schultermuskeln verkrampften sich, während ich eilig drauf los tippte und mich bemühte, einen möglichst detaillierten Bericht zu verfassen. Es sollten noch viele Kopfschmerzen und Verspannungen an Nacken und Schultern hinzukommen.

Freitag, 31. Januar 1997, 10.41 Uhr

»Was sind meine Rechte?« Diese Frage beschäftigte mich am meisten. Ich habe meinen Rechtsanwalt angerufen und seiner Sekretärin bestellt, er möge mich doch bitte zurückrufen, da ich mich über meine Rechte in dieser speziellen Situation informieren wollte.

Außerdem habe ich beim *Granada Hills Hospital* angerufen, um den Vorfall dort zu melden – das war im Vertrag der Medikamentenstudie so vereinbart. Die Mitarbeiterin war ebenso überrascht wie besorgt und fragte, was ich jetzt tun wolle. Sie fragte mich, ob ich je Vertrauen zu diesem Heim würde aufbauen können. Ihrer Meinung nach sollte man dort eigentlich wissen, wie man mit Alzheimer-Patienten umging. Dem Personal hätte bewusst sein müssen, dass er sich an seinem ersten Tag auf die Suche nach etwas machen würde, das ihm vertraut war. (Offenbar hatte Mardig der Hilfsschwester gesagt, er wolle seine Kinder suchen.) Die Mitarbeiterin der Geriatrie versprach, das Heim anzurufen.

Ich habe mir Zeit genommen, darüber nachzudenken, welche Konsequenzen ich mir von dem Zwischenfall erhoffe. Die Heimleitung muss ihre Vorschriften und Sicherheitsvorkehrungen überprüfen und vor allem Sorge tragen, dass diese auch befolgt werden. Sie hatten uns erzählt, es gäbe Mittel und Wege mit Heiminsassen umzugehen, die raus wollten – beispielsweise, indem man eine Frau, die an die Tür trommelte und lautstark verlangte, sie hinaus zu lassen, ablenkte und von der Tür wegführte. Warum hatten sie dann nicht bemerkt, wie mein Vater das Heim verließ? Die Erklärung der Heimleiterin gestern war gewesen, dass eine Hilfsschwester wahrscheinlich durch ein privates Telefongespräch abgelenkt worden war und Mardig an der Tür übersehen hatte. *Was sagte das über die Zuverlässigkeit dieser Einrichtung aus? Eine solche Entschuldigung konnte ich nicht hinnehmen!*

Ich will sicher sein, dass Schritte unternommen werden, die bereits bestehenden Vorsichtsmaßnahmen auch einzuhalten. Ich möchte regelmäßig darüber informiert werden, welche Fortschritte gemacht werden bei der Wahrung bestehender Vorschriften. Mehr verlange ich gar nicht. Ich bin nicht daran interessiert, zu klagen, und ich glaube auch nicht, dass es die Lösung des Problems wäre, Schadenersatz einzuklagen. Auch wenn manch anderer in einer solchen Situation klagen würde, möchte ich nur, dass das Personal die bestehenden Vorschriften befolgt. *Kümmern wir uns so gut es geht um diese Menschen, die ohne eigenes Verschulden an einer Krankheit leiden, die ihnen den Verstand raubt!*

10.49 Uhr

Ich verspüre zwar nicht die geringste Lust dazu, aber ich werde jetzt das Heim anrufen. Ich möchte wissen, wie es Mardig geht.

11.14 Uhr

Ich tippe diese Zeilen in den Computer ein, während ich am Telefon warte – nachdem man mich mehrmals weiterverbunden hat. Ich warte darauf, dass die Oberschwester an den Apparat geht. Zuerst habe ich mit der Verwalterin über Mardig gesprochen und versucht, von ihr zu erfahren, ob ihr bekannt wäre, dass andere Heiminsassen in der Vergangenheit das Heim verlassen hätten. Sie erzählte mir, dass sie 21 Jahre lang in der Altenpflege beschäftigt gewesen wäre, bevor sie bei Eröffnung dieses Heims den Verwalterposten übernommen habe. Ihrer Aussage zufolge war es vorher noch keinem Heimbewohner gelungen, das Heim unbeaufsichtigt zu verlassen.

Als ich von ihr wissen wollte, wie sie Mardig einschätze, sagte sie, sie besäße keine medizinische Erfahrung und würde mich an die Oberschwester weiterleiten. Sie fügte hinzu, dass sie mit Roberta von der Seniorentagesstätte gesprochen habe. Dann wiederholte sie noch einmal, wie besorgt sie um die Sicherheit der Heimbewohner sei und wie viel ihr an deren angemessener Versorgung gelegen sei. Trotz ihrer Beteuerungen werde ich das Gefühl nicht los, dass sie nicht bereit ist, die Verantwortung zu übernehmen für die Vorschriften und Vorgehensweisen des Heims.

Die Oberschwester meldete sich und sagte, sie hätte an diesem Morgen mit Mardig gesprochen, weil er noch geschlafen habe, als sie gestern nacht nach ihm gesehen hätte. (Das gleiche hatte auch die Heimleiterin behauptet.) Mardig hatte ihr erzählt, er hätte einen Sohn, der in einem anderen Staat lebe, verheiratet sei und Kinder habe. Außerdem habe er noch eine Tochter, Brenda. Er wollte wissen, wie weit er zurückgehen sollte, als sie ihn aufforderte, ihr aus seiner Vergangenheit zu erzählen. Er wusste, dass er in Armenien geboren war. Sie kam zu dem Schluss, dass er relativ gut beisammen wäre für das Pflegeheim. Die Verwalterin schloss sich dieser Einschätzung an und warf die Frage auf, ob Mardig bei ihnen auch richtig wäre. *Und das fragten sie sich jetzt, nachdem sie ihn aufgenommen hatten?* Sie fügte hinzu, dass sie in dieser Sache den Ombudsmann (Beauftragter des Parlaments für Beschwerden von Staatsbürgern; Anmerkung des Übersetzers) und die zuständige Behörde anrufen und den Fall vortragen werde. Dann bat sie mich, in der Leitung zu bleiben, und nahm einen anderen Anruf entgegen.

Ich hasse es, am Telefon zu warten; es ist eine solche Zeitverschwendung. Nach endlosen fünf Minuten meldete sie sich wieder. Sie sagte, sie hätte gerade mit der Geriatrie des Granada Hospitals gesprochen, ging aber nicht näher darauf ein.

Die Oberschwester hatte es eilig, zu einer Besprechung um 11.30 Uhr zu gehen. Als ich anbot, später noch einmal anzurufen, sagte sie »Nein« und forderte mich auf fortzufahren. Das tat ich, aber ich spürte, dass sie nicht bei der Sache war. Sie handelte rein routinemäßig. Ich erkundigte mich danach, ob die Türcodes geändert worden waren. Sie antwortete, das wisse sie nicht; das sei Sache der Verwaltung. Diese Antwort fand ich merkwürdig, hatten wir gestern lange über genau diesen Punkt diskutiert. Ich fragte, ob sie noch denselben Code eingeben wie am Vortag, was sie zögernd mit »Ja« beantwortete. Verärgert wiederholte ich meine Meinung vom Vorabend: dass die Änderung der Türcodes ein erster Schritt zur Verbesserung des Sicherheitsstandards wäre. Sie sagte, sie wolle diese Nachricht an die Heimleiterin weitergeben.

Als wir das Gespräch beendeten, sagte sie, ich könne jederzeit anrufen, wenn sie noch etwas für mich tun könnten. Ich fasste das als unaufrichtige Höflichkeitsfloskel auf.

»Bitte ändern Sie die Türcodes. Das ist der erste Schritt«, sagte ich noch einmal.

»Hm-hm«, entgegnete sie.

6. Februar 1997

Das war die Hölle! Wenn mir nicht so viel an der Sache gelegen wäre, würde ich gar nichts mehr tun.

Aber genau das ist der springende Punkt … ich habe keine andere Wahl.

Und so nahm alles seinen Lauf …

Am Dienstag, den 4., war ich beim Treffen der Selbsthilfegruppe in dem Heim, in dem Mardig untergebracht ist. Das Treffen war für 9.30 Uhr angesetzt. Die Leiterin des sozialen Dienstes erschien um 9.40 Uhr und entschuldigte sich für ihr Zuspätkommen. Ich hörte und sah mir alles sehr genau an. Das würde interessant werden, hilfreich. Nach einigen Minuten wurde sie von der Oberschwester an die Tür gerufen. Die beiden Frauen unterhielten sich eine Weile, dann kam die Leiterin des sozialen Dienstes zurück. Kurz nach 10.00 Uhr stellte ich meine erste Frage. Die Leiterin des sozialen Dienstes fragte mich, ob ich noch weitere Fragen hätte.

Ich sagte »Nein.« Diese Frage war sonderbar bei einer Selbsthilfegruppe.

Dann wollte sie wissen, ob ich irgend etwas anmerken wolle.

Ich schüttelte den Kopf. »Nein.«

»Sie haben nämlich um 10.00 Uhr eine Besprechung«, erklärte sie mir.

»Wie bitte?« Es hatte doch niemand gewusst, dass ich an diesem Treffen teilnehmen würde. Wie sollte ich da um zehn einen Gesprächstermin haben. »Mit wem?« fragte ich.

Sie antwortete, ein Herr wolle mich sprechen, stand auf und bedeutete mir, ihr nach draußen zu folgen.

»Wer?«, wollte ich wissen. Sobald ich mein Notizbuch und die Sachen für Mardig zusammengesucht hatte, folgte ich ihr eilig auf den Flur.

»Wer ist es denn?«, fragte ich noch einmal.

Sie nannte einen Namen, der mir unbekannt war.

»Sie kennen den Gentleman nicht?«, fragte sie überrascht.

»Wer ist er denn?«

»Er kann Ihnen bei dieser Art von Problemen helfen.« Darauf eilte sie mir voran den Flur hinunter, sodass ich Mühe hatte, mit ihr Schritt zu halten (nicht zuletzt wegen der Heiminsassen, die auf den Fluren umherwanderten).

Ich folgte ihr durch die Vordertür zum Büro der Heimverwalterin, und dort, zu meiner Linken, saß mit gesenktem Blick die Oberschwester. Zu meiner Rechten stand ein Mann neben dem Stuhl, auf dem ich aufgefordert wurde, Platz zu nehmen. Es handelte sich um den Rechtsanwalt des Pflegeheims.

Ich wurde hereingelegt! Wie konnten sie so etwas tun? Und mich aus dem Treffen einer Selbsthilfegruppe herauszuholen! Ich musste mich beherrschen und vergaß zu fragen: »Warum treffen Sie sich drei zu eins mit mir?« Sollte ich auf der Gegenwart meines Anwalts bestehen? Aber eigentlich wollte ich nur endlich eine Lösung dieses frustrierenden Durcheinanders, das in meinen Augen aus reiner Verantwortungslosigkeit heraus entstanden war.

Nachdem wir miteinander bekannt gemacht worden waren und uns – wie es sich gehörte – die Hände geschüttelt hatten, teilte ich ihnen mit, dass ich mir anhören würde, was sie zu sagen hatten, um dann im Anschluss meinen Standpunkt kund zu tun. Anschließend wollte ich Mardig besuchen und dann gehen, um meine Gedanken zu ordnen.

Sie ignorierten, was ich sagte, und fragten, ob ich ihren Brief erhalten hätte.

Ich verneinte.

Sie sagten, Federal Express sei beauftragt worden, ihn am Samstag zuzustellen,.

»Oh«, sagte ich, »Sie waren das mit dem Päckchen von Fed Ex! Ich habe am Montag, den 3., eine Nachricht erhalten, ich solle Ihnen eine Genehmigung unterschreiben, das Päckchen vor dem Haus zu deponieren, falls wieder niemand da ist. Es müsste heute (4.Feburar) eintreffen.«

Die Heimleiterin machte ein enttäuschtes Gesicht und sagte, sie werde mir eine Kopie machen.

Als ich das Schreiben las, war ich wie vor den Kopf geschlagen. Ich konnte mich nicht mehr auf den Inhalt konzentrieren und achtete stattdessen nur noch auf die Form. Der erste Satz war unvollständig, die Interpunktion fehlerhaft. Seltsamerweise schöpfte ich hieraus neue Kraft.

31. Januar 1997

Sehr geehrte Ms. Avadian,
bezüglich der Aufnahme ihres Vaters Martin Avadian im Heim am 30. Januar 1997.

Aufgrund des Zwischenfalls, bei dem Mr. Avadian das Heim noch am Abend seiner Aufnahme verlassen hat und diese Absicht am heutigen Tage, dem 31. Januar, erneut geäußert hat, sind wir der Auffassung, dass wir nicht länger in der Lage sind, seine Sicherheit zu garantieren.

[Das Heim] ist ein Pflegeheim für Patienten, die an Alzheimer- und anderen (sic) Demenzen leiden, aber es handelt sich nicht um eine geschlossene Einrichtung. Heimbewohner haben, wie bei der Langzeitunterbringung in anderen Pflegeeinrichtungen, auch hier das Recht, das Gelände auf freien Wunsch zu verlassen.

Wir möchten Sie als Mr. Avadians gesetzliche Vertreterin auffordern, sich sofort um eine geeignetere Unterbringung für Ihren Vater zu kümmern. Wir bitten Sie, uns Ihre Pläne am Montag, den 3. Februar mitzuteilen.

Ich bedaure, dass die Unterbringung Ihres Vaters ein Misserfolg war, aber unser Hauptinteresse liegt nun einmal in der Sicherheit und dem Wohlbefinden unserer Heiminsassen.

Mit freundlichen Grüßen
[die Heimleitung]
[gegengezeichnet vom Rechtsanwalt des Heims]

Der Brief war auf den Tag nach dem Zwischenfall datiert. *So viel zur Erfahrung im Umgang mit Alzheimer-Patienten. So viel dazu, dass man ihnen in diesem Heim eine Chance geben will!*

Ich war geschockt! *Sie stellten fest, dass seine Aufnahme ein »Misserfolg« sei. Ich sollte ihnen bis 3. Februar »meine Pläne« mitteilen. An diesem Tag hatte ich noch nicht einmal das Schreiben erhalten! Was für eine Art, sich ihrer Verantwortung zu entledigen! Ich war wü-*

tend, hatte aber auch Angst. Ich musste mich über meine Rechte informieren.

Das hier war ein Pflegeheim für Alzheimer-Patienten. Das Personal musste eigentlich wissen, dass einige Insassen unweigerlich versuchten, in den ersten Tagen ihres Aufenthaltes »auszubüchsen«. Die Mitarbeiterin in der Aufnahme hatte uns versichert, dass man bei Neuzugängen in den ersten Wochen besonders wachsam war.

Sie hatten Mist gebaut. Schlicht und ergreifend. Sie hatten uns ihre Sicherheitsmaßnahmen dargelegt, und jetzt weigerten sie sich, die Verantwortung für ihre eigene Nachlässigkeit zu übernehmen. Das machte doch keinen Sinn!

Noch bevor ich ihren Brief gelesen hatte, hatte ich ein paar Leute angerufen – das Büro des Sheriffs, Mardigs Arzt (der Arzt, der die meisten Heimbewohner betreute), der Mardigs Aufnahme in Anbetracht seines geistigen Zustandes für absolut gerechtfertigt erklärt hatte. Jetzt tätigte ich noch einige Anrufe mehr – ich sprach mit drei Ombudsmännern, Deputys, dem Büro des Sheriffs (um weitere Einzelheiten zu erfahren), dem Rechtsanwalt und Freunden. Ich wollte mich möglichst umfassend über meine Rechte informieren.

Der Rechtsanwalt und die Ombudsmänner versicherten mir, dass eine von fünf Bedingungen erfüllt sein müsse, damit das Heim meinen Vater überhaupt entlassen könne.

1. Das Pflegeheim schließt.
2. Die Zahlungen für den Heiminsassen bleiben aus.
3. Die Anwesenheit des Heiminsassen gefährdet Dritte.
4. Die Gesundheit des Heiminsassen hat sich entsprechend gebessert.

5. Das Heim ist nicht in der Lage, dem Insassen die angemessene Pflege zuteil werden zu lassen.

Aus Gesprächen mit verschiedenen Leuten erfuhr ich Einzelheiten aus Auseinandersetzungen Angehöriger anderer Heimbewohner mit der Heimleitung. Trotz alledem und obwohl mein Vater weggelaufen war, wollte ich, dass er dort blieb. Das Heim war sauber, ganz in der Nähe und der Pflegestandard war gut.

Einer der Ombudsmänner riet mir, ein Schreiben aufzusetzen und eine Kopie an das *Department of Health Services* (das Gesundheitsamt) zu schicken. Da ich erfuhr, dass das Heim ohnehin überprüft würde, wollte ich nicht noch mehr Staub aufwirbeln. Wo sollte ich Mardig sonst unterbringen? Als ich zögerte, führte er mir meine Verantwortung vor Augen. Was würde ich tun, wenn eines Tages ein anderer Insasse weglaufen und später tot gefunden würde. Wie würde ich damit umgehen, zu wissen, dass ich es versäumt hatte, die zuständige Behörde über diesen Mangel zu informieren? »Sie erwartet ein saftiges Bußgeld, da Ihr Vater sogar in Kern County aufgegriffen wurde!«, erklärte er. Ich tat, was ich für richtig hielt. Am 6. Februar fasste ich meine schriftliche Erwiderung auf das Schreiben des Heims ab.

6. Februar 1997

Sehr geehrte Heimleitung,
mit diesem Brief möchte ich den Erhalt Ihres Schreibens vom 31. Januar 1997 bestätigen, das mir am 4. Februar 1997 von Federal Express zugestellt wurde und bei dem es um meinen Vater Martin Avadian geht.

Mir als seiner gesetzlichen Vertreterin wurde vor seiner Aufnahme versichert, dass das Heim in der Lage sei, einen Patienten wie meinen Vater – der umherwandert, und am Sundowner's Syndrom leidet – zu versorgen. Meinem Mann und mir wurde mehrmals seitens Ihrer Mitarbeiter zugesichert, dass Sie es regelmäßig mit Heiminsassen zu tun haben, die *raus* möchten, und Sie im Umgang mit diesen Personen *kreative* Mittel anwenden.

Als ich Ihren Mitarbeitern gegenüber meine Sorge hinsichtlich des Umherwanderns und der Rastlosigkeit meines Vaters zum Ausdruck brachte, wurde uns mitgeteilt, dass Heimbewohner gelegentlich versuchen, sich unter Besuchergruppen zu mischen, um das Heim unbemerkt zu verlassen! Uns wurde versichert, dass das Personal entsprechend geschult sei und darüber hinaus der Empfang rund um die Uhr besetzt sei, weil es immer wieder vorkäme, das Insassen versuchten wieder wegzulaufen.

In Anbetracht dessen können Sie sich sicher vorstellen, wie überrascht und erschrocken wir waren, als wir nur 12 Stunden nach seiner Aufnahme erfuhren, dass er unauffindbar sei! Ihr Personal vermisste ihn bereits gegen 19.30 Uhr am Donnerstag, den 30. Januar 1997, und erst um 21.05 Uhr erhielten wir einen Anruf vom Büro des Sheriffs. Aufgrund der Beteuerungen Ihrer Mitarbeiter war unser erster Gedanke: »Wie hat er es nur geschafft wegzulaufen?« Als wir (mein Mann und ein enger Freund unserer Familie Ihr Büro betraten), lautete Ihr erster Kommentar: »Ich glaube nicht, dass wir Ihren Vater hier behalten können.«

In einem Polizeibericht steht, dass mein Vater in einer anderen County aufgegriffen wurde! Man stelle sich das vor! Wegen Ihrer Nachlässigkeit im Umgang mit Ihren eigenen klar definierten Sicherheitsvorschriften zum Schutz der Heimbewohner hätte meinem Vater sonst was zustoßen können. Was, wenn ein anderer Insasse wegläuft und weniger Glück hat als mein Vater? (Wir haben von Ihren Mitarbeitern gehört, dass so etwas gelegentlich vorkommt!)

Trotz Ihrer Nachlässigkeit im vorliegenden Fall möchte ich, dass mein Vater in Ihrem Pflegeheim verbleibt. Er hat mir gegenüber geäußert, wie gut es ihm dort gefällt. Ihre Mitarbeiter haben uns wiederholt erklärt, wie problemlos der Umgang mit ihm ist und dass er seit jenem Zwischenfall am ersten Abend nicht wieder versucht hat, das Heim zu verlassen. Sicher wird es gelegentlich vorkommen, dass er wie viele andere Insassen Ihres Heims zum Ausdruck bringt, dass er nach Hause möchte. Trotzdem wurde uns versichert, dass er nicht wieder versucht hat, sich hinauszuschleichen.

Ich würde mich gerne darauf verlassen können, dass Sie Ihre eigenen Vorschriften befolgen – beispielsweise den Türcode ändern (sofern dies noch nicht geschehen ist), Ihr Personal auffordern, bei der Eingabe des Codes Diskretion zu wahren (wie am Geldautomaten), und dafür sorgen, dass der Empfang ständig besetzt ist. Sie haben sehr aufmerksames fürsorgliches Personal, und ich bin sicher, dass der Vorfall Ihre Angestellten ebenso erschreckt hat wie Sie selbst und Ihren Rechtsanwalt.

Ich bin bestens über meine Rechte informiert, und wenn wir zu keiner gütlichen Einigung finden, werde ich rechtliche Schritte einleiten.

Hochachtungsvoll

Brenda Avadian
Gegengezeichnet [Ombudsmann]

6. Februar 1997, 21.46 Uhr

Das Ganze wird langsam ermüdend. Anstatt entspannen zu können, muss ich Tagebuch führen, um nichts zu vergessen. Und warum das alles? Weil einige Menschen unfähig und nicht willens sind, Verantwortung zu tragen. Weil das Leben eben so ist. Weil das Handeln einer einzelnen Person auf vieles Auswirkungen hat. Die Nachlässigkeit des Heims führte dazu, dass mein Vater weglaufen konnte, wodurch wiederum viele weitere Personen in den Fall hineingezogen wurden, weshalb das Heim Mardig loswerden will, weil es fürchtet, zur Verantwortung gezogen zu werden. *Das Leben wird dann schwierig, wenn einer mit dem Finger auf den anderen zeigt!*

Heute morgen hat Mardig angerufen. Er hat jedes Zeitgefühl verloren und denkt, er sei nicht erst Tage, sondern Jahre im Heim. Sein Zimmer bezeichnet er nun als »Zuhause«. »Wenn du ein paar Stunden erübrigen kannst, dann komm mich doch besuchen, ich würde mich gerne länger mit dir unterhalten.«

Er fühlte sich unwohl am Telefon, sodass wir schließlich anfingen, Armenisch zu sprechen. Ich erinnerte ihn daran, dass er Armenisch sprechen und somit völlig frei reden könne.

Auf Armenisch sagte er: »Sie ermüden mich … sie stellen mir einen Haufen Fragen.« Er hätte dort nicht zu tun, aber wenn es mir helfe, dass er dort wohne, werde er bleiben. *Der ewige Diplomat, trotz Alzheimer.*

Das Personal sei freundlich, warmherzig und nett. Doch er würde ständig seine Bleistifte und Kugelschreiber verlieren. (Mardig macht sich gerne Notizen. Das tröstet ihn irgendwie, auch wenn er immer das Papier verliert, auf dem er sich die Notizen macht.) Er bat mich, ihn einen Tag vor meinem Besuch anzurufen, damit er zu Hause wäre, da er viel spazieren ginge. (Mit Zuhause meinte er sein Zimmer, und spazieren ging er auf den Fluren.) Er würde sich regelmäßig melden, nur für den Fall, dass ich umzöge oder meine Telefonnummer änderte. Er wollte sicher gehen, dass die Verbindung nicht abbrach.

Jan hat heute abend David angerufen, um sich dafür zu entschuldigen, dass sie Mardig nicht besucht hat. (Sie hatte ihm gesagt, dass sie Mardig heute besuchen würde.) Ihr Grund? Sie hatte befürchtet, dass das Heimpersonal sie wieder befragen würde. Bei ihrem letzten Besuch hatte man sie in einen Raum geführt und ihr Löcher in den Bauch gefragt. Wer sie wäre? Woher sie Mardig kenne? Dann hätten sie alles über David und mich wissen wollen. Sie konnte sich kaum noch an einzelne Fragen erinnern. Aber bevor sie das Heim verlassen hatte, hatte man sie noch um ihren Namen und ihre Telefonnummer gebeten, um notfalls mit ihr Kontakt aufnehmen zu können. Sie sagte, das ginge in Ordnung. Aber heute schien sie das Vorgehen zu bedrücken. *Warum wohl hatten sie einen Besucher, der nicht einmal zur Familie gehörte, dermaßen ausgequetscht?*

Freitag, 7. Februar 1997, 13.41 Uhr

Heute war ich von 10.55 Uhr bis 11.50 Uhr bei Mardig. Er hat sich gefreut, mich zu sehen. Ich war in einem Meer von Fremdheit das eine bekannte Gesicht, dem er sich anvertrauen konnte. Jan traf etwa 25 Minuten später ein, und wir besuchten Mardig gemeinsam.

Er erzählte uns, dass man ihn in seiner Bewegungsfreiheit einschränke. Wenn er raus wolle, verwehrte man ihm dies oder führe ihn von der Tür weg. *Großartig!* Er wollte raus, um in der Nachbarschaft spazieren zu gehen. Das sei er so gewöhnt. Ich erinnerte ihn an den Zwischenfall, als er sich verlaufen hatte und in einer anderen County gelandet war. Er konnte sich nicht mehr daran erinnern.

Ich ging.

Jan blieb noch ein paar Minuten länger bei Mardig.

Später rief Jan mich an und erzählte mir, dass als sie gerade gehen wollte, die Leiterin des sozialen Dienstes sie ansprach und ihr erklärte, sie habe geglaubt, sie (Jan) sei die Tochter meines Vaters. *Hmmmm, das war merkwürdig. Erst eine Woche zuvor hatte ich 45 Minuten mit ihr zusammengesessen und die Formulare zur psychosozialen Beurteilung meines Vaters mit ihr ausgefüllt.* Die Leiterin des sozialen Dienstes hatte sie gebeten, mir etwas auszurichten. *Warum wurden Besucher meines Vaters so behandelt*?

Samstag, den 8. Februar 1997, 11.15 Uhr

Jan hat angerufen und erzählt, dass sie gerade von einem Besuch bei Mardig zurück wäre. Bei ihrer Ankunft lag Mardig im Bett und las Zeitung. Jan hatte ein Foto mitgebracht, das Mardig in das Regal stellen sollte, das das Heim zwischenzeitlich für ihn angebracht hat.

Bedeutet das, er kann bleiben?

Mardig sagte, das Foto könnte gestohlen werden, wenn er es aufstellte, und so legte er es stattdessen in seine Nachttischschublade. Es ist ein Foto von Dave und Jan in Anzug und Kostüm.

Jan berichtete, dass Mardig bemerkt hätte, wie gut Dave aussehe. Außerdem sagte er: »Ma hatte alle Hände voll zu tun mit den Kindern.« Dann fragte er, warum sie ihn nicht besuchen käme. Mardig erklärte ihr, dass wenn er seine Arbeit verlöre, er sich nach einer anderen Stelle umsehen müsse, um alle Rechnungen bezahlen zu können.

Jan erzählte, sie hätte ihn einfach reden lassen und könne sich nicht mehr genau erinnern, was er alles erzählt habe. Sie hatte ihren Besuch beendet, als eine Krankenschwester hereinkam und sagte, sie müsse Mardig untersuchen. Diesmal hatte ihr niemand Fragen gestellt und der Besuch war sehr angenehm verlaufen.

11.43 Uhr (Davids Eintrag)

Unsere Nachbarin, die die Katzen versorgt, hat angerufen. Ich habe ihr von der Situation mit Brendas Vater erzählt. Ich wache immer noch mitten in der Nacht auf und denke an Mardig im Heim. Ich denke morgens beim Aufwachen als Erstes an ihn und als Letztes abends, wenn ich schlafen gehe. Ich denke bei der Arbeit an ihn und auf der Fahrt zu oder von meinem Arbeitsplatz. Ich mache mir Sorgen, dass man ihn im Heim schlecht behandelt, weil er zu viele Umstände macht. Das ist alles.

Aus Tagen wurden Wochen. David und ich traten unsere Geschäftsreise an und überließen es Jan, nach meinem Vater zu sehen. Es hatte keine weitere Korrespondenz zwischen mir und dem Heim gegeben. Die Zeit verging, und Mardig gewöhnte sich immer mehr in dem Heim ein, das er jetzt als sein Zuhause bezeichnet. Wir erfuhren, dass er gelegentlich versuchte, nach draußen zu gelangen, so wie viele andere Insassen. Trotzdem war er seinem Empfinden nach dort *zuhause*.

Ich hatte seit dem Gespräch am Montag nach Mardigs Eskapade nicht mehr mit der Heimleiterin gesprochen, einmal abgesehen von einem »Hallo«, wenn wir uns zufällig begegneten. Die Oberschwester hatte ich auch so gut wie nie mehr zu Gesicht bekommen. Eigentlich hatte ich gehofft, die gemeinsam durchgestandenen bangen Stunden würden uns zusammenschweißen. Aber trotzdem war ich froh, dass mein Vater *zuhause* war und gut versorgt wurde.

13

MARDIGS ERSTER BESUCH DAHEIM

Nachdem Mardig einige Zeit im Pflegeheim lebte, wollten wir ihn zu einem Besuch zu uns holen. Wir fühlten uns wie Eltern, die sich freuen, wenn ihre Kinder, die längst ausgezogen sind, sie besuchen.

Das Personal hatte uns dringend geraten, ihn nicht zu bald aus dem Heim zu holen, um seinen Eingewöhnungsprozess nicht zu stören. Also geduldeten wir uns. Wir besuchten ihn regelmäßig. Jedes Mal, wenn wir ihn mitnehmen wollten, sagte man uns, es wäre noch zu früh. Wann aber war der richtige Zeitpunkt? Außerdem wollte er raus! Er fragte immer wieder danach. David und ich unterhielten uns darüber. Ich brachte das Thema bei einem Treffen der Selbsthilfegruppe auf. Die anderen Angehörigen rieten uns, auf unser Gefühl zu vertrauen. Wieder diese Antwort: »Sie werden wissen, wann der richtige Moment gekommen ist.«

Wie bei vielem im Leben lohnte es sich auch hier, geduldig zu sein. Der *richtige* Zeitpunkt ergab sich drei Monate nach seinem Umzug ins Heim.

David und ich waren schrecklich nervös an dem Tag, da wir Mardig zu Besuch zu uns nach Hause holen wollten. Wir wussten nicht, was uns erwartete. Wie würde er sich fühlen, welcher Laune würde er sein? Hatte er in der vergangenen Nacht genug geschlafen? Wie würde er sich daheim benehmen? Was sollten wir tun, falls Mardig sich hinterher weigerte, ins Heim zurückzukehren?

Mit einem Kind umzugehen ist eine Sache, der Umgang mit einem Erwachsenen, der so argumentiert wie ein Kind, ist etwas völlig anderes.

Wir riefen das Heim an und informierten die Zuständigen von unseren Plänen. Zusätzlich baten wir, dass Mardig angezogen und rasiert wurde. Auf diese Weise würde er wissen, dass er das Heim verlassen durfte.

David und ich trafen mit fröhlichem Optimismus im Heim ein und bemühten uns, uns das unterschwellige Unbehagen nicht anmerken zu lassen. Als wir zu Mardig kamen, war er ordentlich rasiert und angezogen. Er hatte sich geweigert, ein Hemd anzuziehen, und trug deshalb nur ein T-Shirt zu cremefarbenen frisch gebügelten Hosen, deren Beine in seinen dicken weißen Sportsocken steckten.

Mit großem Enthusiasmus und breitem Lächeln fragten wir Mardig, ob er sich einen Film ansehen wollte. Seine Reaktion entsprach allerdings nicht unseren Erwartungen. Wir erklärten ihm, dass es sich bei dem Film um das Video handle, das wir in Milwaukee aufgenommen hatten, und dass er Menschen sehen würde, die er kannte – seinen Sohn und seine Tochter. Er machte ein verwirrtes Gesicht. Ich wiederholte das Gesagte.

Er antwortete nicht, sondern fragte stattdessen, ob wir ihn nach Hause zurückbringen würden (ins Heim). »Natürlich bringen wir dich zurück!«

Scherzend meinte er: »Dann komme ich mit … mehr kann ich wohl nicht rausschlagen!«

David nahm ein breitgestreiftes Baumwollhemd aus Mardigs Schrank, das Mardig auch anzog, wenngleich er sich weigerte, es in die Hose zu stecken. Das war untypisch für ihn, da er sonst immer großen Wert auf seine äußere Erscheinung legte, aber das spielte jetzt keine Rolle. Wir wollten ihn nur aus dem Heim holen. Als wir fast soweit waren, fragte er: »Wie sehe ich aus?«

»Großartig! Nur eins noch. Putz dir bitte die Zähne.« Ich hatte darüber nachgedacht, ob ich ihn dazu auffordern sollte oder nicht, und war zu dem Schluss gekommen, dass es besser wäre, wenn ich es tat. Schließlich wollte ich Spaß haben an seiner Gesellschaft. Ich wollte mich unbeschwert zu ihm hinüber beugen und ihm direkt ins Ohr sprechen können, wenn er mich nicht verstand. Ich wollte nicht die Luft anhalten müssen wegen seines schlechten Atems.

Mardig fragte, ob er wirklich Mundgeruch habe. Er war schon immer sehr direkt gewesen, wenn er wusste, dass jemand sich an etwas störte.

»Ja«, nickte ich.

»Okay.«

Ich holte seinen Kulturbeutel, reichte ihm die Zahnbürste und gab einen Klecks Zahnpasta darauf. Er setzte sich auf die Bettkante und fing an, sich die Zähne zu putzen. Als sein Mund schäumte, stand er auf. Desorientiert wollte er das Zimmer verlassen. Sanft dirigierte ich ihn ins Bad, wo er fortfuhr, sich sehr sorgfältig Zähne und Zahnfleisch zu putzen.

Als er fertig war, hielt ich ihm die Zahnbürstendose hin, damit er die Brüste hineinlegte. Verwirrt hielt er die Hand darunter, weil er glaubte, die Bürste werde durchrutschen. Als die Zahnbürste in der Dose steckte, setzte ich das obere Teil auf das untere. Jetzt hielt er die ganze Dose fest, weil er nicht wusste, was als Nächstes passieren würde. Ich redete ihm gut zu, loszulassen, und schüttelte die geschlossene Dose mit der Zahnbürste. Er lächelte, als ihm aufging, dass die Bürste noch drin war.

Das waren typische Anzeichen der Krankheit. Alzheimer schreitet unaufhaltsam voran. Mein Vater muss sich immer mehr anstrengen, um Dinge zu begreifen, die andere als Selbstverständlichkeit betrachten.

Wir verließen sein Zimmer und gingen zum Empfang, um ihn austragen zu lassen. Als wir nach draußen gingen, betrachtete er die belebte Straße und fragte: »Heh, welche Straße ist das?« Er wollte immer wissen, wo er war.

Dann fuhren wir zu unserem Haus, das knapp sechs Kilometer entfernt war. Im Auto schienen ihn die Straßen weniger zu beunruhigen. Er hatte vor ein paar Wochen seine brandneue Brille verlegt, sodass er die Dinge, die ihn auf einer Straße faszinierten, nicht scharf sehen konnte – Straßennamen, große Bäume, Stromleitungen und Strommasten. Er saß neben David auf dem Beifahrersitz und atmete schwer und pfeifend. Ob er sich erkältet hatte?

Als wir von der Hauptstraße in unsere Straße abbogen, wollte er wissen, ob das die Straße wäre, in der unser Haus stand. Wir bejahten und beglückwünschten ihn dazu, dass er sich daran erinnert hatte. Nach einigen Kurven bogen wir in unsere Auffahrt ein und parkten vor der Garage.

»Ist das euer Haus?«, fragte er.

»Ja.«

Mit etwas Hilfe stieg er aus und ging die Auffahrt hinunter bis zum Bürgersteig, der von Rasensprengern teilweise nass war. Vorsichtig versuchte er, um die nassen Flächen herumzugehen und trocknete die Schuhe auf der Türmatte ab.

Drinnen konnte er sich an nichts mehr erinnern. Er wusste nicht einmal mehr, dass er fast sechs Monate mit uns in diesem Haus gewohnt hatte. Wir stellten ihm einen Stuhl direkt vor den Fernseher und zeigten ihm dann Bilder von seiner Familie – seinen Töchtern, seinem Sohn, seinem Haus. Er vergaß alles sofort wieder, und wir mussten ihm auf jedem Foto von neuem erklären, was es zeigte. Als wir ihm den Film von dem Haus zeigten, in dem er über die Hälfte seines Lebens gewohnt hatte, nickte er zu unserer Überraschung immer wieder ein. Als wir ihn auf den vollgestopften Keller aufmerksam machten, in dem er so viel Zeit verbracht hatte, sagte er nur: »Bei meinem Auszug war er aufgeräumter« und »Wow, ich wünschte, ich hätte all dieses Werkzeug!«

Er war müde und musste sich anstrengen, wach zu bleiben. Vielleicht hatte er in der vergangenen Nacht nicht geschlafen. Nach nur einer Stunde befiel ihn plötzlich Panik. »Ich will nicht sterben«, rief er. »Ich will nicht hier sterben! Ich muss jetzt nach Hause. Bringt mich nach Hause! Ich muss sofort nach Hause.«

Wir schalteten den Fernseher aus, zogen die Schuhe an, gingen zum Wagen und fuhren ihn »nach Hause«.

Als wir auf den Parkplatz fuhren, fragte er: »Ist das hier zu Hause?«

»Ja«, antworteten wir. Er folgte uns die Rampe hinauf zum Eingang, durch die Lobby und in seinen Trakt, wo er die anderen Insassen wiedererkannte und sich entspannte. Hier fühlte er sich sicher. Seine besorgt gerunzelte Stirn glättete sich, und er lächelte. Er steuerte sein Zimmer an. Wir begleiteten ihn hinein. Wortlos zog er Hemd und Hose aus. Wir nahmen an, dass er sich bettfertig machte. Ich deckte das Bett auf. Er dankte mir und legte sich hin. David half, ihn zuzudecken. Als wir gingen, bat er uns, das Licht auszuschalten.

Was sollten wir davon halten? *Unser* Zuhause war nicht mehr *sein* Zuhause. Das Heim war sein Zuhause. Vielleicht war das gut so. Zuerst hatte er versucht wegzulaufen, aber jetzt fühlte er sich dort sicher, weil es sein Zuhause war. Trotzdem war es ein wenig verletzend für David und mich zu wissen, das Mardig diesen relativ sterilen Ort mit dem schmalen Einzelbett in einem Zimmer, das er mit zwei weiteren Insassen teilte, unserem gemütlichen Heim vorzog. Aber wir sollten wohl dankbar sein, dass er im Heim glücklich war, und es als tröstlich empfinden, dass wir ganz offensichtlich die richtige Entscheidung getroffen hatten.

14

DER HAUSVERKAUF

Hier sitze ich und frage mich, wann das alles ein Ende haben wird. Das habe ich mich schon oft gefragt. David und ich versuchen immer wieder, uns damit zu trösten, dass das Schlimmste überstanden ist. Da wir keine eigenen Kinder haben, können wir nur erahnen, welche Belastung die lebenslange Verpflichtung und Verantwortung für Eltern bedeuten muss. Andererseits haben Kinder eine Zukunft. Unter normalen Umständen wachsen Kinder zu Erwachsenen heran und werden selbstständig, was die Eltern mit wohlwollendem Blick verfolgen. *Oder wenigstens sollte es so sein!*

Menschen, die an Alzheimer leiden, werden nicht *erwachsen*. Tatsächlich können die Menschen, die sie betreuen, nicht mehr erwarten als kleine Freuden wie ein Lächeln, ein Erkennen und den einen oder andere schönen Moment. All diese Dinge machen den Betreuer so glücklich, dass er allen Widrigkeiten zum Trotz durchhält. (Ich habe im IV. Teil einige dieser besonderen Augenblicke beschrieben.)

Stellen Sie diese kleinen Freuden einmal der gewaltigen Verantwortung gegenüber. Ich musste die persönliche Habe meiner Eltern soweit möglich veräußern, den Rest verschenken, mich um die Reinigung des Hauses kümmern und dieses dann verkaufen.

Ich traf als Erste in Milwaukee ein; David folgte ein paar Tage später. Allein der Hausverkauf mit allem Drum und Dran beanspruchte 200 Stunden unserer Zeit. Wir schufteten im

Durchschnitt 15 Stunden täglich. An manchen Tagen hatten wir nur sechs Stunden, um zu duschen, zu essen, zu schlafen und unseren sonstigen persönlichen Bedürfnissen nachzukommen. Trotz der langen Stunden und der Hilfe meiner Geschwister an den letzten Tagen wurden wir nicht in dem geplanten Zeitraum fertig.

Meine Eltern hatten nie etwas weggeworfen. Im Laufe der Jahre war ihre persönliche Habe entsprechend angewachsen. Die zu bewältigende Aufgabe war gewaltig. Wir mieteten zwei der größten Abfallcontainer, die wir kriegen konnten. Sie waren je 7,5 Meter lang, 2,5 Meter breit und 2,5 Meter hoch. In nur anderthalb Tagen im April füllten meine Schwester, ihr Mann, mein Bruder, seine Freundin, David und ich beide Container bis zum Rand.

Als David und ich im April das Wohnzimmer betraten, sahen wir uns von Kistenstapeln umgeben, die uns bis zu den Schultern reichten. An manchen Stellen waren die Kisten sogar so hoch gestapelt, dass sie uns überragten. Den Kamin hatten wir Jahre nicht mehr gesehen. Das Elternschlafzimmer hatte sein Gefühl von Luftigkeit und Weite längst eingebüßt. Entlang der Wände reihten sich Kisten bis unter die Decke. Sogar das angrenzende Ankleidezimmer wurde nicht mehr benutzt, weil man sich aufgrund der dort untergebrachten Kisten nicht mehr bewegen konnte. Als wir alle Kisten aus diesem Raum ausgeräumt hatten, kam sogar ein Fenster im Ankleidezimmer zum Vorschein. Weitere Kisten erwarteten uns in meinem alten Zimmer am anderen Ende des Hauses.

Wenn schon Erdgeschoss und erster Stock vollgestopft gewesen waren, verschlug der Dachboden uns schier den Atem. Der Speicher war eine wahre archäologische Fundgrube. Wir stießen auf Babykleidung, einen Toilettenpapiervorrat für fünf Jahre, einen Glühbirnenvorrat für ein ganzes Leben, alte Sachen meines Bruders, Weihnachtslichterketten und Grußkarten und über 100 Uhren. Meine Mutter musste sie auf Flohmärkten erstanden haben mit der Absicht, sie mit Gewinn weiterzuverkaufen.

Im Gegensatz zum Dachboden wirkte der Keller leerer. Dieser Eindruck sollte sich jedoch bald als Fehleinschätzung erweisen. Es gab vier große Kellerräume. Einer dieser Räume war vom Boden bis zur Decke mit Kisten und anderen Behältern vollgestellt – Mardigs altes Werkzeug, Motoren, Kabel und Drähte. Wir trugen die Kisten nach draußen, und sie nahmen den ganzen Garten ein! Mardig hatte alles in doppelter oder gleich dreifacher Ausführung – er besaß beispielsweise eine ganze Sammlung von Bohrmaschinen. *Wenn er etwas nicht finden konnte oder vergessen hatte, dass er es besaß, kaufte er es sich neu.*

Ich fand unter dem ganzen Gerümpel aber auch drei Schätze. Der eine war eine alte Lebensmittelwaage, an die ich mich noch aus meiner Kindheit erinnerte. Sie wog Gewichte bis 25 Pfund. Mardig hatte mir einmal erzählt, dass er uns als Babys auf dieser Waage gewogen hatte. Außerdem fand ich eine Sammlung alter Fotoapparate, die Mardig zusammengetragen hatte. Der dritte Schatz war ein alter Fleischwolf. Ich wusste noch, wie mein Vater ihn an der Werkbank im Keller angeschraubt und den Tisch mit Zeitungspapier ausgelegt hatte, bevor meine Mutter dann ein ganz bestimmtes Fleisch zerkleinerte für *kuftah,* rohes Hackfleisch mit feingemahlenem Weizen, grünen Zwiebeln, Petersilie und reichlich Cayennepfeffer. Da der Rest der Familie kein rohes Fleisch mochte, genossen meine Mutter und ich diese Vorspeise gewöhnlich ganz alleine. Diese Schätze und Erinnerungen waren der Lohn für die Riesenverantwortung, die ich widerwillig übernommen hatte.

Die Leute, die im Haus zu tun hatten (Putzkolonne, Makler, Gutachter etc.) staunten über die unglaubliche Masse an Dingen, die meine Eltern angehäuft hatten. Ich bekam des

Öfteren Bemerkungen zu hören wie »Viel Glück«, »Ich hoffe für Sie, dass Sie kein Einzelkind sind«, »Meine Güte, ich beneide Sie wirklich nicht für das, was Ihnen da bevorsteht« oder auch »Sieh sich einer diese Antiquitäten an!«

Jede Kiste musste geöffnet werden. Wir fingen im Wintergarten an, wo Mardig seine meisten Papiere aufbewahrt hatte. Jedes Blatt musste sorgfältig durchgelesen werden. Unterlagen und große Umschläge waren nicht korrekt beschriftet. Wichtige und unwichtige Papiere waren bunt gemischt. Er hatte die Angewohnheit, Dinge zu verstecken. Wir entdeckten wichtige Unterlagen zwischen den Seiten alter Zeitungen, die im Wohnzimmer aufgestapelt waren. Nie konnten wir davon ausgehen, dass es sich bei einem Stapel nur um Müll handelte, und ihn unbesehen wegwerfen. Allein dafür brauchten wir beide mehr als 100 Stunden – fast die Hälfte der Gesamtzeit, die die Entrümpelung verschlang. Diese Aufgabe war ein Vollzeitjob. Jemand konnte zweieinhalb Wochen nichts anderes tun, als nur diese Unterlagen durchsehen, und würde doch nur einen geringen Teil schaffen.

Als ein Ende der Stapel im Wintergarten abzusehen war, hofften wir, die Arbeit im Laufe unseres Aufenthaltes ganz erledigen zu können. Dann stießen wir jedoch auf weitere Kisten mit Papieren, die vor dem Geschirrschrank im Wohnzimmer gestapelt waren. Gerade als wir geglaubt hatten, den Papierkram bewältigt zu haben, mussten wir feststellen, dass noch ein Riesenberg übrig war.

Nachdem ich einige der Kisten geöffnet hatte, merkte ich, dass ein Teil der Unterlagen Mardig gehörten, der Rest aber meinem Bruder. Da ich mit der Habe meines Vaters schon genug am Hals hatte, hatte ich nicht vor, mich mit Dingen abzugeben, die meinem Bruder gehörten. Ich sortierte also seine Sachen aus und stellte sie ins Esszimmer. Mein Bruder hatte diesen Raum schon in meinen frühen Teenagerjahren als Arbeitszimmer für sich beansprucht, nachdem wir nicht mehr dort gegessen hatten. Erschwert wurde mir die Arbeit dadurch, dass Mardig auch Sachen in den Kisten meines Bruders untergebracht hatte. Das alles musste fein säuberlich sortiert werden, was sich bis Mai hinzog.

Einen Monat nach unserem Aufenthalt in Milwaukee im April kehrte ich dorthin zurück, um die letzte persönliche Habe meiner Eltern aus dem Haus zu entfernen. Ich hoffte, dass meine Geschwister noch einmal mit anpacken würden. David hatte eine neue Stelle angenommen, sodass er mich nicht begleiten konnte, und das würde das letzte Mal sein, dass wir die Sachen meiner Eltern durchsahen. Außerdem musste ich Vorbereitungen treffen für den Verkauf (ich hatte noch nie eine Immobilie verkauft) und die Reinigung des Hauses veranlassen (sobald es leergeräumt war). Nachdem ich fast 800 Dollar an den Containerdienst bezahlt hatte, erfuhr ich, dass die Stadtreinigung den Abfall kostenlos abgeholt hätte, da mein Vater Eigentümer des Hauses war.

Ich rief meine Geschwister an, um sie dazu zu bewegen, mir zu helfen. Während ich darauf wartete, dass sie sich meldeten, setzte ich meine Sisyphusarbeit fort. Alle wichtigen Dokumente schickte ich nach Kalifornien. David und ich hefteten sie zu Hause ab, wobei wir noch nicht einmal die Unterlagen vom April fertig sortiert hatten. Es schien, als würden sich immer mehr Papiere finden. Mein Aufenthalt im Mai entsprach im Großen und Ganzen dem im April. Es war immer noch so viel zu ordnen.

Da stand ich, und egal wohin ich mich auch wendete, überall standen Kisten. Es kam mir vor, als käme ich nicht von der Stelle. Ich fühlte mich zunehmend überfordert und mutlos. Da waren noch all die Kisten im Schlafzimmer im ersten Stock, die wir im April nicht geschafft hatten. Ich war den Tränen nah.

Bei meinem zweiten Aufenthalt in Milwaukee half mir niemand. Konnte ich einfach aufgeben? Ich war immerhin die gesetzliche Vertreterin meines Vaters. Was, wenn ich alles wegwarf und sich herausstellte, dass Werte dabei waren wie Sparbriefe oder Bargeld? War ich denn für alles verantwortlich? Es gab einfach zu viel zu tun. So etwas hatte ich nicht einkalkuliert! David und ich hatten Mardig nur helfen wollen. Aber jetzt fühlte ich mich hoffnungslos überfordert. Doch wenn ich dabei blieb, würde ich sicher Dinge lernen, die mir sonst verschlossen bleiben würden. Nur jene, die wahres Leid kennen lernen, wachsen über sich hinaus.

Ich versuchte, alles von der positiven Seite zu sehen, aber meine Frustration wuchs, und langsam wurde ich wütend auf den Rest meiner Familie.

Ich hasste das alles! Warum musste ich mich damit herumschlagen? Warum half mein Bruder mir nicht? Immerhin hatte er 45 Jahre mietfrei in diesem Haus gelebt! Was war das für ein Mensch, der seine Eltern derart ausnutzte und nicht daran dachte, ihnen ihre Großzügigkeit zu vergelten? Hatte er denn keinen Funken Pflichtbewusstsein? Er hatte kein einziges Mal angerufen, nachdem wir Mardig nach Kalifornien geholt hatten. Mardig hatte Milwaukee im September verlassen, und im Januar hatte ich meine Schwester wieder mal gefragt »Hast du von unserem Bruder gehört?« Er hatte sich bei keiner von uns beiden gemeldet! Was machte ich eigentlich hier? Warum schuftete ich als jüngstes Kind allein in diesem Haus? Und warum hatten meine Eltern nicht wenigstens ein bisschen Ordnung gehalten?

Ich war wütend wegen ihrer Gedankenlosigkeit ... ihrer Unordnung ... ihres Sammelwahns. Warum war meine Schwester nicht hier? Ich sollte das alles wegwerfen. Zum Teufel damit! Ihnen war doch alles egal! Mein Vater hatte selbst nie die Initiative ergriffen, seine Angelegenheiten zu regeln. Hatte ich nicht getan, was ich mir vorgenommen hatte? Hatte ich ihn nicht nach

Kalifornien geholt, um mich um ihn zu kümmern, weil ich wusste, dass er den Winter in Wisconsin nicht überleben würde?

Und hier stand ich umgeben von der Habe meiner Eltern, all den Dingen, die sie vor mir versteckt hatten, weil sie nicht wollten, dass ich wusste, was sie alles besaßen. Und ich kümmerte mich um alles. *Sollte das etwa fair sein?* Ich staunte darüber, was meine Mutter alles eingepackt hatte! Sie und Mardig hatten an die Westküste ziehen und in einem milderen Klima ein neues Leben anfangen wollen. Und doch hatte meine Mutter ihre ganzen alten Sachen gepackt, um sie mitzunehmen – alte Anziehsachen, Nähzeug, verschiedene bedruckte Stoffe aus den 60er und 70er Jahren, sogar Plastikbeutel und Toilettenpapier. *Wenn man ein neues Leben anfangen will, warum nimmt man dann so viel von dem Leben mit, das man doch hinter sich lassen möchte?*

Es verblüfft mich immer wieder, dass die Menschen offenbar denken, dass sie alles hinter sich lassen und noch einmal von vorn anfangen können, wenn sie an einen anderen Ort ziehen. Nehme ich meinen alten Ballast mit, wird sich an meinem Leben nichts ändern außer dem Ort, an dem ich es führe. Wenn man neu anfangen möchte, muss der Mensch sich ändern, nicht der Ort.

Der Gedanke daran, wie sorgfältig meine Mutter die Sachen gepackt hatte, die sie mitnehmen wollte, stimmte mich traurig. Es war so viel. Ich fand bei ihren Sachen sage und schreibe 30 Scheren! Was machte ein Mensch mit so vielen Scheren? Jede einzelne war in Küchenpapier gewickelt und mit einer Kordel umwickelt.

Was würde von all diesen Sachen übrigbleiben? An einem Abend im April, ein paar Tage bevor David und ich nach Kalifornien zurückgekehrt waren, waren meine Geschwister überein gekommen, dass jeder ein paar Kleidungsstücke zur Erinnerung an meine Mutter aussuchen sollte. Den Rest würden wir wegwerfen, verkaufen oder verschenken.

Gerade als ich mir sehr einsam vorkam und mir leid tat, erlebte ich eine angenehme Überraschung. Während meine Geschwister sich aus allem heraushielten – abgesehen von den paar Tagen im April –, meldete sich die Freundin meines Bruders, deren Familie nach dem Tod ihrer Mutter denselben Prozess durchgemacht hatte, und bot mir ihre Hilfe an. Es gab nur ein kleines Problem: Sie hatte kein Auto. Ich erbot mich, sie abzuholen, aber sie zog es vor, sich von meinem Bruder bringen zu lassen. Mardigs Haus lag 25 Kilometer entfernt von ihrem.

In den Stunden, die sie bei mir war, arbeitete sie hart und erwies sich als unschätzbare Hilfe. Meine zahlreichen Dankesbekundungen machten sie ganz verlegen. Sie war ein so wundervoller, lieber und fürsorglicher Mensch. Außerdem erfuhr ich von ihr einiges über meinen Bruder … lernte seine menschliche Seite kennen, die ich lange nicht mehr wahrgenommen hatte, weil wir uns so sehr entfremdet hatten. Mit ihr saß ich dann auch im Elternschlafzimmer und wir gingen gemeinsam die letzte Habe meiner Mutter durch. Ich erzählte ihr auch von vielen Kindheitserinnerungen.

Diese Erinnerungen mit ihr zu teilen war hart, weil ich wusste, wie viel schöner es gewesen wäre, mit meinen Geschwistern Erinnerungen aus Kindheitstagen auszutauschen, so wie an einem Abend im April, als wir alle zusammen einige Kisten von Ma durchgesehen hatten.

Ich weiß noch, wie wir uns gegenseitig Geschichten erzählt, uns aus Spaß alte Kleider vorgehalten und Pizza vom Pizzaservice gegessen hatten, während wir uns die Videos von Mardig anschauten, die David und ich mitgebracht hatten, für den Fall, dass sich eine solche Gelegenheit ergab. Am Ende dieses Abends hatten meine Geschwister sich bei mir dafür bedankt, dass ich diese schwierige Aufgabe übernommen und uns zusammengeführt hatte.

An jenem Abend war mein Bruder auch in Tränen ausgebrochen, obwohl Ma schon vier Jahre tot war. Ich wusste nicht, was ich davon halten sollte, als ich ihn in seinem Zimmer weinen hörte. Normalerweise zeigte er nie seine Gefühle, sodass ich mich an seine blasierte, kalte Seite gewöhnt hatte. Immer wenn ich mit ihm sprach, empfand ich ihn als extrem egozentrisch. Ich vermutete, dass er bis zu diesem Tag die Trauer um meine Mutter unterdrückt hatte.

Ma und er hatten innerhalb unserer Familie die engste Beziehung gehabt – um so seltsamer war es dann auch, dass weder er noch meine Schwester sich auf der Beerdigung hatte blicken lassen.

Ich weiß noch, wie ich meinen Bruder anrief und um Rat fragte, welche Art von Urne meiner Mutter seiner Meinung nach gefallen hätte. Seine Antwort: »Entscheide du das. Ich vertraue dir. Ich habe zu tun.«

Wie konnte man so gleichgültig sein? Er hatte versprochen, zu einer bestimmten Zeit zum Haus zu kommen, sich aber nie blicken lassen. Wie meine Schwester führte er immer neue Ausreden an und erklärte, er sei einfach zu beschäftigt. Ich hatte ihre Ausreden satt. *Ich hatte meine Karriere aufgegeben und die letzten acht Monate ganz der Erledigung von Mardigs Angelegenheiten gewidmet! Ich bat doch nur um eine Woche!*

Zweimal versprach mein Bruder, seine Freundin zu einer bestimmten Zeit abzuholen, und kam dann nicht. Obwohl ich ihr mehrfach anbot, sie zu fahren, lehnte sie dies ab. Mein Bruder hatte gesagt, seine Privatadresse und Telefonnummer gingen mich nichts an, und so setzte ich seine Freundin nicht weiter unter Druck. Ich war schon froh, dass er sie überhaupt hergebracht hatte.

Das erste Mal, als er sich entgegen der Abmachung nicht blicken ließ, fragte sie, ob sie im Haus übernachten könne.

Sie sagte, dass sie in all den Jahren, die sie nun schon mit meinem Bruder liiert war, nie allein in dem Haus gewesen sei. Deswegen war sie neugierig darauf, einmal alleine hier zu übernachten. Es gab kein Telefon, nichts zu essen, und es war alles andere als gemütlich. Wir suchten ein paar alte Sachen für sie heraus, in denen sie schlafen konnte, da sie nicht darauf eingestellt war, die Nacht hier zu verbringen. Ich fand das unzumutbar, aber sie wollte es so haben.

Das zweite Mal ließ mein Bruder sie am Tag der Haushaltsauflösung hängen. Mein Bruder hatte versprochen, um 13.00 Uhr zu kommen, um zu helfen. Ich hatte in der vergangenen Nacht bis 5.00 Uhr wach gelegen. Meine Energie war verbraucht. Es war ein langer Tag. Nachdem wir vergeblich auf ihn gewartet hatten, verließen die Freundin meines Bruders und ich Mardigs Haus um 16.30 Uhr hungrig und müde. Sie wählte den Pager meines Bruders an und hinterließ eine Nachricht auf seinem Anrufbeantworter, der ihm einen eingehenden Anruf sofort meldete. Die vergebliche Warterei war zermürbend. Wir tranken ein Bier, um Hunger und Zorn (vor allem bei mir) zu dämpfen. Um 21.45 Uhr, nach stundenlangem Magenknurren und schon ganz schwach vor Hunger, schlug ich vor, wir sollten abendessen gehen. Wir entschieden uns für ein griechisches Restaurant in der Nähe ihrer Wohnung. Es war kurz vor Mitternacht, als ich sie schließlich heimbrachte. Auf der Fahrt zu meinem Schwager und meiner Schwägerin, bei denen ich während meines Aufenthaltes wohnte, konnte ich kaum noch die Augen offen halten.

Ohne ihre Hilfe wäre ich nicht fertig geworden. Das Ganze war einfach zu viel und kam mir mit jedem Tag unüberwindlicher vor. Ihr Interesse und ihre ermutigenden Worte halfen mir durch diese letzte Phase meiner Pflichterfüllung als Mardigs gesetzliche Vertreterin in Milwaukee.

Manchmal findet man Freunde dort, wo man sie nicht erwartet. In meiner Kindheit war meine Familie sehr verschlossen. In der Grundschule war es uns verboten, unseren Kameraden zu sagen, was mein Vater beruflich machte. Ich habe nie verstanden, warum. Meine Mutter bleute es mir ein: »Das geht niemanden etwas an. Wenn dich jemand fragt, sagst du einfach ›Ich weiß es nicht‹.«

Jetzt erzählte ich der Freundin meines Bruders meine Familiengeschichte, schöpfte Trost aus ihrer Freundlichkeit und ihrem Verständnis sowie aus ihrem Mitgefühl und ihrem ehrlichen Interesse. In dieser Zeit wurde sie für mich meine Freundin, sie war mein Familienersatz.

Aber nicht nur ihre Anwesenheit vertrieb die Trauer aus meinem Herzen – noch andere unerwartete Geschenke hoben meine Laune. Ich kam Mardigs Bruder näher. Das bedeutete mir viel, da ich meine Familie väterlicherseits nicht kannte. Missverständnisse zwischen Familienmitgliedern hatten eine engere Beziehung in meiner Kindheit verhindert. Und doch unterstützten mein Onkel und meine Tante mich während meines Aufenthaltes in Milwaukee so gut sie konnten. Mein Onkel leidet an der Parkinsonschen Krankheit und ist praktisch blind. Er kann kaum laufen und ist auf den Rollstuhl angewiesen. Wir telefonierten viel. Sie luden mich in ihr wunderschönes Haus in Lake Forest in Illinois ein, eine Einladung, auf die ich gleich mehrfach zurückkam.

Bei jedem meiner Besuche wohnte ich in einem Gästezimmer mit eigenem Bad, begehbarem Kleiderschrank, Telefon, Fernseher und Doppelbett. Das war besser als in einem guten Hotel! Dazu bekam ich Hausmannskost vorgesetzt und verbrachte viel Zeit mit Verwandten – meiner Tante, meinem Onkel, ihren Kindern und ihren Enkelkindern.

Wir plauderten über die Kindheit meines Vaters und meines Onkels und sahen uns die Fotosammlung meines Onkels an. Ich wurde schrecklich verwöhnt. Nach jedem Besuch fiel es mir um so schwerer, in Mardigs Haus in Milwaukee zurückzukehren, um die restliche Arbeit anzugehen.

Neben Fotos aus Mardigs Kindheit, die ich noch nie gesehen hatte, gab es einen ganzen Stapel Briefe, die Mardig meinem Onkel geschrieben hatte, als dieser im Zweiten Weltkrieg gedient hatte. Mein Onkel hatte sämtliche Briefe aufbewahrt und aus dem Krieg mitgebracht. Ich las jeden einzelnen von ihnen, und später schickte mein Onkel mir sogar Kopien. Was für ein Schatz!

Da sie wussten, wie sehr es mir widerstrebte, an die Arbeit zurückzugehen, erboten sie sich, mich am Tag der Haushaltsauflösung zu besuchen. Ich war ehrlich gerührt, als sie tatsächlich kamen. Als sie sahen, wie erschöpft ich war, bestanden sie darauf, dass ich eine Pause machte und mit ihnen zu Mittag aß. Ich bat die Freundin meines Bruders, ein Auge auf alles zu haben, während ich mir eine kurze Auszeit mit meinen Verwandten gönnte.

Die Haushaltsauflösung war körperlich und – zu meiner eigenen Überraschung – auch emotional anstrengend. Es war nicht leicht mitanzusehen, wie Sachen, die meinen Eltern gehört hatten, den Besitzer wechselten und mit ihnen verschwanden. »Was haben die Käufer dafür bezahlt?«, fragte ich die Frau, die sich um den Verkauf kümmerte, wiederholt. Die Preise machten keinen Sinn. Dinge, die billig hätten weggehen müssen, erzielten unerwartet hohe Preise, während anderes unter Wert verkauft wurde. Und dann war da die »Verkaufsleiterin« selbst.

Konnte ich ihr trauen? Sie hatte irgend etwas an sich, das mich störte. Ich konnte nicht genau sagen, was es war, aber ich hatte irgendwie das Gefühl, dass ich sie nicht aus den Augen lassen sollte. Vielleicht lag es daran, dass sie mich mit ihrer Leistung beeindrucken wollte. Andererseits hatte ich noch keine Haushaltsauflösung miterlebt. David und ich gingen weder zu Garagenverkäufen noch auf Flohmärkte und

Ähnliches. Es mochte also auch daran liegen, dass ich von diesen Dingen keine Ahnung hatte. Wie sonst hätte ich das Unmögliche alleine bewältigen können. Uund es wäre mir auch kaum gelungen, das Haus kurzfristig zu einem annehmbaren Preis zu veräußern. Mein ungutes Gefühl sollte sich allerdings später als richtig erweisen, als sie sich nicht an unsere Abmachung hielt.

Als wir nach dem Essen zum Haus zurückkamen, war ich überrascht, meine Schwester dort anzutreffen. Sie war ihrerseits verwundert, meine Tante und meinen Onkel zu sehen. Wir setzten uns eine Weile in ihren Chevy Suburban und redeten. Dann fuhren meine Tante und mein Onkel wieder, und meine Schwester blieb.

Meine Schwester fing an, einen Haufen Fragen zum Nachlassverkauf zu stellen. Sie kritisierte alles und erklärte mir, wie alles gehandhabt werden und für wie viel das eine oder andere verkauft werden sollte. Dann legte sie sich sogar mit der Verkaufsleiterin an, die mir gegenüber später ihre Verärgerung zeigte. Das kümmerte mich nicht weiter in Anbetracht meiner eigenen Vorbehalte ihr gegenüber. Was mich allerdings ärgerte, war, dass meine Schwester reichlich kritisierte, nachdem sie selbst keine Hand gerührt hatte. Ich war also nicht sehr empfänglich für ihre Kritik nach getaner Arbeit. Meine Schwester und ich gerieten in Streit. Ich war müde und verlor die Geduld mit ihr. Zornig warf ich ihr vor, sie sei eigennützig und egozentrisch. Sie habe keinen Gedanken daran verschwendet, wie viel Arbeit ich mit Mardigs Haus gehabt hätte … sie dächte nur an sich selbst … und es sei ihr offenbar wohl noch nie aufgefallen, wie lächerlich es sei, dass jemand aus Kalifornien anreisen musste, um Dinge zu erledigen, um die sich ebenso gut jemand kümmern konnte, der nur fünf Häuser weiter lebte. Ich brauche wohl nicht erst darauf hinzuweisen, dass sie ging, in ihren Wagen stieg und kein Wort mehr mit mir sprach.

Tage später wurden die Gegenstände, für die sich kein Käufer gefunden hatte, verschenkt, und das Haus wurde verkauft. Ich fühlte leise Wehmut. Ich wusste tief im Inneren, dass wenn meine Geschwister mitgeholfen hätten, wir einen besseren Preis erzielt hätten. Immer wieder hatte ich sie hierzu aufgefordert. Ganz bestimmt wären wir aneinander geraten. Wir waren Geschwister. Aber wenn wir das alles gemeinsam durchgestanden hätten, wären auch viele schöne Erinnerungen haften geblieben und wir wären eine bessere Familie geworden.

Blieb die Abmachung zwischen der Verkaufsleiterin und mir. Sie verlangte, dass ich ihr sofort die Provision für den Verkauf des Hauses überwies. Da der Vertrag jedoch noch nicht unterschrieben und noch keine Gelder geflossen waren, sah ich nicht ein, ihr die Provision jetzt schon zu zahlen. Als ich ihr meinen Standpunkt mitteilte, folgte eine Reihe von telefonischen Auseinandersetzungen, bei denen es darum ging, wann eine Erfolgsprovision fällig war.

Da ich nicht unfair sein wollte, erkundigte ich mich bei der Maklerin, die mir zuvor behilflich gewesen war. Sie teilte mir mit, dass nur jemand, der eine Maklerzulassung besaß, dazu befugt war, eine Provision zu kassieren dafür, dass er ein Haus *verkaufte* oder einen *Käufer dafür fand*. Die Verkaufsleiterin besaß keine solche Zulassung; vielleicht hatte sie es deswegen so eilig.

Ich erkannte ihren Anspruch trotzdem an, überwies ihr die Provision jedoch erst, als der Kaufpreis auf einem Treuhandkonto eingegangen war.

Wir hatten außerdem vereinbart, dass sie mir eine unterschriebene Aufstellung der von ihr begutachteten Verkaufsgegenstände schickte. Ich warte heute noch darauf.

Aufgrund dieser ärgerlichen Kleinigkeiten war ich erleichtert, als Nachlass- und Hausverkauf geregelt waren.

Nach allem, was ich in den vergangenen acht Monaten durchgemacht hatte, dachte ich, das Schlimmste sei vorbei. Keine 15 bis 18-Stunden-Tage mehr, um zu versuchen, innerhalb von einigen Wochen zu regeln, wofür man eigentlich Monate brauchte. Von jetzt an konnte ich nur so zum Spaß nach Milwaukee reisen. Auch in Kalifornien gab es nur noch einige Details zu klären. Das ließ sich aber leicht in meinen Terminplan einbauen. Endlich konnte ich mich wieder um mein Berufsleben kümmern, dass in der letzten Zeit sehr gelitten hatte.

15

SEXUALITÄT

Bei meiner Rückkehr nach Kalifornien erfuhr ich, dass Mardig anstößiges Benehmen an den Tag legte. *Was heißt das?* Es war zwar nicht ungewöhnlich, dass Alzheimer-Patienten sich unanständig verhielten, eine potenziell peinliche Angelegenheit für Angehörige und Pflegepersonen. *Aber mein Vater?*

Mein Vater war Diplomat vom Scheitel bis zur Sohle, ein Gentleman durch und durch. Obwohl er seine Jugendjahre praktisch in den Straßen Chicagos verbracht hatte, begegnete er anderen stets höflich und respektvoll. Ich erinnerte mich an zahlreiche Gelegenheiten, da er mir in meiner Kindheit gepredigt hat, dass man anderen nie zu nahe treten sollte. In den letzten Jahren hatten wir uns ebenfalls am Telefon darüber unterhalten, wie man sich gegenüber anderen Menschen verhalten sollte. Wenn ich ein berufliches Problem zur Sprache brachte, ließ sich sein Rat immer darauf reduzieren, dass ich andere respektieren müsse, vor allem Menschen in höheren Positionen. *Inwieweit ich seinen Rat befolgte steht auf einem anderen Blatt.*

Was das Thema Sexualität anging, war er immer sehr zugeknöpft. Er hatte nie einen schmutzigen Witz erzählt. Als wir noch Kinder waren, fragten unsere Freunde, ob wir nicht Schimpfwörter auf Armenisch kannten. Wir fragten ihn, aber er weigerte sich, uns welche zu sagen – sogar dann noch, als wir längst erwachsen waren! Ich betrachtete ihn als einen auf sexueller Ebene diskreten und anständigen Mann.

Und so war ich natürlich ebenso überrascht wie beunruhigt von dieser Nachricht. Im Juni, bei einer Quartalsbesprechung in dem Alzheimer-Pflegeheim, in dem Mardig untergebracht war, wurde mir nach und nach sein Verhalten enthüllt.

Soweit ich weiß, sind diese Besprechungen mit den Angehörigen des Heiminsassen von der Bundesregierung vorgeschrieben und werden von der zuständigen Behörde überwacht. Normalerweise setzt sich das Gremium aus jeweils einem Vertreter für die Bereiche Sozialdienste, Pflege, Aktivitäten, Ernährung etc. zusammen. Ich war beeindruckt davon, welchen Einsatz das Personal trotz der sehr langen Arbeitstage zeigte.

Und doch spürte ich bei diesen Besprechungen auch eine gewisse Feindseligkeit mir gegenüber (das war meine zweite solche Besprechung). Wahrscheinlich lag das daran, dass mein Vater seit seiner Flucht am ersten Tag als schwierig galt.

Und so liefen diese Besprechungen weniger nach dem Prinzip ab: »Wie können wir zum Wohle aller Beteiligten zusammenarbeiten?«, sondern für mich hörte es sich eher an wie: »Wir geben Ihnen diese Information und raten Ihnen dringend, danach zu handeln.« Vielleicht übertreibe ich ein wenig. Mir war schon bewusst, dass Mardig störrisch war in der ersten Zeit im Heim.

Und doch handelte es sich um eine jener Situationen, in denen man versucht, mit Menschen zusammenzuarbeiten, die ihr Geld damit verdienen, dass sie einen Angehörigen pflegen. Und da wünscht man sich natürlich einen konstruktiven Ideenaustausch.

Aber aus einem unerfindlichen Grund schien die Heimleitung ihre ganz eigene Vorstellung vom Ablauf dieser Besprechungen zu haben. Stimmte ich in irgendeinem Punkt nicht mit ihnen überein, wurde ich gleich als schwierig abgestempelt. Bemängelte ich irgend etwas (Beispiel: »Die Brille meines Vaters ist immer noch nicht wieder aufgetaucht, wären Sie so nett, danach zu suchen?« »Mein Vater hat eine Zahnfleischentzündung, und seine oberen Vorderzähne sind verfärbt. Achten Sie auch darauf, dass er sich mindestens einmal täglich die Zähne putzt?«), fürchtete ich, dass sie Mardig das Leben schwer machen, oder schlimmer, dass sie ihn aus einem »legitimen« Grund hinauswerfen würden. Das ist schon passiert! Ich weiß von zwei Fällen, in denen ein Heimbewohner hinausgeworfen wurde, und soweit ich weiß, konnten die Familien nicht viel dagegen tun.

Andererseits, wie sollte ich sicher sein, dass mein Vater auch bestens versorgt wurde, wenn ich Angst davor hatte, Versäumnisse anzusprechen? »Es dürfte eigentlich nicht so schwer sein«, sagte ich mir immer wieder. Aber das war es. Ich weiß bis heute nicht, wie ich vorgehen soll. Mir scheint, dass man meinem Vater für 120 Dollar am Tag – immerhin fast 44 000 Dollar im Jahr – ein ganz klein wenig mehr Zuwendung zuteil werden lassen könnte.

Sie begannen die Besprechung damit, dass sie mir eröffneten, Mardig hätte sich nicht sehr verändert.

Das überraschte mich, weil mir selbst aufgefallen war, wie viel schwerer es ihm inzwischen fiel, sich zu erinnern, wer ich war. Er wusste nicht mehr, dass ich seine Tochter war. Manchmal hielt er mich für seinen Sohn. Die meiste Zeit aber war ich ein vertrautes Gesicht, das ihm ein Gefühl der Geborgenheit und Sicherheit vermittelte, ein Mensch, der ihm aus eingebildeten Schwierigkeiten heraus half. In seltenen Fällen war ich ein Elternteil, seine »Ma« oder sein »Pa«. Das Geschlecht war für ihn völlig unwichtig geworden. Ich fragte das Komitee, was sie damit meinten.

Ein anderes Mitglied des Gremiums erklärte mir, dass mein Vater nach wie vor viel umher wanderte und es ihm schon mehrfach gelungen wäre, zusammen mit Besuchern das Heim zu verlassen. *Hatten wir dieses Thema nicht aus-*

führlich mit der Heimleitung und der Oberschwester besprochen, nachdem Mardig das erste Mal weggelaufen war? Man sagte uns, viele Insassen würden in ihrer ersten Zeit im Heim solcherlei Probleme aufwerfen. Monate nach dieser Besprechung wurde ich selbst Zeuge, wie ein weiblicher und zwei männliche Heiminsassen mehrfach versuchten, nach draußen zu gelangen. Einer der Patienten schaffte es sogar bis auf den Parkplatz und musste von einer Schwester überredet werden, wieder hinein zu gehen. Meines Wissens hatte es aber keine so spektakuläre »Flucht« mehr gegeben wie jene meines Vaters. Auch wenn ich heute darüber lachen kann, war es damals ein wahrer Albtraum. Also beschloss ich im Hinblick auf die sehr ernsten potenziellen Konsequenzen, noch einmal einige vom gesunden Menschenverstand diktierte Vorschläge zu unterbreiten.

Ich schlug vor, sie sollten die Türen ständig überwachen und Besucher bitten, beim Verlassen des Heims vorsichtig zu sein. Obwohl der Vorschlag keinerlei Reaktion hervorrief, stand ich auf und demonstriere, wie man die Tür öffnen und schließen konnte, ohne dass jemand anders mit durch den Spalt schlüpfte. Ich hielt die Demonstration für unnötig – soweit sollte auch bei ihnen der gesunde Menschenverstand reichen – aber ich zog es trotzdem durch, weil unter Umständen Mardigs Leben davon abhing. Eins der Komiteemitglieder sah nicht einmal hin. *Niemand macht sich Notizen. Natürlich nicht! Wozu auch? Das Ganze ist doch selbstverständlich!* Ich fügte hinzu, dass ein Schild angebracht werden sollte, dass Besucher bat, darauf zu achten, dass sie die Tür auch richtig hinter sich geschlossen hatten, damit kein Heimbewohner nach draußen gelangen konnte. Ich demonstrierte, wie ich einen Blick hinter mich warf, während ich die Tür zuzog, um sicher zu gehen, dass das Schloss einschnappte. *Ich hatte das sichere Gefühl, dass meine Worte auf taube Ohren stießen, also setzte ich mich wieder.*

Man teilte mir mit, dass mein Vater nicht mehr nach Bleistiften, Kugelschreibern, Karten oder Telefonbüchern fragte. Früher hatte er sich unablässig Notizen gemacht und Banken und die Namen von Bekannten im Telefonbuch nachgeschlagen. Er hatte alles notiert und detailliert Tagebuch geführt. Mit dem Verlust seiner Brille war auch seine Lust am Lesen und Schreiben geschwunden.

Dann erklärten sie mir, Mardig würde immer noch »zielgerichtet« umherwandern. Er würde sich gegen ihre Versuche wehren, ihn von der Türe weg zu führen. Ich war so frei, noch einen ungebetenen Vorschlag zu machen. *Man sollte meinen, ich hätte meine Lektion gelernt in Anbetracht der ausbleibenden Reaktion auf den ersten. Ich versuchte, ihnen zu erklären, dass sie erst geduldig den Kontakt zum Alzheimer-Patienten herstellen mussten, bevor sie versuchten, ihn wegzuführen. Wieder blieb eine Reaktion auf meine Ausführungen aus.*

Eine Mitarbeiterin erzählte mir, mein Vater würde die Nachttischschubladen anderer Leute aufräumen. Er liefe die ganze Nacht umher, löste den Alarm aus (wenn er an der Ausgangstür rüttelte) und störte die anderen Heiminsassen, indem er in ihrer Nachttischschublade kramte. *Wow, ich wusste noch gut, wie das war, als er noch bei uns wohnte. Wir konnten keine Nacht mehr durchschlafen.*

Erst als ich um mehr Informationen bat, wurde mir das ganze Ausmaß dessen bewusst, was Mardig getan hatte. Die Heimangestellten wichen mir erst aus und wandten verlegen den Blick ab. Sie begannen zögernd. Eine von ihnen sagte: »Ihr Vater erleichtert sich in unangemessener Weise.« Dann warteten sie auf meine Reaktion.

Wer ist auf so etwas vorbereitet? Ich dachte zurück an den Januar, als er noch bei uns gewohnt hatte. Er ging auf die Toilette, urinierte aber daneben. Später entdeckten wir dann, dass Urin außen an der Toilette heruntergelaufen war, am Badezimmerschrank und an der Badewanne. Außerdem hatten sich auf dem Fußboden Pfützen gebildet, und seine Kleidung hatte Flecken. Ich wollte aber ganz sicher sein, dass ich sie auch richtig verstand. »Was genau meinen Sie damit?«

»Er erleichtert sich auf dem Flur.«

»Tatsächlich?« *Ich konnte mir gut vorstellen, wie schwer das für sie war. Ich wusste noch gut, wie anstrengend er bei uns zu Hause gewesen war. Dieses Heim wurde sehr sauber gehalten. Genau genommen wurde dem durchdringenden Geruch nach Desinfektionsmittel nach zu urteilen ständig geputzt.*

»Und was noch?«

Die Mitarbeiterinnen wechselten einen Blick, dann antwortete eine von ihnen: »Er onaniert.«

Ich versuchte, meine Überraschung zu verbergen. Im Grunde wusste ich, dass dieses Verhalten natürlich war in seinem Zustand. Ihm war nicht mehr klar, was er tat, weil die Krankheit sein Gehirn zerstörte. Ich konnte ihn nicht verantwortlich machen. Ich konnte die Dinge nur so hinnehmen, wie sie waren. »Wirklich? Was macht er genau?«, fragte ich so ruhig wie möglich.

»Nun ja, wir haben gesehen, wie er im Speisesaal an sich herumgespielt hat.«

»Hmmmm.« *Ich versuchte, ein ausdrucksloses Gesicht zu machen, während ich innerlich um Fassung rang.* Der Klarheit halber fragte ich noch einmal nach. »Sie meinen, er macht die Hose auf und holt seinen Penis heraus?«

»Ja«, lautete die eilige Bestätigung.

»Haben Sie ihn dabei gesehen?«, fragte ich die Leiterin des sozialen Dienstes, die bejaht hatte.

»Nein, ich weiß es aus dem Bericht.« Das Pflegepersonal erstellte wöchentliche Berichte über die Patienten. *In Mardigs Fall wurden die Berichte inzwischen täglich erstellt.*

»Hat ihn jemand dabei beobachtet?«, fragte ich die ganze Gruppe.

»Ja«, entgegnete die Mitarbeiterin, die für die Beschäftigung der Heimbewohner zuständig war.

»Was hat er genau gemacht?«

»Also, er hat im Speisesaal gestanden und sein Glied in der Hand gehalten.«

»Und was dann?«

»Nun ja«, fuhr sie zögernd fort, »er hat vor den anderen Insassen onaniert.«

Ich konnte mir einfach nicht vorstellen, dass mein Vater so etwas tat.

»Wie haben sie reagiert?«

»Ein paar sind wütend geworden, andere haben ihn ignoriert.«

Mir ging ein gehässiger Gedanke durch den Kopf: »Mein Vater kann nicht mal im Pflegeheim jemanden anmachen!«

»Was haben Sie daraufhin getan?«

»Ich habe mich vor ihn gestellt und ihn aufgefordert, sein Glied wieder wegzustecken. Ich habe ihm gesagt, sein Verhalten wäre unanständig.«

»Hat er das verstanden?«

»Ja, ich glaube schon.«

»Was hat er gemacht?«

»Martin sagte, das ginge nicht. Er lächelte verschmitzt und sagte, er hätte einen Steifen.« *Himmel, das wurde langsam peinlich. Mein Vater …?*

Inzwischen lächelten wir gezwungen. »Und was haben Sie dann getan?«

»Ich habe ihn von den anderen Heimbewohnern weggedreht und ihm geholfen, sich wieder zu bedecken.«

»Oh Gott«, rief ich aus und erzählte ihnen ein wenig über die Natur meines Vaters. Ich beschrieb seinen Charakter und sagte ihnen, wie überrascht er wäre, wenn er wüsste, was er da getan hatte. Dieses Verhalten stand in so krassem Widerspruch zu dem Leben, das er geführt hatte. Er war immer ein vollkommener Gentleman gewesen.

Sie erklärten mir, dass dieses Verhalten typisch sei für manche Heimbewohner, die in ihrem früheren Leben sexuell sehr zurückhaltend gewesen seien. Eine Patientin legte regelmäßig ihre Kleider ab und spazierte splitternackt durch die Flure. Ein männlicher Patient holte Frauen auf sein Zimmer … was uns zu meinem Vater zurückbrachte. »Was macht er noch?«, wollte ich wissen.

Wieder tauschten sie einen Blick, der soviel besagte wie: »Sollen wir es ihr wirklich sagen?«

»Er hat in eine Tasse uriniert und diese dann einer Heimbewohnerin angeboten!«

»Aha, ein Liebestrank!«, rief ich aus, verzweifelt bemüht, die drückende Stimmung im Raum ein wenig aufzuhellen.

Einige kicherten, die anderen blieben ernst. »Was noch?«

»Er versucht, Frauen in sein Zimmer zu holen.«

»Haben Sie das selbst gesehen?«, fragte ich die Frau, die das gesagt hatte.

»Nein, aber ich habe die Berichte gelesen und eine der Schwestern sagte, sie hätte ihn mit einer Frau in seinem Zimmer angetroffen.«

Ich fand es nett, dass er weibliche Gesellschaft suchte. Allerdings musste man sich in Anbetracht seines eigenen Geisteszustandes sowie jenes der anderen Heimbewohner fragen, ob damit nicht körperliche oder emotionale Schäden verbunden waren. Ein kleines Kind, das seine Eltern beim Liebesspiel überraschte, konnte den Eindruck gewinnen, der Akt sei schmerzhaft. Ich teilte dem Personal meine Gedanken mit. Sie schienen meine Anmerkungen zu billigen.

Ich dachte darüber nach, wie furchtbar das für den Ehemann einer Heimbewohnerin wäre. Was würde wohl in Jo-

nathan, der seine Frau häufig besuchte, vorgehen, wenn er meinen Vater zusammen mit seiner Frau erwischte?

»Ist Kindererziehung genauso schwer?«, fragte ich mich. Ich meine, wir müssen ernst nehmen, was unsere Kinder tun. Wir können ihr Verhalten nicht einfach ignorieren. Wenn Mardig, der mich zu seiner gesetzlichen Vertreterin in Gesundheitsfragen und anderen Belangen (wie beispielsweise finanziellen Angelegenheiten) bestimmt hatte, sich unangemessen verhielt, konnte man dann mich dafür verantwortlich machen?

Das Komitee forderte mich auf, mit der Oberschwester zu sprechen, die mir dringend riet, Mardig von einem Psychiater untersuchen zu lassen. Von einem *Psychiater?* Wie sollte ein Psychiater einem Alzheimer-Patienten helfen können? Auf meine Frage entgegnete sie, dass der Geisteszustand meines Vaters untersucht werden solle, um zu entscheiden, ob ihm möglicherweise Medikamente verabreicht werden mussten. Mein Vater hatte Alzheimer. Was gab es da zu untersuchen? Der Psychiater würde ihm Medikamente verschreiben, um ihn ruhig zu stellen.

Das ist der Anfang vom Ende, ging es mir durch den Kopf.

Mardig war 86 Jahre alt und nahm keine Medikamente. Das war sehr ungewöhnlich für einen Menschen seines Alters. Darum tat ich mich auch so schwer mit dem Gedanken, jetzt damit anzufangen, seinen Körper mit einem Pillencocktail zu vergiften. In ihren letzten Lebensjahren war die Medikamentendosis meiner Mutter auf sieben Tabletten viermal täglich angewachsen. Die chemischen Reaktionen der Herzpillen wirkten sich auf ihren Verstand aus. Sie würden mit einer Tablette anfangen, dann zwei, dann noch mehr, und meinem Vater würde es immer schlechter gehen.

Ich brachte das Thema der medikamentösen Behandlung beim wöchentlichen Treffen der Selbsthilfegruppe in der Seniorentagesstätte zur Sprache. Einige Mitglieder widersprachen mir und behaupteten, Medikamente wären keineswegs der Anfang vom Ende. Ihrer Ansicht nach konnten die Tabletten meinem Vater helfen, gut mit seiner Krankheit zu leben. »Es ist doch sinnlos, ihn sich quälen zu lassen. Außerdem könnte sein aggressives Verhalten eine Gefahr für andere Heimbewohner darstellen, und das könnte ein Grund sein, ihn nicht länger da zu behalten.« Diese letzte Bemerkung jagte mir eine Heidenangst ein. Ich wollte, dass Mardig in der Nähe blieb, damit ich ihn regelmäßig besuchen konnte.

Vielleicht stand uns das Schlimmste noch bevor.

Ich hatte Angst. Wenn wir Mardig nicht medikamentös behandeln ließen, würden die Oberschwester und das Heimpersonal seine Entlassung verlangen. Ich fand zwar, dass sie viel zu überhastet reagierten und nach einer raschen Lösung schrieen für eine Situation, die ganz alltäglich war bei Alzheimer-Patienten. Erst eine Pille, dann noch eine, und bald lief Mardig herum wie ein Zombie! Ich überlegte fieberhaft, was ich tun sollte. *Sie konnten meinen Vater nicht zwingen, Tabletten zu nehmen.*

Ich rief Mardigs Hausarzt an und teilte ihm meine Bedenken bezüglich einer Medikation mit. Er schien meine Sorgen zu verstehen und meinte, dass er bei seinem nächsten Besuch im Heim (er ist jede Woche dort) nach ihm sehen würde. *Er behandelte viele der Heimbewohner. Ich weiß nicht, wie viele genau, aber er war so regelmäßig dort, dass die ehemalige Mitarbeiterin in der Aufnahme ihn mir als medizinischen Leiter vorgestellt hatte.* Er versicherte mit, dass er mit der Heimleitung über den Zustand meines Vaters sprechen würde.

Mir gingen dieselben Gedanken durch den Kopf wie damals, als ich ihn zu Mardigs Hausarzt gemacht hatte. Wenn er die medizinische Leitung im Heim innehatte, befand er sich dann nicht in einem Interessenkonflikt? Würde er nicht eher geneigt sein, die Interessen des Heims zu vertreten als Mardigs? Andererseits, wenn er viele Alzheimer-Patienten behandelte, war er aufgrund seiner regelmäßigen Besuche und seiner Berufserfahrung auf diesem Gebiet mit dem Verlauf dieser Krankheit bestens vertraut. Mir war gesagt worden, dass nicht alle Ärzte willens waren, grundsätzlich oder gar routinemäßig ins Pflegeheim zu kommen, um nach ihren Patienten zu sehen. Ich wälzte dieses Dilemma in meinem Kopf, während ich darauf wartete, von ihm zu hören.

Beim nächsten Treffen der Selbsthilfegruppe brachte ich meine Bedenken zur Sprache. Roberta, die auch als unser Mittelsmann – oder in diesem Frau Mittelsfrau – fungierte, riet mir, den Arzt anzurufen und ihn auf meine Vorbehalte anzusprechen.

Auf diese Empfehlung hin rief ich einige Tage später hin in der Praxis des Hausarztes an. Ich hatte erwartet, dass er sich bei mir melden würde, sobald er Mardig untersucht hatte, nachdem ich solche Besorgnis an den Tag gelegt hatte. Überraschenderweise wiederholte er nur das, was schon die Oberschwester zu mir gesagt hatte: »Lassen Sie Ihren Vater von einem Psychiater untersuchen.« Ich fragte ihn, ob es noch irgendwelche anderen Möglichkeiten gäbe. Er meinte, ich könnte Mardig in ein anderes Heim verlegen lassen, wo er seinen eigenen Pfleger hätte. Als ich wissen wollte, ob es seines Wissens in der näheren Umgebung ein solches Heim gab, verneinte er.

»Sind das meine einzigen beiden Möglichkeiten?«, fragte ich.

»Ja«, lautete seine Antwort.

Ich war misstrauisch. Hatte das Heimpersonal mit ihm gesprochen und ihn gebeten, mir nahe zu legen, meinen Vater psychiatrisch untersuchen und medikamentös therapieren zu lassen? Diesen Weg wollte ich nicht einschlagen.

Ein weiterer Gedanke tauchte auf: Was war mit Mardigs Wünschen hinsichtlich lebenserhaltender Maßnahmen? Ich hatte zu viele Geschichten darüber gehört, was für ein Albtraum es war, wenn ein Angehöriger künstlich am Leben erhalten wurde, nur weil keine Betreuungsverfügung vorlag. So etwas sollte Mardig nicht widerfahren.

Als ich das nächste Mal die Praxis anrief, bat ich darum, mit ihm verbunden zu werden. Ich wollte mit ihm über Mardigs Wünsche sprechen, aber als er an den Apparat kam, war mein Hirn plötzlich wie gelähmt. Und so sagte ich, ich wolle einen Termin vereinbaren, um mit ihm über den Umgang mit Patienten zu sprechen. Sobald ich das gesagt hatte, wusste ich, dass es falsch war. Er musste das mehr oder weniger als Kritik an seiner Art der Patientenbetreuung auffassen. Ich wurde nervös und wusste nicht, wie ich das Gesagte zurücknehmen sollte.

Der Doktor sagte, dass wenn ich mir einen anderen Arzt für Mardig suchen wolle, er nichts dagegen hätte.

Ich war verblüfft. Mir war klar, dass ich ins Fettnäpfchen getreten war, aber ich hätte nicht erwartet, dass er so empfindlich auf mein Anliegen reagieren würde. Ich stammelte, dass ich doch nur mit ihm *reden* wolle.

Er sagte, wir könnten auch am Telefon reden.

Sein Verhalten trug nicht eben dazu bei, meiner Nervosität entgegen zu wirken. Ich sagte, ich würde mich bei einem Gespräch von Angesicht zu Angesicht wohler fühlen.

Er sträubte sich dagegen.

Als ich beharrlich blieb, erklärte er sich schließlich widerstrebend einverstanden mit einem Gespräch bei ihm in der Praxis.

Ich erzählte David von dem Telefonat, und wir überlegten, ob das Problem möglicherweise kulturellen Ursprungs war oder ob es daran lag, dass ich eine Frau war. Wir kamen überein, dass David sich frei nehmen und mich zu diesem

Termin begleiten würde, nur für den Fall, dass dieser Arzt sich damit schwer tat, Bedenken ernst zu nehmen, wenn sie von einer Frau ausgesprochen wurden.

Das Gespräch dauerte 45 Minuten, und wir diskutierten lang und breit über verschiedene Punkte (medikamentöse Therapie, Mardigs Wunsch, in dem Pflegeheim zu bleiben, lebenserhaltende Maßnahmen). Der Arzt erklärte, er würde Mardigs Verhalten beobachten. Er riet uns eindringlich, mit Mardig einen Psychiater aufzusuchen. Wir sagten zu, dies zu tun, falls sich sein anstößiges sexuelles Verhalten fortsetzte. Das schien der Arzt zu akzeptieren. David und ich hatten das Gefühl, fürs Erste mit dem Arzt einig zu sein.

Dilemmata. War ein Problem gelöst, ergab sich auch schon das nächste. Das alles war auf emotionaler Ebene sehr kräftezehrend. Das ständige Grübeln laugte uns aus – die schlaflosen Nächte, das unruhige Herumwälzen, unsere Bemühungen, etwas zu begreifen, wovon wir nicht viel verstanden. Warum musste das nur so sein?

Andere Betreuer gaben mir Kraft, indem sie sich anerkennend darüber äußerten, dass ich mir solche Gedanken um Mardig machte. Sie lobten meinen Einsatz und meine Liebe zum Detail, einige meinten aber auch, dass meine Fragen andere verunsichern konnten. Das ewige Hinterfragen habe ich von Mardig. Wir wollen eben immer alles ganz genau wissen. Er hatte sich auch immer gut auf Gespräche vorbereitet.

So viele von uns gaben sich mit so wenigen Kenntnissen zufrieden. Alles, was mein Vater lernte, versuchte er, so gründlich wie möglich zu lernen. Ich würde es so formulieren: *Wir können entweder einen Kilometer in der Breite und zehn Zentimeter in der Tiefe forschen, oder aber zehn Zentimeter in der Breite und einen Kilometer in der Tiefe*. Ich ziehe Letzteres vor, weil Fragen zu stellen und anschließend aufmerksam zuzuhören eine Disziplin ist, die Zentimeter für Zentimeter angewandt werden kann, in dem Maße, da sich die Kilometer in unserem Leben aneinander reihen.

Glücklicherweise entwickelte sich alles zum Besten. Mardig stellte sein anstößiges Benehmen ein, sodass er weder zum Psychiater noch Medikamente nehmen musste.

Über allem schwebte immer noch die allgegenwärtige Frage: Wann würde ich endlich wieder mein eigenes Leben leben können? Ich fragte mich, wie viel Mühe meine Geschwister sich wohl gemacht hätten, wenn sie die Verantwortung für Mardig übernommen hätten. Andere Betreuer fuhren fort, mich zu ermutigen und mir ehrliche Komplimente zu machen.

»Sie sind eine so verantwortungsbewusste Tochter. Ganz egal, wie sehr Sie gegenwärtig in Ihrem Leben hinterher hinken mögen, später werden Sie froh sein, dass Sie sich um Ihren Vater gekümmert haben.«

»Sie werden Ihren Einsatz nicht bereuen.«

»Ihr Vater kann sich so glücklich schätzen, dass er Sie hat.«

»Ich wünschte, Sie wären meine Tochter. Wenn ich einmal pflegebedürftig werde, wünsche ich mir jemanden wie Sie an meiner Seite.«

IV

ERINNERUNGEN

16

IN EIN PAAR JAHREN WERDEN WIR DARÜBER LACHEN

Immer wenn das Leben uns vor besondere Herausforderungen stellt, trösten wir uns mit dem Satz »In ein paar Jahren werden wir darüber lachen«. Nun, solche Momente gibt es auch bei der Betreuung eines Alzheimer-Patienten immer wieder.

Spieglein, Spieglein an der Wand …

David und ich können uns noch gut an einige komische Zwischenfälle erinnern. In Mardigs Zimmer stand ein Kleiderschrank mit zwei Spiegeltüren. Ein paar Wochen, nachdem er zu uns gezogen war, hörten wir ihn in seinem Zimmer sprechen. Da nur wir drei im Haus waren, schlichen David und ich uns zu Mardigs Zimmertür. Beinahe hätten wir laut aufgelacht, als wir Mardig vor einer der Spiegeltüren stehen sahen, in ein – sehr einseitiges – Gespräch mit seinem Spiegelbild vertieft!

Wir sahen uns an und beobachteten dann schmunzelnd, wie mein Vater ärgerlich wurde, weil er keine Antwort bekam. Schließlich kehrten wir leise ins Wohnzimmer zurück und versuchten zu verstehen, was wir gesehen hatten. Die Szene war etwas völlig Neues für uns; wir wussten nicht, wie wir uns in dieser Sache verhalten sollten.

Dieses Verhalten setzte sich wochenlang fort. Mardig rief uns in sein Zimmer und zeigte uns die Person, die ihn nachäffte. Er äußerte, wie sehr ihm das auf die Nerven ging. Wieder wussten wir nicht, was wir davon halten sollten. »Seht ihn euch an!«, sagte er. »Er macht mich nach, antwortet aber auf keine meiner Fragen. Er sieht blöd aus.« Wenn man bedachte, dass er von sich selbst sprach, von seinem Spiegelbild …

Wir versuchten Verschiedenes. So setzten wir beispielsweise eine Videokamera ein, um ihm zu helfen, den Unterschied zwischen ihm selbst und seiner bildlichen Wiedergabe im Spiegel oder im Fernsehen zu erkennen. Ohne Erfolg. Ich berührte ihn und fragte ihn, was er fühlte. Er beschrieb die Berührung. Wenn ich ihn aber, während ich ihn berührte, aufforderte, in den Spiegel zu sehen, konnte er den Zusammenhang nicht erkennen. Er begriff den Unterschied zwischen Davids und meinem Bild im Fernsehen oder im Spiegel, konnte aber den Bezug zu seinem eigenen reflektierten Bild nicht herstellen. Der Mann im Spiegel oder im Fernsehen war für ihn jemand anders.

Mardig ging sogar so weit, vorzuschlagen, wir sollten die Sendeleitung davon unterrichten, dass es im Fernsehen jemanden gab, der genauso aussah wie er selbst. »Heh, du oder David ihr müsst einen Brief schreiben an … den Sender … an den Boss dieses Senders … Was ist das für ein Sender? Da ist ein Kerl, der genauso aussieht wie ich. Sie müssen das verfolgen.«

Alle Versuche, ihm mit der Kamera seinen Irrtum aufzuzeigen, scheiterten. Manchmal dachte ich mir: »Das wäre das Richtige für *America's Funniest Home Videos*.« Und der Arme wusste gar nicht, wie ihm geschah. Konnte dieses Video einer Alzheimer-Forschungsorganisation möglicherweise helfen, die Denkweise von Alzheimer-Patienten zu verstehen?

Mehrere Wochen vergingen, bis David den genialen Einfall hatte, die Schranktüren mit der Spiegelseite nach innen zu montieren. Er brachte Mardig sogar dazu, ihm am Wochenende bei dieser Aktion zu helfen. Das Ergebnis war zwar nicht besonders hübsch, gab aber meinem Vater seinen Seelenfrieden wieder.

David verliert den Verstand

Während ich geschäftlich in Dallas war, schickte David mir zwei E-Mails.

> Brenda,
> ich glaube, ich verliere den Verstand. Ich hätte schwören können, ich hätte die Steuerunterlagen deines Vaters hier. Oder sind sie im Büroschrank oben auf der Kiste? Entschuldige, dass ich dich damit belästige, aber ich schwöre, dass dein Vater nachts regelmäßig in unser Schlafzimmer kommt, und langsam glaube ich, dass er hin und wieder Unterlagen mitgehen lässt.
>
> Letzte Nacht ist er um 3.30 Uhr aufgestanden und hat sich rasiert. Anschließend ist er eine Weile im Haus umher gewandert und hat sich dann wieder hingelegt. Ich musste wach bleiben, um darauf zu achten, dass er nicht irgendeinen Gashahn aufdreht. Letztens hat er das Gasventil des Kamins aufgedreht. Gott sei Dank habe ich es sofort gemerkt.
>
> Aber die vergangene Nacht war unheimlich. Ich war im Halbschlaf, aber ich WEISS, dass etwas zu mir ins Bett gestiegen ist. Es schien die Größe einer Katze zu haben, aber gleichzeitig war es, als würde jemand oder etwas mich abtasten, um sich ein Bild von meiner Körperform zu machen. Ich kann mich noch gut erinnern,

dass ich dabei gedacht habe: »Das ist mir schon viele Male passiert.« Ich hatte kein bisschen Angst. Was immer auf mir war oder mich abtastete, besaß die Fähigkeit, mich bewegungsunfähig zu machen – ich konnte mich nicht rühren, obwohl ich inzwischen wach war. Ich habe mit aller Macht versucht, mich von dem, was auf mir war, zu befreien. Es war wie ein Wettstreit der Willenskraft.

Ich habe gewonnen! Allerdings riss ich mich mit solcher Kraft los, dass alles auf dem Bett quer durch das ganze Zimmer flog.

Danach war ich so überzeugt davon, dass etwas oder jemand neben dem stummen Diener hockte, dass ich die Taschenlampe aus der Nachttischschublade nahm, um nachzusehen. Natürlich war da nichts. Aber ich weiß, dass etwas auf dem Bett war. Ich würde mein Leben darauf verwetten. Langsam frage ich mich, ob dein Vater nicht Dinge an einen anderen Ort bringt, ohne dass ich es merke (und ohne dass er selbst es weiß).

Ich wollte dir nur von diesem Erlebnis erzählen, weil es mich den ganzen Tag verfolgt hat und vermutlich den Rest der Woche nicht mehr loslassen wird. Und ich kann die Steuerunterlagen nicht finden. Langsam fange ich an zu glauben, ich habe Alzheimer. Manchmal fühle ich mich, also ob ich Alzheimer hätte.

David bricht sich die Zehen

Drei Tage später schickte David mir die folgende E-Mail. Sally half, Mardig zu versorgen, und hatte David und Mardig zum Abendessen eingeladen.

Liebe Brenda,
das Essen bei Sally war nett. Abgesehen davon, dass Mardig beim Essen unleidlich war. Nach dem Abendessen sagte er, er wolle noch etwas essen, weigerte sich aber, mir zu sagen, was er gerne hätte. Er sagte, das müsste ich erraten. Es war kein Zahnstocher, sondern Brot. Er meinte, er bräuchte Brot zu seiner Limonade. Er liebt *Wonder Bread*. Verblüffend!

Als wir wieder zu Hause waren, wollte er gleich zu Bett gehen. Während ich deinem Vater half, sich bettfertig zu machen, hörte ich ein Geräusch im Wohnzimmer. Ich wusste, dass die Katzen gerade fertig gefressen hatten, und vermutete, dass sie das Geräusch verursachten. Dann lief ich rüber ins Wohnzimmer, weil ich wusste, dass Sev versuchen würde, auf den Vorhang zu pinkeln. Dabei vergaß ich den Betonsockel des Kamins, stieß dagegen und hörte ein lautes Knacken in meinem Fuß. Die beiden mittleren Zehen sind jetzt geschwollen und schmerzen beim Gehen.

Lass mich zusammenfassen: Ich lebe in einem Haus mit drei Katzen, die alles anpinkeln, wenn kein Mensch in der Nähe ist, und mit einem 86jährigen, der sich im Haus verläuft, nicht mehr gut sieht, Probleme mit dem Denken hat und stocktaub ist. Und jetzt bin ich selbst behindert und muss trotzdem irgendwie (rund um die Uhr) alle »Tiere« im Haus im Auge behalten. Dann muss ich 83 Meilen weit zur Arbeit fahren und mir nach meiner Rückkehr am Abend 30 Mal dieselben 20 Fragen anhören.

Gott, das Leben ist wunderbar, und ich fühle mich GROSSARTIG! Ach was, ich mache nur Spaß. Ich komme ganz gut zurecht.

Alles Liebe
David

Am nächsten Tag ging David zum Arzt und ließ seinen Fuß röntgen. Das Knacken, das er gehört hatte, waren tatsächlich brechende Knochen gewesen. Er bekam einen Spezialschuh verschrieben. Es dauerte etwa sechs Wochen, bis die Brüche verheilt waren.

Paul brennt das Haus nieder

Bei einem Treffen der Selbsthilfegruppe erzählte Paul uns folgende persönliche Anekdote:

»Meine Frau isst gerne Schinken und Bohnen. Darum bereite ich oft ihr Leibgericht zu, wenn ich sie im Heim besuche.

Das letzte Mal ging ich in der Zwischenzeit in einem Lokal frühstücken. Beim Essen hörte ich Sirenen und sah Spritzenwagen vorbeirasen. Ich dachte noch: ›Wessen Haus mag da brennen?‹

Ich frühstückte in aller Ruhe zu Ende und fuhr dann nach Hause, um Schinken und Bohnen für meine Frau zu holen.

Als ich in meine Straße einbog, sah ich die Einsatzwagen. Ich fuhr weiter bis zu meinem Haus, und erst im letzten Moment realisierte ich, dass der Einsatz bei mir stattfand. Was war wohl passiert?

Mein Nachbar kam herüber und setzte mich ins Bild. Er hatte meinen Feuermelder gehört und die Feuerwehr gerufen. Die hatte sich durch die Hintertür Zutritt verschafft. Der Herd war noch eingeschaltet, und Schinken und Bohnen waren verkohlt.

Ich Idiot hatte den Ofen angelassen, als ich frühstücken gegangen war!

Ich bin in das geschlossene Garagentor gefahren

Ganz gleich, wie alt wir sind, wir alle erleben Augenblicke, in denen wir geistig abwesend sind und nicht auf das achten, was wir gerade tun. Ich bin erst Ende 30, und doch war ich bei drei Gelegenheiten in Gedanken so sehr mit den Angelegenheiten meines Vaters beschäftigt, dass ich aus der Garage fuhr, *bevor* ich das Garagentor geöffnet hatte! Der Schaden lässt sich wie folgt zusammenfassen: zwei Antennen zu je 120 Dollar, zwei beschädigte Garagentore à 850 Dollar (wir tauschten das Tor nur einmal aus) und eine Beule in der bis dahin einwandfreien Karosserie meines Miata (750 Dollar).

Die Tyrannin aus meiner Kindheit kehrt zurück

Manchmal denke ich an verschiedene Personen aus meiner Kindheit. Sie fallen mir ab und zu ein, und ich frage mich, was aus ihnen geworden sein mag.

Als ich in der fünften Klasse war, wurde ich von der Klassentyrannin auf dem Schulhof terrorisiert. Ich versuchte, sie zu ignorieren, aber sie schlug mich. Ging ich weg, kam sie mir mit ihrer Mädchenclique hinterher. Das geschah immer wieder. Irgendwann konnte ich es nicht mehr ertragen. Als sie mich wieder schlug, fing ich an zu weinen. Ich hatte Angst und schämte mich.

In Abständen hatte ich mich immer wieder mal gefragt, was wohl aus ihr geworden war. War sie eine erfolgreiche Karrierefrau? War sie von der Schule abgegangen? Hatte sie Kinder? Wo wohnte sie?

Bevor der Nachlassverkauf begann, wollte ich alles auf Video festhalten. Die Assistentin der Verkaufsleiterin erklärte sich bereit, mich zu filmen, während ich umherging und die einzelnen Gegenstände beschrieb. Wir begannen draußen auf dem Bürgersteig. Eine Weitwinkelaufnahme des Hauses mit mir im Vordergrund. Als ich gerade angefangen hatte, etwas über das Haus und den gegenüberliegenden Park zu erzählen, fuhr ein Auto vor. Sekunden später ging die Beifahrertür auf, und ein kleiner schwarzer Hund sprang heraus. Eine Frau stieg aus und jagte rufend dem Hund nach. Wir unterbrachen die Aufnahme. Die Frau fing den Hund ein, schimpfte mit ihm und trug ihn zurück zum Wagen. Dann kam sie zurück und sah mich an.

Ich erkannte das Mädchen, das mich in meiner Kindheit so gepeinigt hatte, sofort wieder. »Nein, das kann doch nicht sein!«, sagte ich mir.

»Ich war mit Ihrer Schwester auf der Schule … oder auch mit Ihnen! Wie heißen Sie?«, fragte sie.

Ich schauderte. Der Quälgeist war zurück! »Brenda«, erwiderte ich sofort. Es war 27 Jahre her, und ich antwortete immer noch wie aus der Pistole geschossen.

Noch bevor ich wusste, wie ich meine Frage formulieren sollte, schoss sie ihre nächste ab: »Wie alt sind Sie?«

»Siebenunddreißig.«

»Dann war ich mit dir auf der Schule!«

Uh-uh, war das möglich? Nein, niemals! Ich versuchte, Ruhe zu bewahren und meinen Instinkt zu ignorieren. Möglichst beiläufig antwortete ich: »Ach ja … und wie heißt du?

Sie nannte ihren Namen. Sie war es! Ich konnte es nicht glauben. Das konnte doch nicht das Mädchen sein, das mich in der Hayes Grundschule verprügelt – und zum Weinen gebracht hatte.

Wieder versuchte ich, meine Gefühle unter Kontrolle zu halten. Ich wiederholte ihren Namen, schwieg einen Moment und sagte ihn dann noch einmal. Als hätte ich sie nicht sofort erkannt. »Bist du die, die mich auf der Hayes immer verprügelt hat?«

»Ja, das war ich«, entgegnete sie verlegen.

»Wow!« Was sollte ich sonst sagen?

Sie erklärte mir, sie habe ein sehr schlechtes Zuhause gehabt, und andere zu verprügeln sei ihr Ausgleich gewesen für das, was sie einstecken musste. *Ja, vor allem,* mich *zu verprügeln.* Sie versicherte mir, dass sie sich geändert habe. Das wollte ich auch sehr hoffen! Immerhin hatte sie inzwischen selbst Kinder.

»Wow!«, sagte ich noch einmal. Mir fiel einfach nichts anderes ein. *Nach all den Jahren stand ich jetzt beim Verkauf meines Elternhauses der Tyrannin meiner Kindheitstage gegenüber.*

Ich war nett zu ihr, als sie durch das Haus ging. Allerdings stellte ich sie bei ihrem Rundgang sogar ein paar anderen Leuten als das Mädchen vor, das mich in der Grundschule immer verprügelt hatte. Verlegen versuchte sie, mich zum Schweigen zu bringen, indem sie die Stirn runzelte, den Kopf schüttelte und einen Finger auf die Lippen legte. *Mit neugewonnenem Selbstvertrauen, das ich aus ihrem sichtlichen Unbehagen schöpfte, fuhr ich fort, die Wahrheit herumzuerzählen.*

Ironischerweise war ich froh und dankbar, dass sie gekommen war. Dadurch hatte ich ein altes Kapitel meines Lebens endgültig abschließen können. Viele Jahre Therapie blieben mir erspart dank dieser Minuten bei der Haushaltsauflösung meines Vaters.

Unser Treffen hatte noch ein unerwartetes Ende. Sie begab sich mit den Gegenständen, die sie kaufen wollte, zur Verkaufsleiterin, der ich sie ebenfalls als jemand vorstellte, mit dem ich auf der Schule war. Mehr sagte ich nicht. Die Verkaufsleiterin besah sich die Gegenstände, die sie ausgewählt hatte, und addierte die Preise. Nachdem meine »alte Freundin« gegangen war, fragten die Leute, denen ich zuvor die Wahrheit über sie erzählt hatte, ob ich versucht habe, sie zu betrügen oder sie aus dem Haus zu werfen. Die Verkaufsleiterin machte ein verständnisloses Gesicht. Man klärte sie auf, dass diese Kundin mich früher verprügelt habe. Die Verkaufsleiterin sah mich an und sagte: »Ich wusste nicht, dass sie sie geschlagen hat! Nachdem Sie sagten, sie wäre mit Ihnen auf der Schule gewesen, habe ich ihr einen Rabatt eingeräumt!«

In fünf Metern Abstand folgen

Eines Tages fragte bei einem Treffen der Selbsthilfegruppe eine Teilnehmerin, ob es normal sei, dass ihre Mutter ihr immer im Abstand von ein paar Schritten folgte, anstatt neben ihr her zu gehen. Ich lächelte, da ich dieselbe Frage hatte stellen wollen.

In Taiwan war mir aufgefallen, dass innerhalb von Familien offenbar jeder seinen »Platz« hatte. Der älteste Mann ging vor Frau und Kindern, die ihm im Abstand von ein paar Schritten folgten. In Taipeh, der Hauptstadt von Taiwan, fiel mir das vor allem bei älteren Männern auf. Es wirkte auf mich ungewohnt verglichen mit unserer westlichen Kultur. Der gute Ton verlangt bei uns, dass ein Gentleman neben der Dame geht, ihr Türen öffnet und den Vortritt lässt.

Mardig war ein Gentleman. Wenn wir in Milwaukee zusammen unterwegs gewesen waren, hatte er mir immer die Tür aufgehalten und mir den Vortritt gelassen. Aber ein paar Monate nachdem er zu uns nach Kalifornien gezogen war, fiel uns auf, dass wenn David und ich mit ihm spazieren gingen, er immer ein paar Schritte hinter uns ging. Oder wenn ich mit ihm einkaufen ging, sagte er: »Geh nur vor, ich komme nach.« Wenn ich langsamer wurde, verlangsamte auch er das Tempo. Fast schien es, als bestünde zwischen uns eine unsichtbare Barriere, die uns auseinander hielt.

Wir fanden das sonderbar. Manchmal kam es uns vor, als würde ein kleines Hündchen hinter uns her trotten. Dann wieder hatten wir das Gefühl, er sei beleidigt und wolle sich von uns distanzieren.

Bei diesem Treffen der Selbsthilfegruppe kamen wir noch auf eine andere Erklärung. Vielleicht blieben Menschen, die an Alzheimer-Demenz litten, lieber etwas zurück, weil sie sich sicherer fühlten, wenn sie ihre Betreuer sehen konnten.

Trotzdem warf dieses Verhalten immer wieder Probleme auf, da Mardig sich immer wieder ablenken ließ und plötzlich in eine andere Richtung lief, sodass wir ihn suchen mussten.

Der Gesetzesverstoß

An einem besonders windigen Tag fuhren Lew, Mardig und ich zu den kalifornischen Mohnfeldern im Antelope Valley. Wir machten zahlreiche Photos und filmten meinen Vater bei einem »Verbrechen«.

Der orangerote Klatschmohn ist die Nationalblume Kaliforniens. Soweit ich weiß, ist das Pflücken von Klatschmohn in Kalifornien verboten. Mein Vater wusste hiervon nichts. Er bückte sich, sah die hübsche Blume und hatte sie auch schon gepflückt! Er trug seinen Fund stolz am Revers. Glücklicherweise wurden wir nicht erwischt.

Es gibt keine Abschiede – nur Begrüßungen

Abschiede sind schwierig. Wenn jemand einem viel bedeutet, wünschte man, es gäbe keine Abschiede. Liebespaaren fällt es schwer, ein Telefonat zu beenden: »Nein, du sagst es!«

»Nein, du, und dann legen wir auf.«

»Ich will nicht auflegen.«

»Okay, dann sagen wir nicht auf Wiedersehen.«

Es geht fünf, zehn oder auch fünfzehn Mal hin und her, weil Liebende nun einmal nicht Abschied nehmen wollen.

Ganz ähnlich geht es einem, wenn ein Angehöriger an Alzheimer leidet. David und ich lernten, dass es keine Abschiede gab, nur Begrüßungen.

Jedes Mal, wenn wir Mardig besuchten, begrüßten wir ihn mit einem herzlichen »Hallo!«

Er runzelte die Stirn, musterte uns und schenkte uns dann ein breites Lächeln. »Oh, bin ich froh, euch zu sehen!«, rief er meistens aus.

Wenn wir dann ein oder zwei Stunden bei ihm waren und aufbrechen wollten, ging er einfach weg. Manchmal sagte er auch: »Ihr könnt gerne hier bleiben, fühlt euch wie zu Hause. Ich muss …« Und dann verschwand er einfach oder setzte sich hin und machte die Augen zu. Was immer er auch tat, wir beobachteten ihn noch eine Weile. Wenn wir dann sahen, dass er sich in seine Phantasiewelt zurückgezogen und uns vergessen hatte, gingen wir. Anfangs kam es uns grausam vor, einfach so wegzugehen. Aber er vergaß uns tatsächlich. Wenn wir »auf Wiedersehen« sagten, war das für ihn schmerzlicher.

»Wann sehen wir uns wieder?«, fragte er dann. Oder »Wohin gehst du?« oder auch »Ich gehe mit dir.«

Wir lernten, dass wenn wir einfach gingen, es keinen Grund gab, auf Wiedersehen zu sagen.

Das machte uns nachdenklich. Uns war bewusst geworden, dass er eines Tages nicht mehr da sein würde. Und so erlebten wir jeden Besuch sehr bewusst, weil wir wussten, dass es unser letzter sein konnte.

17

ZEIT MIT ANDEREN

Manchmal denke ich zurück an die ersten Tage, die Mardig bei uns verbrachte. Das war im Herbst 1996, eine Jahreszeit voller gesellschaftlicher Ereignisse. Es machte mir Freude, Mardig lächelnd und lachend mit meinen Freunden und Geschäftspartnern zu sehen.

Er duschte alle zwei Tage und war immer ordentlich angezogen. Wir brachten seine Kleider sogar in die Reinigung. Er beklagte sich über die Knitterfalten in seinen Hosen. Er sah gepflegt aus, war höflich, und alle unterhielten sich gerne mit ihm, da er ein vollendeter Gentleman war.

Mardig nimmt an unseren Geschäftsbesprechungen teil

Da Mardig umherwanderte, mussten wir ihn im Auge behalten. David und ich blieben abwechselnd zu Hause, um Mardig zu beaufsichtigen, aber wir merkten bald, dass das unser berufliches Vorwärtskommen hemmte. Bei manchen Besprechungen mussten wir beide anwesend sein, und so nahmen wir Mardig an einem Abend einfach mit. Anfangs fühlten wir uns nicht ganz wohl dabei. Ich meine, wer bringt schon seinen Vater zu einer geschäftlichen Besprechung mit, erst recht, wenn dieser an Alzheimer leidet und gelegentlich etwas Peinliches sagt oder tut?

Aber unsere Bedenken waren unbegründet. Mardig erwies sich als eine Freude für unsere Geschäftspartner. Er sorgte für genügend Ablenkung, was unsere ansonsten immer sehr angespannten Sitzungen angenehm auflockerte. Unsere Geschäftspartner waren ehrlich von ihm angetan und sagten, wir sollten Mardig unbedingt auch bei zukünftigen Besprechungen wieder mitbringen.

Meine Bedenken, dass es sich nur um Höflichkeitsfloskeln seitens unserer Geschäftspartner handeln könnte, verflüchtigten sich mit der Zeit. Das folgende Beispiel illustriert, wie viel Aufmerksamkeit man Mardig schenkte.

Eine unserer Geschäftspartnerinnen, eine zierliche junge Dame mit langem schwarzen Haar, fand ihn auf Anhieb sympathisch. Sie lachte über seine Witze und massierte ihm Rücken und Schultern. Vor einem unserer Meetings forderte sie Mardig auf, mit ihr zu der Schaukel im Garten zu gehen. Als ich ihnen dabei zusah, wie sie lächelnd und kichernd wie Kinder draußen schaukelten, wusste ich, dass ich unbedingt eine Videokamera kaufen musste.

Seitdem habe ich viele besondere Momente mit meinem Vater auf Film festgehalten. Es sind so kostbare Erinnerungen.

Besonders gute Freunde helfen bei Mardigs Betreuung

Weniger als einen Monat nach Mardigs Umzug nach Kalifornien musste ich auf Geschäftsreise. Nachdem wir seine Unterbringung in der Seniorentagesstätte arrangiert hatten, mussten wir nur noch organisieren, dass er auch früh morgens und abends betreut wurde. Mardig hielt sich sechs Stunden täglich in der Tagesstätte auf. David war 13 Stunden weg – vier Stunden Fahrt plus 9 Arbeitsstunden. Was sollte in den verbleibenden sieben Stunden mit Mardig geschehen?

Viel Planung, Einfallsreichtum sowie der nicht zu unterschätzende Charme meines Vaters halfen uns, seine Betreuung durch zwei besonders enge Freundinnen sicherzustellen. Jan sollte Mardig morgens versorgen und Sally am Abend. Wir mussten jedoch sicher sein, dass sie mit Mardig zurecht kamen.

Sally betreute bereits ihren eigenen Vater, sodass sie wahrscheinlich mit Mardig keine Probleme haben würde. Außerdem konnte im Notfall ihr Mann Ken helfen. Hinzu kam, dass ihr Grundstück von einem hohen Zaun umgeben war mit einem abschließbaren schmiedeeisernen Tor. Falls er unbemerkt das Haus verließ, würde Mardig nicht weit kommen.

Bei Jan standen die Dinge schon anders. Sie würde ganz auf sich allein gestellt sein mit Mardig, wenn ihr Mann um 6.15 Uhr zur Arbeit fuhr. Sie wohnte in einem Haus auf einem 1 000-Quadratmeter-Grundstück in einer ländlichen Gegend, das man über eine vielbefahrene Straße erreichte. Wir beschlossen, mit Jan einen Feldversuch zu starten, bevor ich abreiste.

Um 4.30 Uhr fuhr David Mardig zu Daves und Jans Haus, wo er drei Stunden bleiben sollte, bis Jan ihn zur Tagesstätte brachte. Es funktionierte alles bestens. Jan erzählte uns später, sie hätten den frühen Morgen damit verbracht, Zeitung zu lesen, Saft zu trinken und sich zum Frühstück einen Muffin zu teilen. Er hatte mehrmals nach einer Karte gefragt, weil er wissen wollte, wo er war.

Die Erkenntnis, dass mein Vater nicht wusste, wo er war, stimmte mich traurig. In der Hochwüste sah alles so anders aus – ein großes Tal, umgeben von Bergen, die trotzdem noch einen Rundumblick auf den Horizont ermöglichen. Ein Tal bewachsen mit Yucca-Palmen, von denen viele inzwischen neuen Siedlungen weichen mussten. An diesem unbekannten und fremdartigen Ort vermittelten liebe fürsorgliche Menschen meinem Vater ein Gefühl von Geborgenheit. Doch ihm war nicht bewusst, dass er den alten Traum meiner Eltern, nach Kalifornien zu ziehen, doch noch wahr gemacht hatte.

Unser Plan funktionierte. So sollte es ablaufen, während ich weg war. Es war ein Glück, dass Jan und Mardig sich gegenseitig ehrlich mochten und respektierten. Er genoss ihre Gesellschaft und fing an, sie die »barfüßige Lady« zu nennen. Jan lief für ihr Leben gern barfuß und trug zu Hause nur selten Schuhe oder Strümpfe. Mardig fiel es schwer, sich Namen zu merken. (Eine Schwäche, die ich von ihm geerbt habe.) Immer, wenn wir von Jan sprachen, nannten wir sie nur die »barfüßige Lady«. Diesen Spitznamen konnte er sich leicht einprägen, und er konnte sie auch beschreiben und sagen, auf welcher Seite der Stadt sie lebte.

Jan ihrerseits genoss Mardigs Gesellschaft, weil er angenehm war und sie an ihren Vater erinnerte. Eines Tages fuhren David und ich Mardig zu einem Besuch zu Dave und Jan. Es war ein frischer Herbstnachmittag, und David, Dave und mein Vater gingen nach draußen in den Garten, um sich Daves Fortschritte bei der Restaurierung seiner Sammlung alter Corvettes anzusehen. Jan und ich standen in der Küche, wo es um einiges wärmer war, und schauten aus dem Fenster. Plötzlich legte Jan mir eine Hand auf den Unterarm. »Sieh ihn dir an!«, rief sie ganz aufgeregt und zeigte auf Mardig. »Er sieht meinem Vater so ähnlich!«

Sogar eine neuere Nachbarin von Jan, eine ehemalige Geschäftspartnerin und gute Freundin, erkannte die ganz besondere Beziehung zwischen Jan und Mardig. Als ich noch in Mississippi war, schickte sie mir folgende E-Mail:

Hallo!
Klingt ja, als würdest du dich richtig gut amüsieren …

Wir haben für Freitag eine große Show geplant … Wenn du zurück bist, müssen wir unbedingt ein paar Ideen miteinander besprechen …

Ich habe heute morgen Jan mit deinem Vater gesehen. Sie hat ihm den Briefkasten gezeigt. Sie muss eine großartige Frau sein. Ich hoffe, ich lerne sie noch besser kennen.

Gute Reise in den Süden. Das ist mein altes Revier, und ich vermisse es sehr.

Wir sehen uns.

Manchmal hat man Glück, und die Dinge finden sich wie von selbst (Mardig erinnerte Jan an ihren Vater, und ich brauchte jemanden, der Mardig in meiner Abwesenheit betreute.)

Jeden Abend holte Sally Mardig von der Tagesstätte ab. Zwei oder drei Tage die Woche ging auch Sallys Vater in die Tagesstätte, sodass es für sie keine zusätzliche Mühe darstellte, beide abzuholen. Aber alle zwei Tage, wenn ihr Vater daheim blieb, musste sie extra hinfahren, um Mardig zu holen. Bei ihr zuhause las er dann, sah fern oder studierte Karten, bis zwei oder drei Stunden später David kam. Manchmal, wenn David sich verspätete (der Verkehr in und um Los Angeles ist unberechenbar) aß Mardig mit Sally und ihrer Familie zu Abend.

Wow! Ist wahre Freundschaft nicht unbezahlbar?

Mardig fährt nach Las Vegas

Wir beschlossen, über Thanksgiving mit Mardig nach Las Vegas zu fahren. Davids Eltern leben dort, und auch sein

Bruder Bruce wollte über die Feiertage kommen. Wir würden uns dort treffen, das Thanksgiving-Dinner genießen und anschließend das eine oder andere Kasino besuchen. Natürlich wussten wir nicht, wie Mardig sich benehmen würde, aber wir packten auch für ihn Sachen zum Übernachten ein und fuhren schon sehr früh am Thanksgiving-Morgen los. Ich saß mit der Videokamera im Fond, und Mardig saß vorn bei David.

Die vierstündige Fahrt nach Las Vegas verlief ereignislos.

David und Mardig unterhielten sich. Ich schlief zwischendurch und filmte, als wir in die Stadt einfuhren. Mardig zeigte sich überrascht davon, dass wir tatsächlich in Las Vegas waren. Obwohl er wusste, in welcher Stadt er sich befand, realisierte er nicht, dass wir aus Kalifornien kamen. Er dachte wahrscheinlich, wir seien mit dem Wagen aus Milwaukee angereist.

In der Nähe von Davids Elternhaus machten wir an einem Supermarkt halt, um ein paar Sachen einzukaufen. Dann fuhren wir weiter. Ich stellte mich mit der Videokamera auf, in der Hoffnung, den Augenblick festzuhalten, da die Tür sich öffnete und Davids Eltern meinen Vater sahen. Ich bezweifelte, dass Mardig wusste, wen wir besuchten. Davids Mutter begrüßte meinen Vater mit einem breiten Lächeln und einer etwas ungelenken Umarmung. Keiner von uns wusste, wie sich der Besuch entwickeln würde, aber es dauerte nicht lange, und wir alle fühlten uns wie zu Hause und genossen die Gesellschaft der anderen.

Mardig las, sah zusammen mit Bruce etwas fern und ließ sich das köstliche Thanksgiving-Mahl schmecken, bei dem viel erzählt und gelacht wurde. Bruce schnappte sich die Kamera und machte zahlreiche Nahaufnahmen, ohne dass irgend jemand etwas davon merkte. Wir lachten viel, als wir uns später den Film ansahen.

Mardig verbrachte die Nacht im Gästezimmer und wir auf dem Wohnzimmerfußboden. Da Mardig in dem Haus fremd war, mussten wir wachsam sein. Wir schliefen nicht besonders gut. Mein Vater wachte mitten in der Nacht auf und wusste nicht, wo er war. Er wollte auf die Toilette und konnte sich nicht erinnern, wo diese sich befand. David half ihm. Nach einigem guten Zureden von Davids Seite legte Mardig sich wieder ins Bett. *Oh welche Opfer »Eltern« abverlangt werden.*

Wir verbrachten einen Teil des folgenden Nachmittags im *Caesar's Palace*. Davids Vater zeigte Mardig, wie man die »einarmigen Banditen« bediente. Mein Vater schien sich inmitten des Trubels und der blinkenden Lichter zu amüsieren. Er gewann sogar ein paar Vierteldollar! Dann sahen wir uns einen 3-D-Film über Wale an. Die Vorführung gefiel ihm, obwohl er leicht seekrank wurde. Anschließend gingen wir in einen Pub und bestellten *Fish and chips*. Zum krönenden Abschluss besuchten wir noch einen Süßwarenladen. Das machte Mardig den meisten Spaß!

Es war schon später Nachmittag, und vor uns lagen noch vier Stunden Fahrt. Wir umarmten Davids Eltern, verabschiedeten uns und machten uns auf den Weg. Mardig schien es gut zu gehen. Nach Einbruch der Dunkelheit machten wir an einer Tankstelle Halt, und ich suchte die Toilette auf. Diese Fahrtunterbrechung an der Tankstelle verwirrte Mardig. Er wollte umkehren und beharrte darauf, dass wir in die falsche Richtung fuhren. Er war so überzeugend, dass wir schließlich an der Tankstelle nachfragten, ob wir vielleicht doch falsch abgebogen waren. Mardig wollte umkehren … nach Milwaukee. Wir versuchten nach Kräften, ihn davon abzubringen. Letztlich kooperierte er, obwohl er immer noch nicht überzeugt war.

David und ich hofften, dass, wenn wir zu Hause waren, er wieder zur Ruhe kommen würde, sobald er seine Sachen und die vertraute Umgebung sah. Aber dieses Glück sollte uns nicht beschieden sein. Mardig glaubte, wir wollten ihn hereinlegen, indem wir sein Zimmer mit seinen Sachen *an einem anderen Ort* reproduziert hatten! Er blieb dabei, dass er nach Hause gehen müsse, dass er erwartet würde und er, wenn wir denn darauf bestanden, später hierher zurückkommen würde. Wir brauchten zwei Stunden, um ihn dazu zu bringen, seinen Pyjama anzuziehen und ins Bett zu gehen. Er verstand immer noch nicht, war aber zu müde, um noch weiter zu widersprechen.

Am nächsten Morgen war alles wieder in Ordnung, und er war bester Laune.

Mardig fliegt nach Catalina Island

Mein Vater lebte seit anderthalb Monaten in dem Pflegeheim, als sich ihm die Gelegenheit zu einem Besuch auf Catalina Island bot. Er hatte so viele Reiseträume. Wir wollten, dass er diese Gelegenheit wahrnahm, bevor seine fortschreitende Krankheit Reisen unmöglich machte. Wie sich später herausstellte, sollte das seine letzte Reise sein.

Im März 1997 plante unser guter Freund Lew eine Urlaubsreise nach Catalina Island. Lew, immer noch ein herausragender Photograph, wollte auf der Insel photographieren.

Er hatte ein sehr gutes Verhältnis zu meinem Vater. Mardig konnte nicht erklären, warum er sich Lew so verbunden fühlte, wo er ihn doch erst wenige Monate zuvor kennen gelernt hatte. So kamen wir auf die Idee, dass der Ausflug nach Catalina Island eine gute Gelegenheit für die *zwei Kumpels* wäre, gemeinsam ein lustiges Abenteuer zu erleben.

David und ich waren im Vorjahr selbst nach Catalina geflogen und waren sicher, dass es Mardig gefallen würde. Wir sprachen Lew darauf an. Lew war selbst schon sechzig, was man ihm jedoch dank seiner jugendlichen Energie nicht ansah. Bevor er antworten konnte, machten wir ihm noch ein reizvolles Angebot. Die Überfahrt mit der Fähre dauerte eine Stunde. Ich bot an, die Kosten für den 15minütigen Hubschrauberflug auf die Insel zu übernehmen, wenn er Mardig mitnahm.

Lew war einverstanden.

Jetzt brauchten wir nur noch die logistischen Fragen zu klären. Wir baten das Heimpersonal, Mardig bis 5.00 Uhr aufbruchbereit zu machen. Dann setzten wir ein Schreiben auf, in dem wir Lew das vorübergehende »Sorgerecht« für meinen Vater übertrugen und ihm somit Entscheidungsvollmacht erteilten. Zusätzlich bekam Lew Mardigs Ausweis. David gab Lew noch ein Handy mit sowie unsere Videokamera.

Wir kamen überein, uns mit Lew um 4.30 Uhr am Heim zu treffen. Mardig war schon fertig und startbereit. Wir trugen ihn am Empfang aus, und er begleitete uns nach draußen, wo uns der Sonnenaufgang mit warmen Orange-, Rosa- und Brauntönen erwartete. Lew schoss ein paar Bilder, darunter auch einige mit dem farbenfrohen Himmel im Hintergrund. David und ich wünschten beiden eine gute Reise und umarmten sie zum Abschied. Dann blickten wir Lews davonfahrendem Wagen nach. Es kam uns vor, als hätten wir unser Kind in den Bus zum Ferienlager gesetzt. Wir wussten nicht, ob alles gut gehen würde, und waren dementsprechend ein wenig nervös, aber wir hofften das Beste. Sie würden zum Hafen von Long Beach fahren und dort in den Hubschrauber umsteigen – für Mardig war es der erste Helikopterflug seines Lebens.

Nach der Reise schrieb Lew einen detaillierten Bericht und ließ gleich zwei Abzüge machen von sämtlichen Photos, die meinen Vater im Kasino, im *Wrigley Museum*, mit diversen Blumen im Hintergrund sowie auf der Glasbodenboot-Tour zeigten. Zusätzlich brachte er uns ein Fotoalbum und Briefpapier mit Muscheln und anderen Meeresmotiven mit. Das war wirklich ein außergewöhnliches Geschenk und eine wunderschöne Erinnerung an die Reise meines Vaters nach Catalina Island.

18

WAS IST DER SINN DES LEBENS?

Ich denke, dieses Buch wäre unvollständig ohne einige Gedanken zu einer ganz bestimmten Frage. Eines Nachmittags im Aufenthaltsraum des Heims, als Mardig in seinem Sessel an meiner Seite schlief, verfolgte ich mit einem Ohr die Talkshow im Fernsehen und beobachtete dabei die anderen Heimbewohner. Ich dachte darüber nach, wie es wohl wäre, wenn ich selbst eines Tages in einem Pflegeheim für Alzheimer-Patienten leben müsste. Und da drängte sich mir die Frage auf: »Was ist eigentlich der Sinn des Lebens?«

Kann es Sinn unseres Lebens sein, auf seinem Eigentum zu beharren?

Die Angehörigen der Heimbewohner müssen sich an Verschiedenes gewöhnen. Dazu gehört, dass die Heimbewohner ihre Kleidung austauschen. David und ich versuchen, darüber hinwegzusehen, wenn Mardig fremder Leute Kleider trägt oder jemand anders etwas an hat, das ihm gehört. Es spielt keine Rolle, wessen Kleider man trägt, solange diese passen, sauber und bequem sind und einem gefallen.

Stattdessen versuchen wir, uns auf wichtigere Aspekte seiner Betreuung zu konzentrieren. Beispielsweise waren wir vor seiner Aufnahme im Heim mit ihm beim Augenarzt und kauften ihm eine neue Brille für 250 Dollar, ein Modell mit besonders leichten Kunststoffgläsern, die keine Druckstellen auf seinem Nasenrücken hinterließen. Wir kauften sogar ein rotes Band dazu, an dem er seine Brille um den Hals tragen konnte, wenn er sie gerade nicht brauchte.

Er verlor beides. Wir gaben der Leiterin des sozialen Dienstes Bescheid, und sie fand die Brille. Er verlegte sie erneut. Wieder wurde sie gefunden. Er verlor sie ein drittes Mal. Das setzte sich zwei oder drei Monate fort, bis die Brille schließlich endgültig verschwunden blieb. Man sagte uns, dass Mardig seine Brille im Zimmer anderer Heimbewohner liegen ließ und statt dessen eine Brille an sich nahm, die er dort fand. Bald stellte sich heraus, dass er eine Schwäche für Frauenbrillen mit großen farbigen Gestellen hatte. Zwei Monate lang hatte er bei jedem unserer Besuche eine andere Brille auf der Nase. Sie standen ihm sogar recht gut.

Ist der Sinn des Lebens, die *Oprah Winfrey Show* zu sehen?

Eines Nachmittags saß ich neben meinem Vater im Aufenthaltsraum, und er schlief schon sehr bald, nachdem wir Platz genommen hatten, in seinem Sessel ein. Da ich zu den Menschen gehöre, die sich ständig mit irgend etwas beschäftigen müssen, ärgerte es mich, dass ich mir keine Arbeit mitgebracht hatte.

Ich versuchte, mich auf das Fernsehen zu konzentrieren, war in Gedanken aber mit tausend Dingen beschäftigt, die ich noch erledigen musste. Dann begann die Sendung von Oprah Winfrey, in der sie und ihr Gast Tina Turner Menschen einen Traum erfüllten. Ich bewundere diese beiden Frauen und verfolgte die Show eine Weile, während ich versuchte, zur Ruhe zu kommen. Ich dachte daran zu gehen. *Aber ich konnte mich doch nicht einfach davon schleichen und meinen Vater hier lassen!* (Damals wusste ich noch nicht, dass es keinen Abschied gibt.) Wenn er so müde war, dass er in seinem Sessel einschlief, wollte ich, dass er ausruhte. Also wartete ich, bis er wieder aufwachte.

Ich saß da und beobachtete die anderen Gäste. Eine Frau saß im Rollstuhl, schrie und schlug mit der Faust auf das Tablett, das an ihrem Rollstuhl befestigt war. Ihr Gesicht drückte größte Not und tiefen Schmerz aus. Es erinnerte mich an die Gesichter von Müttern, die in Krisenregionen den Tod ihres Mannes oder Sohnes beklagten. Ich wollte zu ihr hingehen und sie trösten, konnte es aber nicht. *Was, wenn sie meine Aufmerksamkeit länger beanspruchte und Mardig zwischenzeitlich wach wurde? Konnte ich mich dann von ihr losreißen, um mich wieder um ihn zu kümmern?*

Ein älterer übergewichtiger Mann mit einer Baseballmütze, den ich schon des Öfteren auf dem Flur in der Nähe von Mardigs Zimmer gesehen hatte, saß reglos da und stierte vor sich hin. Wenn ich an ihm vorbei musste, war ich stets wachsam, da man nie wusste, wie er reagieren würde. Sein Mund stand leicht offen, und Speichel tropfte auf sein Hemd. Sein Blick war durchdringend, und ich fürchtete immer, dass er sich eines Tages schreiend auf mich stürzen würde. Dann war da noch Elizabeth. Sie blätterte bedächtig in einer Zeitschrift. Ich sah, dass ihr Blick vom oberen bis zum unteren Seitenrand glitt, bevor sie umblätterte. Sie strahlte Ruhe und inneren Frieden aus.

Elizabeth und Jonathan, ihr Mann, hatten den Großteil ihres Lebens damit verbracht, anderen zu helfen. Inzwischen waren sie Anfang 80. Vor ein paar Jahren wurde bei Elizabeth Alzheimer diagnostiziert. Es stimmte mich traurig, sie so zu sehen. Sie war Autorin und Lehrerin gewesen. Viele Jahre hatte man sie als Quell von Wissen und Weisheit betrachtet.

Ich hatte die beiden erst kürzlich kennen gelernt, als Jonathan, der in derselben Selbsthilfegruppe war wie ich, so nett war, mir ihr Buch zu schenken. Als ich *The Living Atoms and You* gelesen hatte, diskutierten Jonathan und ich über das Thema des Buchs. Elizabeth hatte davon geschrieben, welch wichtige Rolle Atome in unserem ganz alltäglichen Leben spielten – physisch, spirituell, mental und emotional.

Warum? Warum musste Elizabeth ihren Lebensabend hier in diesem Pflegeheim unter Alzheimer-Kranken fristen? Warum schlug die Frau mit der Faust auf das Tablett? Warum war dieser Mann dazu verdammt, den Rest seiner Tage als sabbernder Schatten seiner selbst im Heim zu verbringen? Warum war mein Vater an diesem heimtückischen Leiden erkrankt?

Ich war tief betroffen von dem, was ich an diesem Tag beobachtete. Im Fernsehen sah ich, wie Oprah einer Frau 58 000 Dollar überreichte, damit sie ihre Schulden bezahlen konnte. Für diese Frau ging ein Traum in Erfüllung. Die Heimbewohner bekamen das Geschehen im Fernsehen gar nicht mit. Dass Oprah dieser Frau ihren Traum erfüllte, war hier nicht von Bedeutung. Die Werbepause war nicht von Bedeutung. Diese Menschen kümmerte es nicht, ob sie Geld besaßen oder nicht, ob sie besonders aromatischen Kaffee tranken oder nicht, ob sie einen neuen Wagen besaßen oder nicht. Nichts von alldem war von Bedeutung.

Was war ihnen wichtig? Ich hatte keine Ahnung. Aber eins wusste ich: Oprah, Tina Turner, die Frau, deren Traum sich gerade erfüllt hat … nichts von alledem interessierte die Menschen im Aufenthaltsraum.

Was also *ist* wichtig? Was ist der Sinn des Lebens?

An diesem Nachmittag im Aufenthaltsraum des Pflegeheims war ich tief gerührt. So viele von uns, die vergleichsweise gesund sind, werden von ihren Bedürfnissen, Zielen, Wünschen und Träumen geleitet. Wir müssen im Leben erfolgreich sein. Was heißt das alles? Wenn wir Erfolg danach beurteilen sollten, was im Fernsehen gezeigt wird, wäre er mit Reichtum gleichzusetzen. Erfolg wäre, genügend Geld zu besitzen, um alle zwei Jahre ein neues Auto zu kaufen, in den besten Restaurants zu essen und schönen Goldschmuck mit echten Diamanten zu kaufen. (Misst man nicht die Liebe eines Mannes daran, wie viele Prozent seines Jahresgehalts er für einen Diamanten ausgibt?) Aber sind diese Dinge wirklich wichtig?

Nun, ich denke, das hängt von der individuellen Perspektive eines jeden ab.

Im Laufe der Jahre, vor allem seit dem Northridge-Erdbeben, habe ich mich nach und nach der unwichtigen Dinge in meinem Leben entledigt. Seit ich in Kalifornien lebe, rechne ich ständig mit einer Katastrophe. *Was, wenn das große Erdbeben kommt? Was werde ich bei der Flucht wirklich mitnehmen wollen?* Diese Denkweise zwingt mich dazu, nur das Nötigste zu behalten (zuzüglich einiger Extras). Wenn ich mehr besäße, würde ich mich im entscheidenden Moment vielleicht nicht entscheiden können. Dies könnte den Verlust der Dinge, die mir wirklich sehr viel bedeuten, zur Folge haben. (Immer vorausgesetzt, ich hätte im Fall eines Falles überhaupt Gelegenheit, irgend etwas zu retten.) Darum sammle ich keinen Schnickschnack (das Abstauben macht ohnehin zu viel Arbeit). Kleidung, die ich nicht mehr anziehe, gebe ich weg. Ich kaufe oder behalte nichts, was ich nicht auch benutze.

Die Bewohner des Alzheimer-Pflegeheims haben mir geholfen, zu begreifen, worum es im Leben möglicherweise wirklich geht. *Ich bin erst 38. Es gibt noch vieles, was mir unbekannt ist. Vor zwei Jahren hatte ich noch keine Ahnung, was ich alles über diese Krankheit lernen würde.*

Die Heimbewohner besitzen nicht viel. Tatsächlich scherzen die Angehörigen sogar darüber: »Alles, was hereingetragen wird, wird zum Allgemeingut«, »Hier in diesen Mauern ist der wahre Sozialismus lebendig«. Nur selten trägt jemand Schmuck. Die meisten besitzen nicht einmal eine Brieftasche oder eine Geldbörse und tragen auch kein Geld bei sich. Sie tragen T-Shirts und Hosen aus Baumwoll-Polyester-Gemisch, die sehr bequem sind und gleich mehrere Zwecke erfüllen (man kann in ihnen herumgehen und auch schlafen). Alle zwei Tage baden. Sie schlafen in einfachen Betten mit weißen Polyester-Baumwoll-Laken und Baumwollbettwäsche. Sie essen drei Mahlzeiten am Tag, die unter Berücksichtigung ihrer Bedürfnisse in der Großküche zubereitet werden.

Manchmal beklagen sie sich, dass sie gerne irgendwo hin möchten oder etwas brauchen. Alles in allem scheinen sie sehr friedlich zu sein, vollauf beschäftigt mit ihren eigenen Gedanken und ihrer eigenen Welt. Sie sind wie Kinder, die sich stundenlang allein mit ihrer Phantasie beschäftigen können. Ihre Krankheit hilft ihnen zu glauben, dass sie an viele Orte reisen. In den vergangenen Monaten war mein Vater in England, Afrika, Wisconsin, Illinois, Boston und New York. In ihrer Vorstellung sehen sie oft ihre Angehörigen, vor allem ihre Eltern. Auf diese Weise überleben sie. Und sie haben mich veranlasst, darüber nachzudenken, was in unserem Leben wirklich von Bedeutung ist – nämlich Erinnerungen an schöne Zeiten mit anderen Menschen.

Im Leben geht es darum, schöne Erinnerungen mit anderen Menschen zu sammeln. Das sind die wahren Schätze des Lebens, wenn uns sonst nichts mehr geblieben ist.

Ich musste lächeln bei dieser Erkenntnis. Immerhin wissen wir erst ganz zum Schluss, ob wir unser Leben richtig gelebt haben. Und dann ist es zu spät. Also versuche ich, die Entscheidungen anderer sowie die Konsequenzen dieser Entscheidungen für ihr Leben zu beobachten. Es ist leichter, das Leben anderer zu betrachten, um etwas über das eigene zu lernen. Ich frage mich, was einige Heimbewohner quält (beispielsweise die Frau, die auf ihr Tablett eingeschlagen hat), andere tröstet und den übrigen Frieden schenkt (wie Elizabeth). Aber ist es überhaupt vernünftig, darüber nachzudenken? Warum bekommen einige Heimbewohner Besuch und andere nicht?

Ich vergleiche meine Gedanken mit den Bildern aus der heutigen Werbung. Wozu das alles? Was spielt es letztlich für eine Rolle, ob ich in einem Cabrio die gesamte kalifornische Küste entlang gefahren bin? Was spielt es für eine Rolle, dass ich in einem Fünf-Sterne-Restaurant in Washington D.C. gespeist habe? Was spielt es für eine Rolle, dass ich jedes Jahr vom Gouverneur zu einem Barbecue vor dem Kentucky Derby eingeladen werde? Was spielt es für eine Rolle, dass sich der Wert einiger meiner Aktien und Fonds vertausendfacht hat? Was spielt es für eine Rolle, dass ich in »Phantom der Oper« mitten in der ersten Reihe gesessen habe?

Wird irgend etwas davon noch von Bedeutung sein, wenn ich mit der Faust auf das Tablett an meinem Rollstuhl schlage, in einer alten Zeitschrift blättere, mir der Speichel aus dem Mund tropft oder ich im Aufenthaltsraum eines Alzheimer-Pflegeheims vor dem Fernseher in meinem Sessel einschlafe?

19

ES SIND DIE KLEINIGKEITEN, DIE ZÄHLEN

Wenn ich mit meinem Vater zusammen bin, konzentriere ich mich auf die Gegenwart. Ich ermahne mich immer wieder, ihn so zu akzeptieren, wie er ist, und nicht, wie er war oder sein könnte. Das fällt mit Fortschreiten der Krankheit, die sein Gehirn immer mehr zerstört, zunehmend schwerer.

Es bedrückt mich, mit anzusehen, wie er immer mehr damit zu kämpfen hat, seine Umwelt zu begreifen und sich zurecht zu finden. Es macht mich traurig zuzuhören, wenn Mardig verzweifelt versucht, seine Welt zu verstehen, während sein Wortschatz immer geringer wird und es für ihn immer mühsamer wird, die richtigen Worte zu finden.

Ich sehe, wie er sich bemüht, sich an seine Familie zu erinnern, seine Kinder, seine Frau, seine Brüder ... Seine Welt schrumpft immer mehr, und ihm bleiben nur noch Kleinigkeiten, seine Erinnerungen an geringfügige Ereignisse aus vergangenen Jahren.

In den Stunden, die ich mit Mardig verbracht habe, habe ich gelernt, dass es nicht die großen Ereignisse sind, die wirklich zählen.

Wenn ich auf mein Leben zurückblicke, erinnere ich mich am lebhaftesten an Kleinigkeiten. Und wenn ich diese kleinen Dinge verknüpfe, verspüre ich ein Wohlbefinden, das mich veranlasst, mich lächelnd in meinem Sessel zurückzulehnen.

Mardigs 87. Geburtstag

David und ich wollten Mardig zu uns holen, um seinen Geburtstag zu feiern, aber das erwies sich als unpraktisch. Er betrachtete das Pflegeheim als sein Zuhause und fühlte sich außerhalb dieses gewohnten Umfeldes unsicher. Wir verstanden das nicht, weil wir dachten, ein Tapetenwechsel müsste ihm gut tun. *Würde es ihm denn nicht Spaß machen, einmal etwas anderes zu sehen?*

Trotzdem organisierten wir die Geburtstagsfeier statt bei uns bei ihm im Heim. Wir bestellten einen Marmorkuchen mit Buttercremeglasur. Je süßer, desto besser. Er liebte Süßes! Wir baten darum, den Kuchen mit bunten Schokolinsen und Ähnlichem zu dekorieren sowie mit der Aufschrift »Alles Gute zum 87. Geburtstag!« Er wusste nicht mehr, wie alt er war – meist glaubte er, er wäre in den Dreißigern oder Fünfzigern. Wir besorgten Tröten und ein Kuchenmesser (um genau zu sein handelte es sich um ein Brotmesser), Plastikgabeln und Pappteller.

Dann luden wir Freunde ein, die geholfen hatten, ihn zu betreuen, als er noch bei uns zu Hause gewohnt hatte: Sally, Jan, Dave und Roberta. Außerdem wollten wir noch Jonathan, seine Frau Elizabeth und das Heimpersonal dabei haben. Wir wollten, dass eine kleine Schar Mardigs Leistung feierte – 87 Jahre auf dieser abenteuerlichen Reise, die man Leben nannte.

An seinem Geburtstag (der auch der meine war!) fand dann eine kleine Feier statt, ganz so, wie ich sie mir vorgestellt hatte. Mardig war glücklich, wenn auch ein wenig eingeschüchtert von dem Aufhebens, das um ihn gemacht wurde. Ich bin immer noch nicht sicher, ob er verstanden hatte, dass wir seinen Geburtstag begangen hatten. Und einen kurzen Moment, als er das Messer mit der langen gezackten Klinge nahm …

Mardig schnitt ein Eckstuck des rechteckigen Kuchens ab: ein Stück mit besonders viel Glasur. Dann balancierte er es vorsichtig am Ende der langen Schneide. Wir beobachteten ihn mit Argusaugen. Am liebsten hätte ich ihm das Messer weggenommen, aber ich fürchtete, ihn zu erschrecken und dadurch eine Reflexhandlung zu provozieren, bei der er sich verletzte. *Eins muss ich meinem Vater lassen: er war wirklich ausgesprochen vorsichtig.* Und doch hatte er Alzheimer. Den Kuchen konzentriert auf dem Messer balancierend, führte er dieses langsam in Richtung Mund. Sprachlos sahen wir zu. Dann hörte ich jemanden nach Luft schnappen. Es war die Leiterin der Abteilung »Aktivitäten«. Mardig blickte auf und zog das Messer aus dem Mund. Er war unverletzt. Ich lachte erleichtert und eilte mit einer Plastikgabel zu ihm hin. Dann sangen wir »Happy Birthday«, während Mardig weiter seinen Kuchen aß. Er lächelte breit, und seine Mundwinkel waren mit Buttercreme verschmiert. Mardig hatte seinen Spaß und wir ebenfalls.

Was für ein Geburtstag! Obwohl es auch mein Geburtstag war, stahl Mardig mir mit seinem »Messertrick« die Schau.

Meine Mutter beim Bügeln

Ich erinnere mich noch daran, dass meine Mutter jede Woche viel Zeit aufs Bügeln verwandte. Sie stellte das Bügelbrett oben im Elternschlafzimmer auf. Nur an warmen Sommertagen bügelte sie unten im Wohnzimmer oder im Wintergarten. War das Wetter besonders schön – blies beispielsweise eine sanfte Brise –, verlegte sie die Bügelarbeit sogar nach draußen vor den Wintergarten, ganz nah beim Esszimmerfenster. Am Anfang war es komisch, sie draußen bügeln zu sehen. *Niemand bügelt draußen im Freien!* Ich blieb im Haus, weil ich mich für meine Mutter schämte und nicht von den

Nachbarn gesehen werden wollte. Aber mit der Zeit gewöhnte ich mich an den Anblick und erbot mich sogar, ihr zu helfen und Wäsche und Bügeleisen raus zu bringen.

Ich weiß noch, wie sie die Arbeitskleidung meines Vaters bügelte – Hosen, Hemden (gute und reine Arbeitshemden), Taschentücher und sogar Boxershorts. Oft stand ich bei ihr im Wohnzimmer und sah ihr zu. Manchmal versuchte ich auch, ihr zu helfen, stand ihr aber nur im Weg. Sie legte die frisch gebügelte Wäsche auf den Fußboden, und ich spielte mit den ordentlich gefalteten Hosen und Hemden. Ich faltete die Hosenbeine in jeder erdenklichen Weise, um zu sehen, was für komische Verrenkungen sich erreichen ließen. In der gleichen Weise verfuhr ich mit den Ärmeln seiner Hemden. Sie scheuchte mich fort, aber ich kam wieder.

Ich weiß noch, dass ich mich fragte, ob ich auch so viel würde bügeln müssen, wenn ich groß war. *Wie viel Zeit das kostete! Und irgendwie hatte es nie ein Ende. Ich werde nicht bügeln, wenn ich groß bin. Aber wer tut es dann? Vielleicht bezahle ich eine Bügelfrau.*

Als meine Eltern – bevor meine Schwester und ich geboren waren – unsere Zimmer noch vermieteten, übernahm meine Mutter auch für die Untermieter das Putzen und Bügeln. Sie bügelte sogar die Bettlaken und Kopfkissenbezüge.

Zum Gedenken an meine Mutter beschloss ich, die paar Sachen von ihr zu bügeln, die ich aus Milwaukee mitgebracht hatte. Ihre Stickerei (»tsera khordz« sagte sie dazu, was auf Armenisch so viel heißt wie Handarbeit) lag auf dem Bügelbrett, und ich überlegte, wie ich diese Schätze bügeln sollte, ohne sie zu beschädigen. Dann bügelte ich Zierdeckchen, Taschentücher, Kissenbezüge, Tischdecken usw. All diese Gegenstände waren mit ihrer *tsera khordz* verziert. Ich bügelte im Stehen. Mein ohnehin schon schwaches Handgelenk schmerzte.

Es war fast 30 Jahre her, dass ich an Mas Bügelarbeit gedacht hatte, und jetzt ließ ich die Vergangenheit noch einmal Revue passieren. Nur dass ich für einen Moment *sie* wurde und »klein Brenda« rechts neben *ihr* sah. Ich stand da und bügelte in aller Ruhe vor mich hin, wobei ich mich (*sie*) mit meinen Kinderaugen sah und helfen wollte. Sorgfältig breitete ich die Wäsche auf dem Brett aus und ließ das Bügeleisen darüber gleiten, wobei ich darauf achtete, nicht versehentlich eine Falte in den Stoff zu bügeln oder mit der Spitze des Bügeleisens in der Stickerei hängen zu bleiben. *Was für eine Arbeit! Was für ein Aufwand.*

Da stand ich in meinem kleinen verknitterten Kleidchen, weißen bestickten Söckchen und schwarzen Lackschuhen. Ich wollte meiner Mutter helfen, den Berg Bügelwäsche zu bewältigen.

Und hier stand ich, die erwachsene Frau, die keine Lust hatte, ihre Wochenenden mit Bügeln zu verbringen. (David und ich bringen unsere Kleidung in die Reinigung). Und doch hatte ich heute das Bedürfnis, diese Erinnerungsstücke zu bügeln. In gewisser Weise ehrte ich damit meine Mutter. Zum ersten Mal hatte ich das Gefühl, das ganze Ausmaß ihrer Verantwortung zu begreifen. »Warte, bis du selbst Kinder hast«, hatte sie damals gesagt. David und ich sind inzwischen Ende 30 und haben immer noch keine Familie gegründet. *Und doch glaube ich, in diesem Moment zu verstehen – wenn auch nur ansatzweise.*

Die Erinnerung an meine Mutter gab mir neue Kraft. Ich bügelte sämtliche Stücke ihrer *tsera khordz*, wickelte sie in Küchenpapier und legte sie in weiße Geschenkkartons. Ab und an würde ich sie hervorholen und im Haus auslegen. Ich würde sie *benutzen*. Jedes Mal, wenn ich sie mir ansah oder Gäste Bemerkungen dazu machten, würde ich an die Arbeit erinnert werden, die meine Mutter in diese Handarbeiten gesteckt hat. Auf diese Weise würden ihre Arbeiten von anderen gesehen werden; so würde ein Stück von ihr überdauern.

Rivalität unter Geschwistern

Wir sind drei. Mein Bruder ist acht Jahre älter als ich. Meine Schwester ist das mittlere Kind und zwei Jahre älter als ich. Je mehr ich über unsere Kindheit nachdenke, desto klarer wird mir, dass wir dazu erzogen wurden, miteinander zu wetteifern.

Wir versuchten uns überall gegenseitig auszustechen. Den größten Ehrgeiz entwickelten wir dann, wenn es darum ging, mit Mardig Schach zu spielen. Natürlich sorgte Ma hin und wieder für einen unfairen Vorteil unsererseits, wenn sie dicht genug bei Mardig saß, um eine seiner Figuren vom Brett verschwinden zu lassen! Das war nicht weiter schwer, da er sich so intensiv auf jeden Zug vorbereitete, dass er offenbar nichts mehr von dem wahrnahm, was um ihn herum geschah. Meistens lachten wir Kinder dann, weil wir einfach nicht glauben konnten, dass Mardig tatsächlich so konzentriert sein sollte. Das führte dann dazu, dass er fragend aufblickte, woraufhin wir die Missetat beichteten. Ma ihrerseits blickte dann mit Unschuldsmiene demonstrativ in eine andere Richtung. *Moi*?

Unsere Körpergröße bot ebenfalls Anlass zu Rivalität. Mein Bruder war der größte von uns dreien, dann kam meine Schwester, und ich war die Kleine! Ich habe diesen letzten Wettkampf bis heute nicht gewinnen können. Aber immerhin holte ich meinen Vater ein. Das war ja schon etwas!

Da war ich also und fragte mich, auf welchem Gebiet ich meine Geschwister wohl schlagen könnte, wo sie doch in allem so viel besser waren als ich. (Und sie ließen mich immer wieder spüren, *wie viel* besser sie waren).

Wenn ich darüber nachdenke, ist es wirklich verblüffend, wie verschieden Geschwister sich entwickeln können. Manchmal diskutiere ich mit Freunden darüber, inwieweit unsere Kindheit uns geprägt hat, und mir wird klar, wie anders alles hätte kommen können. Ich hätte ebenso gut einfach aufgeben können. Oder ich hätte mich zu einem Menschen entwickeln können, der sich ständig nur mit anderen messen will und für den Erfolg das Einzige ist, was zählt.

Worin also konnte ich meine Geschwister ausstechen? Worin konnte ich besser sein als meine Schwester und mein Bruder? Da sie so viel älter waren und in allem einen Vorsprung genossen, was blieb da noch übrig?

Die Gelegenheit kam, nachdem ich mit 16 Jahren meinen Highschool-Abschluss gemacht hatte und aufs College ging. Das Zusammenleben mit meinen Eltern behagte mir nicht mehr. Ich war rebellisch, diejenige, die immer etwas Neues ausprobierte, die sich den Wünschen unserer Eltern widersetzte. Ich wurde zu einer unabhängigen, besserwisserischen Achtzehnjährigen, die ihre Flügel ausprobieren musste. Nur wenige Monate nach meinem 18. Geburtstag zog ich aus. Das war ein Novum! Meine Schwester verließ unser Elternhaus kurze Zeit später, mit zwanzig. Mein Bruder blieb bis kurz vor dem Verkauf in unserem Elternhaus wohnen. *Er hat verloren. Er ist bis zum Alter von 46 Jahren zu Hause wohnen geblieben. Ich habe gewonnen! Ahhh, wenigstens diesen einen Sieg konnte ich für mich verbuchen!*

Ich glaube, ich habe auch auf manch anderer Ebene gewonnen. Anders als meine Geschwister schaffte ich ohne finanzielle Unterstützung meiner Eltern das College und die Universität. Es war sehr hart, und etwas Geld wäre schon schön gewesen, aber ich lernte trotz vieler Hindernisse und Verlockungen eine Menge über Überlebensstrategien und Erfolg. Danach war es mir nicht mehr so wichtig, zu gewinnen. Ich hatte mir selbst bewiesen, dass ich meine selbst gesteckten Ziele auch erreichen konnte. Jetzt hatte ich es nicht mehr nötig, mich mit meinem Bruder oder meiner Schwester zu messen. Wichtig war das, was ich erreichte – für mich.

20

EIN WAHRHAFT SELTENES GESCHENK

An einem Herbstnachmittag war es so stürmisch, dass ich Mühe hatte, meinen Wagen auf dem Freeway auf meinem Fahrstreifen zu halten. Ich hatte gerade sehr ermutigende Kommentare von den anderen Autorinnen beim monatlichen gemeinsamen Mittagessen des *North Los Angeles County Women Writer's Network* erhalten. Mein Wagen wurde von heftigen Böen immer wieder seitwärts weggedrückt, doch meine Gedanken waren ganz bei dem Buch.

Ich war unterwegs zu Mardig. Einige Seiten des Manuskripts lagen auf dem Beifahrersitz. Ich hatte die Ausschnitte danach ausgewählt, was meinen Vater meiner Ansicht nach am meisten interessieren würde. Nun konnte ich es kaum erwarten, an seiner Seite zu sein, während er meinen Tribut an ihn las.

Was für ein wahrhaft seltenes Geschenk. Mein Vater war bei der Fertigstellung dieses Buches noch am Leben. Ich wollte, dass er wenigstens einen Teil des Manuskriptes las, auch wenn seine Konzentrationsfähigkeit naturgemäß stark nachgelassen hatte. Er verstand das, was er las, nur noch sehr bedingt. Und den Sinn, den er hineinlas, machte er dann zu seiner eigenen Wirklichkeit. Vor einigen Monaten hatte er in einer alte Ausgabe von *National Geographic* einen Artikel über Wilderer in Afrika gelesen. Den Rest des Tages glaubte er fest daran, dass er in Afrika lebte und dort Wilderer bekämpfte. Manchmal lud er uns ein, ihn auf eine seiner Missionen zu begleiten. Ein anderes Mal musste er sofort nach England, in seine eingebildete Heimat, um im Krieg zu kämpfen (dem II. Weltkrieg). Da ich um seinen Zustand wusste, war ich bereit, seine Reaktion zu akzeptieren, ganz gleich, wie sie auch ausfallen mochte – ob er die Manuskriptseiten las, ignorierte oder sonst was damit anstellte.

Es kommt so oft vor, dass wir im Leben etwas erreichen und uns fragen, was wohl unsere Eltern davon halten würden. Manche haben das Glück, ihre Eltern einfach anrufen, besuchen oder einladen zu können. Sie können ihre Triumphe noch mit ihnen teilen. Andere haben das Pech, dass ihre Eltern nicht mehr leben oder zu krank sind, um das Glück ihrer Kinder zu teilen. Aber die Sehnsucht nach der Anerkennung unserer Eltern begleitet uns bis weit ins Erwachsenenalter hinein. Sehnen wir uns nicht auch als Erwachsene nach einem warmen Lächeln, einem Kompliment, einem Schulterklopfen oder einer Umarmung, wie sie nur Eltern einem schenken können?

Mardig ging gerade auf dem Flur spazieren. Er blickte zu mir auf, musterte mich eindringlich und lächelte strahlend, nachdem ich ihn mit einem herzlichen »Hallo, Mardig!« begrüßt hatte. Dann erzählte er irgend etwas, woraus ich aber nicht schlau wurde. Die Krankheit scheint bei ihm sehr schnell fortzuschreiten. Trotzdem höre ich ihm immer mit einem warmen Lächeln zu, nicke ab und an und sage: »Ja.« Ich paraphrasierte einiges von dem, was er sagte, auch wenn es keinen Sinn machte. Das gibt ihm das tröstliche Gefühl, noch in der Lage zu sein, anderen seine Gedanken zu vermitteln.

Wir schlenderten eine Weile weiter über den Flur und unterhielten uns. Ich eröffnete ihm, dass ich eine Überraschung für ihn hätte. Er lächelte, so wie es jeder andere in Erwartung einer Überraschung tun würde. Wir suchten uns einen Platz, an dem wir uns setzen konnten.

Ich holte das Deckblatt des Buches hervor und reichte es ihm. Er fing an zu lesen. Ich hoffte, er würde den Zusammenhang herstellen zwischen »ein Tribut an meinen Vater« und dem Namen der Autorin – seiner Tochter. Doch Mardig sagte kein Wort. Aber ich wusste, dass er – wenn er verstand, was er las – stolz wäre – sehr stolz. Er wäre glücklich, dass »*einer* von uns«, wie er gern sagte, »etwas aus sich gemacht hatte«.

Mardig blickte auf, und ich reichte ihm die Einleitung. Während er mit der Lektüre beschäftigt war, kamen einige andere Heimbewohner herein.

Sie gingen um uns herum, und eine Frau setzte sich links neben mich. Ich sah sie an und lächelte. Sie erwiderte das Lächeln. In der linken Hand hielt sie ein kleines weißes Plüschhäschen und tätschelte diesem liebevoll mit der Rechten den Kopf. Ich dachte an meine Schwester und ihre zwei Hasen.

Mardig ließ sich nicht stören; er las weiter. Nach einer Weile fragte ich: »Und, was sagst du?«

»Nette Geschichte«, entgegnete er und vertiefte sich wieder in die Lektüre.

Nach einer Weile stellte ich fest, dass er offenbar immer wieder den unteren Teil der ersten Seite las.

Ich erkundigte mich, ob er Fragen hätte. Seine Antwort überraschte mich. »Es erstaunt mich, dass er so viel Geld angehäuft hat und dass er aus seinem eigenen Haus zu Verwandten gezogen ist.«

Das war seine Geschichte, und er glaubte, es ginge um jemand anders! Er hatte von den 100 000 Dollar gelesen, die er mit seinen General-Electric-Aktien gemacht hatte, und von seinem Umzug von Milwaukee zu uns.

In diesem Moment kam ein anderer Heimbewohner herüber und blieb nur wenige Zentimeter neben seinem rechten Ellbogen stehen. Mardig sah mich an und schlug vor, wir sollten das Material fürs Erste wegstecken und uns später ansehen. Er sprach Armenisch.

Es fiel mir schwer, mich an den Mangel an Privatsphäre im Pflegeheim zu gewöhnen. Andererseits blieb mir nichts anderes übrig, als die Störungen hinzunehmen, da sie so häufig vorkamen. Wie bat man einen Alzheimer-Patienten, doch bitte woanders hinzugehen? Jeder einzelne der Heimbewohner brauchte freundliches Entgegenkommen. Außerdem war mir inzwischen klar, dass auch wenn sie einem über die Schulter blickten, ihnen im Grunde nicht bewusst war, was sie sahen. Hin und wieder bemerkte auch jemand vom Pflegepersonal, dass wir gestört wurden, und überredete einen Heimbewohner dazu, woanders hinzugehen, damit mein Vater und ich für uns allein sein konnten.

Ich ermutigte Mardig, weiterzulesen, und machte ihn darauf aufmerksam, dass die Person an seiner Seite wieder gegangen war. Dann reichte ich ihm die erste Seite des Kapitels »Es sind die Kleinigkeiten, die wirklich zählen«. Ich deutete auf den Abschnitt über seinen 87. Geburtstag. »Mardig, da geht es um *deinen* 87. Geburtstag, den wir hier gefeiert haben!« Er fing an zu lesen.

Mir ging durch den Kopf, dass das wirklich ein wahrhaft seltenes Geschenk war. Hier saß ich mit einem Tribut an ihn, den ich selbst verfasst hatte, und sah ihm beim Lesen zu! Warum nicht seine eigenen Kommentare dazu in das Buch aufnehmen? Ich nahm die Seiten, die er bereits gelesen hatte, und machte mir auf der Rückseite Notizen, um keine Einzelheiten zu vergessen. Ich schrieb auf, wie wir auf dem Flur spazieren gegangen waren und uns unterhalten hatten, seine ersten Reaktionen auf die Einführung des Buches sowie weitere Kommentare seinerseits.

Wenn er sich auf das Gelesene bezog, sprach er in der dritten Person von »er«. Nach einigen Minuten fragte ich ihn, ob er wüsste, von wessen 87. Geburtstag die Rede war. »Das war unser beider Geburtstag, nehme ich an«, antwortete er. Er las noch eine Weile schweigend weiter und sprach dann jedoch wieder in der dritten Person von »er« und »ihm«.

Ich verbesserte ihn und wies ihn darauf hin, dass es um ihn ginge. Doch ich bin nicht sicher, ob er das verstanden hat.

Dann las er den Abschnitt über meine Mutter und das Bügeln. Wieder fragte ich, um wen es in dem Text ginge. »Pop«, entgegnete er. »Es passiert ja unten. Ma wäre oben gewesen«, fügte er hinzu. *Orientierte er sich bei der Erinnerung an Personen daran, wo sie im Haus wohnten?*

»Erinnerst du dich daran?«

»Ja, ich habe mit Pas Kleidung gespielt … mit ihnen verschiedene Positionen nachgestellt.« Er sprach aus *meiner* Perspektive! Dann fragte er: »Was machen sie jetzt?«

Er fuhr fort zu lesen und machte die eine oder andere Bemerkung. Ich beobachtete ihn. Ab und zu wurde ich von dem, was um uns herum geschah, abgelenkt. Eine Frau saß in einem »Sicherheitsstuhl« – eine Art Rollstuhl, aus dem man nicht aufstehen konnte. So wurde verhindert, dass besonders unruhige Patienten sich selbst verletzen. Sie hatte kurzes lockiges weißes Haar. Mir fiel auf, dass sie ein T-Shirt mit einer witzigen Aufschrift trug. Über ihre Knie war ein hellrosa Tuch gebreitet, das sie mit großer Akribie immer wieder faltete und entfaltete, wobei sie darauf achtete, dass ganz bestimmte Ecken exakt übereinander lagen. Ich sah ihr zu, wie sie das ein halbes Dutzend Male wiederholte. Sie war ganz in ihre »Arbeit« vertieft und bemerkte nicht, dass ich sie einige Minuten lang beobachtete, während mein Vater las.

Ich richtete meine Aufmerksamkeit wieder auf Mardig, als ich seine Stimme hörte. Er zeigte mit dem rechten Zeigefinger auf jedes Wort und las die nächsten Zeilen laut vor. »Meine Mutter beim Bügeln …

Ich erinnere mich noch daran, dass meine Mutter jede Woche viel Zeit aufs Bügeln verwandte. Ich weiß noch, dass sie das Bügelbrett oben im Elternschlafzimmer aufstellte. Nur an warmen Sommertagen bügelte sie unten im Wohnzimmer oder im Wintergarten.« Leise fuhr er fort zu lesen.

Nach einer Weile gelangte er zu der Stelle, an der ich davon erzählte, wie wir Schach gespielt hatten und meine Mutter ihm unbemerkt Figuren stibitzte. Ich fragte ihn, ob er wüsste, von wem der Text handelte. »Ich hab's gleich«, sagte er und fügte dann hinzu: »Pop.«

»Handelt die Geschichte von *dir?«,* fragte ich mit Betonung auf dem »dir«:

»Nein.«

»Aber du kennst diese …«

»Situationen. Ja«, beendete er meinen Satz.

Er hörte auf zu lesen, sah nach draußen und wandte sich mir dann zu. »Die Angelegenheiten außerhalb des Heims … wird sich darum gekümmert?« *Wow! Er war sich des stürmischen Wetters bewusst.*

»Ja«, entgegnete ich. Er sah mir in die Augen, um ganz sicher zu gehen, dass ich es auch ernst meinte. Ihm war immer sehr daran gelegen, dass alles erledigt wurde.

Dann nahm er eine weitere Seite und deutete auf einen Absatz. Ich sah genauer hin. Es handelte sich um die Stelle, an der ich schrieb, dass jeder von uns der Größte sein wollte. Ich fragte ihn, ob er sich erinnern könne, um wen es ging. »Um Pa, weil er der Ernährer war«, entgegnete er.

Dann las er einen kurzen Absatz laut vor. »Wenn ich darüber nachdenke, ist es wirklich verblüffend, wie verschieden Geschwister sich entwickeln können …« Als er fertig war, sagte ich: »Das handelt von deinen Kindern, Mardig.« Er antwortete nicht.

Langsam las er alle Manuskriptseiten, die ich mitgebracht hatte – insgesamt sieben Stück.

Hätte ich auf ein Erkennen seinerseits oder auch Anerkennung gehofft, wäre ich enttäuscht gewesen. Aber ich wünschte mir nur das seltene Glück, meinem Vater dabei zuzusehen, wie er meinen Tribut an ihn las, bevor er starb. Für mich ging ein Traum in Erfüllung!

»Mardig, das ist ein Buch, das ich über *dich* schreibe«, versuchte ich es noch einmal.

»Das wird in den kommenden Jahren interessant werden«, bemerkte er.

21

WAS, WENN ER ALLES VERSTEHT?

Ich kann einfach nicht anders, der Gedanke lässt mich einfach nicht los: »Was, wenn er wider Erwarten alles versteht? Was, wenn mein Vater wohl weiß, was um ihn herum vorgeht?«

Andere haben diese Frage auch schon aufgeworfen. »Was, wenn ich das Haus meiner Mutter verkaufe und ihr Zustand sich plötzlich bessert und sie um jeden Preis wieder dorthin zurück will?«, fragte ein Teilnehmer bei einem Treffen der Selbsthilfegruppe. Wir lachten, weil jeder von uns sich schon darüber Gedanken gemacht hatte. Zwar sprach jede Vernunft gegen eine solche Eventualität, aber es machte einem dennoch zu schaffen.

David und ich hatten hart gearbeitet, um das Haus, das Mardig 1952 gekauft hatte, für den Verkauf fertig zu machen. Meine Geschwister und ich hatten für uns einige Gegenstände ideellen Wertes ausgewählt und dann veranlasst, den Rest zu verkaufen und/oder zu verschenken. Der Erlös aus der Haushaltsauflösung sollte Mardigs Konto gutgeschrieben werden.

Was, wenn wir eines Tages zusammensaßen und uns unterhielten und Mardig sich plötzlich aufrichtete und unmissverständlich erklärte: »Ich bin fertig mit dem Heim. Ich will jetzt wieder nach Hause.«

Ähh, also … ich weiß nicht, wie ich es dir sagen soll, aber neun Monate nachdem wir dich nach Kalifornien geholt haben, haben wir dein Haus in Milwaukee verkauft.

»Ihr habt *was*?«, würde er fassungslos ausrufen – oder vielleicht diplomatischer: »Wie kommt *ihr* dazu, *mein* Haus zu verkaufen?«

Und darauf würde uns nichts mehr einfallen, und wir würden uns in Grund und Boden schämen für das, was wir getan hatten.

Noch vor ein paar Monaten war er sich vieler Dinge bewusst. Als er zu uns nach Kalifornien kam, wusste er um seine Vergesslichkeit. »Ich beherrsche die englische Sprache nicht mehr so fließend wie früher«, sagte er beispielsweise. Ich ermutigte ihn, Armenisch zu sprechen. »Ich werde immer vergesslicher. Die Worte fallen mir nicht mehr ein.«

Aber was, wenn er tatsächlich sehr wohl weiß, was vorgeht? Was, wenn alles nur Theater war? Was, wenn er nur sehen wollte, wie wir reagieren?«

Ja, sicher weiß ich, dass das weit hergeholt erscheint, aber werde den Gedanken einfach nicht los.

22

KOSTBARE MOMENTE

Es war 17.50 Uhr, zwanzig Minuten nach Beginn der Essenszeit im Heim, als David und ich Mardig besuchten. Wir betraten die Lobby, und die Frau am Empfang begrüßte uns mit einem freundlichen »Hallo.« Wir baten darum, in den geschlossenen Teil des Heims vorgelassen zu werden, in dem die Heimbewohner lebten. Das uns inzwischen vertraute Summen ertönte, und wir drehten den Türknauf, der nach einigen Sekunden elektronisch das Schloss betätigte, sodass wir eintreten konnten. Wir blieben einen Moment in der Tür stehen und schauten uns um. Eine Schwester, die Armenisch sprach und viel Zeit mit meinem Vater verbrachte, teilte uns mit, dass Mardig noch im Speisesaal war. Sie versicherte uns, wir könnten ruhig zu ihm gehen.

Neugierig steuerten wir den Speisesaal an. Die Angehörigen der Heimbewohner waren eigentlich dazu angehalten, Besuche während der Essenszeiten zu vermeiden, weil die Heimbewohner sich leicht durch neue Gesichter ablenken ließen und dann aufstanden, ohne fertig gegessen zu haben.

In der Tür zum Speisesaal blieben wir stehen und hielten Ausschau nach Mardig. Eine der Betreuerinnen, deren Lächeln und Aufmerksamkeiten Mardig sehr zu schätzen wusste, kam zu uns herüber. »Suchen Sie Martin?«

»Ja«, entgegneten wir, froh über die Unterstützung.

»Kommen Sie doch herein.« Freundlich forderte sie uns auf einzutreten. »Er ist hier drüben und isst gerade.«

Wir folgten ihr zu einer Reihe von Tischen im rückwärtigen Teil des Saales, wo Mardig gerne saß, vor allem, da er für gewöhnlich unter den letzten war, die sich zum Essen einfanden. Heimbewohner, die früher eintrafen, belegten normalerweise die Plätze bei der Tür.

»Martin!«, rief sie. »Ihre Tochter ist hier, um Sie zu besuchen.«

Ich bedankte mich bei ihr für ihre Hilfe, und sie entfernte sich lächelnd, um sich um einen anderen Heimbewohner zu kümmern. Mardig blickte erst zu mir und dann zu David. Seine Augen weiteten sich.

»Gott, bin ich froh, euch zu sehen!«, sagte er und faltete die Hände wie im Gebet. »Bin ich froh, dass ihr hier seid!« Angesichts dieses enthusiastischen Empfangs beschlossen wir, uns zu ihm zu setzen. Ich setzte mich neben ihn, und David nahm an meiner Seite Platz.

»Weshalb seid ihr gekommen?«, wollte er wissen.

»Um dich zu sehen!«, antwortete ich lächelnd.

»Mich?«, fragte er, verblüfft, der Anlass für unseren Besuch zu sein.

»Ja, dich!«, bestätigte ich und knuffte ihn spielerisch in die Schulter.

»Toll!«, rief er aus und widmete sich dann wieder seiner Mahlzeit.

Er aß und beachtete uns nicht weiter. David und ich erzählten ein wenig von unserem Tag. Ein anderer Heimbewohner, der Mardig gegenüber saß, erregte unsere Aufmerksamkeit.

»Wissen Sie, wo sie meinen Wagen geparkt haben?«

»Hmmmm«, entgegnete ich, nicht wissend, wie ich reagieren sollte. *Wir wussten nur selten, was in einem Menschen vorging.*

»Haben die ihn bei LaSalle and Michigan abgestellt?«, fügte er hinzu.

»LaSalle and Michigan in Chicago?«, fragte ich, in der Hoffnung, dass er sich verstanden fühlte.

Seine Augen leuchteten einen Moment auf, und er nickte.

»Ja«, sagte ich. »Sie haben ihn genau dort geparkt, wo Sie gesagt haben.«

»Gut«, sagte er. »Dann werde ich ihn abholen gehen.«

Ich blickte auf David und fragte: »Sind hier alle aus Chicago?«

Mein Vater hatte in Chicago gelebt, bevor er nach Milwaukee gezogen war. Auch im Heim hatte er oft von Orten in Chicago gesprochen, an die er sich erinnern konnte. Einer seiner Zimmergenossen war ebenfalls aus Chicago. Er hatte mir in den vergangenen Wochen oft Geschichten darüber erzählt, wie Mardig (sein imaginärer Bruder) und er als Kinder Ball gespielt hatten. Er fügte hinzu, dass sie Mardig immer The Kid genannt hatten. Obwohl das nicht stimmte, wollte ich gern glauben, dass sie sich von früher kannten. Ich fand es tröstlich, dass er glaubte, sie hätten eine gemeinsame Vergangenheit. So verwirrt diese kranken Menschen auch waren, jedes bisschen Vertrautheit, egal ob real oder eingebildet, verlieh ihnen ein Gefühl von Sicherheit.

Wir sahen weiter zu, wie Mardig langsam und bedächtig aß. Er griff nach dem Weißbrot auf seinem Tablett. Seine linke Hand zitterte ein wenig, als er das Sandwich an den Mund führte. Vorsichtig schob er den rechten Zeigefinger zwischen die zwei Brotscheiben, um zu sehen, womit sie belegt waren, zog den Finger dann wieder heraus und biss ein großes Stück ab.

Ich war fasziniert davon, wie mein Vater aussah wie er so dasaß, vornüber gebeugt, die ausgestreckte Hand leicht zitternd, als er vorsichtig einen Löffel seines Abendessens an den Mund hob. Wir saßen einfach da und sahen ihn an und wechselten nur vereinzelt ein paar Worte.

»Sieht er nicht süß aus?«, fragte ich David, nachdem ich meinen Vater eine lange Minute betrachtet hatte.

»Hmm, ich denke, das könnte man sagen«, entgegnete er.

Ich hatte meinen Vater nicht oft als »süß« bezeichnet, und doch hatte er etwas Niedliches an sich, strahlte diese leichte Verletzlichkeit aus. Was würde er auch tun, wenn man ihm nicht dieses leckere Essen fertig vorsetzte? Er war nicht mehr in der Lage, für sich selbst zu sorgen. Ich war dankbar, dass er so ausgewogene Mahlzeiten bekam und noch in der Lage war, sie auch zu essen. Irgendwann würde man ihm behilflich sein müssen, weil er nicht einmal mehr eigenständig würde essen können. Das widerfuhr vielen Alzheimer-Kranken. Es war nur eine Frage der Zeit.

Da saß er gebeugt, den Mund gerade mal in Höhe des Geschirrs auf seinem Tablett. Er musste seinen Ellbogen fast auf Schulterhöhe anheben, um über das Tablett hinaus zu langen und sein Essen auf Löffel oder Gabel zu häufen. Mit zitternder Hand nahm er sich, worauf er Appetit hatte. Am liebsten mochte er weiche Speisen – zerstampfte Kartoffeln oder weiches Weißbrot. Weiches, das außerdem süß war, mochte er sogar noch lieber!

David und ich sahen ihm still beim Essen zu. Gelegentlich ließen wir den Blick über die anderen Heimbewohner schweifen sowie über das Pflegepersonal, das Tabletts abräumte, die die Heimbewohner auf den Tischen zurückgelassen hatten.

Als er fertig war, griff Mardig nach einer Serviette und wischte sich sorgfältig den Mund ab. Anschließend faltete er seine Serviette fein säuberlich zusammen und legte sie auf sein Tablett. Ich reichte ihm einen Zahnstocher – er reinigte sich nach dem Essen gern die Zähne. Er nahm ihn, sah mich kurz an, benutzte ihn und legte ihn anschließend hinten auf sein Tablett. Dann stand er auf, nahm sein Tablett und reichte es der Betreuerin, die es mit einem Lächeln dankend entgegennahm. Sie blickte zu uns herüber. »Das tut Martin immer«, sagte sie, womit sie meinte, dass er sein

Tablett immer selbst abräumte und jemandem vom Personal übergab.

Dann wandte er sich uns zu und sagte so höflich er konnte. »Es war mir ein Vergnügen, Ihnen beim Dinner Gesellschaft zu leisten. Vielen Dank.« Darauf machte er kehrt und steuerte eilig die Tür an.

Ich saß da wie vor den Kopf geschlagen. Mein Vater hatte offensichtlich keine Ahnung, wer wir waren. David und ich tauschten einen Blick … und dann fingen wir an zu lachen. *Was sollten wir sonst tun in dieser Situation? Es war wirklich komisch. Mein Vater hatte uns nicht erkannt.*

Als Mardig ins Heim gekommen war, hatte er sich Sorgen gemacht wegen des Geldes. »Ich will nichts essen. Wer soll das bezahlen?«

»Es ist schon bezahlt«, antworteten wir.

»Und wer bezahlt das alles?«, fragte er, neugierig, wer für ihn aufkam.

Manchmal sagte ich: »Wir.«

Aber er wollte uns nicht zur Last fallen und sagte darauf immer: »Ich zahle es zurück.«

Ich versicherte ihm, das sei schon in Ordnung. Tatsächlich bestritten wir die Kosten von seinem eigenen Geld. Aber da er nicht glaubte, dass er genug Geld besaß, wollten wir nicht, dass er sich Sorgen machte. David und ich unterhielten uns darüber und kamen überein, künftig anders zu antworten.

»Der Staat trägt die Kosten«, antwortete ich, als er das nächste Mal fragte.

»Wirklich? Der Staat kommt für mich auf?«

»Weil du pensioniert bist. Das ist deine Rente.« *Was sollten wir sonst sagen. Sicher war es gelogen, aber in Anbetracht seines Geisteszustandes wollten wir vor allem, dass er sich wohl fühlte.*

»Gut«, sagte er glücklich.

Manchmal bat er uns um einen Dollar. Dann wieder fragte er: »Habt ihr Geld bei euch?«

»Ja«.

»Kann ich welches haben?«

»Wie viel?«

»Wie viel hast du denn?«

Ich öffnete meine Geldbörse und zeigte ihm die Zwanziger und Zehner darin. Er nahm sich einen Zehner und sagte: »Danke. Damit komme ich eine Weile über die Runden. Ich gebe es dir zurück«, fügte er hinzu, bevor er das Geld in seine linke Hosentasche stopfte. Im Laufe des Monats bat er um geringere Beträge, meist Kleingeld.

Als der Zustand meines Vaters sich verschlechterte, fragte er nach Ma und Pop. Manchmal meinte er mit Ma seine Mutter und manchmal seine Frau. Wir waren uns nie sicher, wen er jetzt meinte, da er nur fragte: »Besucht ihr auch Ma?« »Wie geht es Ma?« »Wie geht es Pop?«

Noch vor einigen Monaten versuchten wir, ihm gegenüber in allem ehrlich zu sein. Wir erinnerten ihn daran, dass seine Eltern schon lange tot waren. Das deprimierte ihn. Er konnte mit der Information, dass es seine Frau und seine Eltern nicht mehr gab, nichts anfangen. Manchmal versuchte David es mit Logik. Er fragte meinen Vater, wie alt er war. Mardig schätzte in der Regel, dass er in den Siebzigern oder Achtzigern war. Darauf erklärte David ihm, dass seine Eltern hundert Jahre alt wären, wenn sie noch lebten. Darauf lachten wir alle, wohl wissend, dass solche Langlebigkeit innerhalb unserer Familie ausgeschlossen war. Dann wechselte Mardig das Thema.

Bei unserem nächsten Besuch stellte er dann wieder dieselben Fragen. Und so sprach ich eines Tages bei einem Treffen der Selbsthilfegruppe das Thema Ehrlichkeit an. Nach dem Treffen nahm Jeanne, eine Teilnehmerin, die ihre Mutter betreute, mich beiseite und bat mich, etwas zu bedenken. Sie meinte, dass aufgrund der Vergesslichkeit meines Vaters, er jedes Mal, wenn ich ihm sagte, dass seine Eltern tot waren, von neuem um sie trauerte. Sie meinte, dass ich, wenn es mir schwer fiel zu lügen, gar nicht antworten, sondern stattdessen schöne Erinnerungen an den Menschen ansprechen sollte, nach dem er fragte. Ich dankte ihr und versprach, es zu versuchen.

Als Mardig sich das nächste Mal nach Ma (meiner Mutter), erkundigte, fragte ich ihn, ob er sich daran erinnere, wie sie uns Picknickkörbe für die sonntäglichen Ausflüge an den See gepackt hatte. Er lächelte und sagte, daran könne er sich nicht erinnern und fände es erstaunlich, dass ich das noch wüsste. Dann fragte er »Die Ausflüge haben dir wirklich großen Spaß gemacht, nicht wahr?« Ich nickte. Es funktionierte!

Ich konnte Jeanne gar nicht genug danken. Es war hart, weil wir ehrlich sein wollten. Und doch konnte die Wahrheit einem Menschen, dessen Verstand nicht mehr klar arbeitete, verletzen.

Blieb die Frage, wann man die Wahrheit sagen sollte und wann nicht.

Während ich fortfuhr, die Unterlagen durchzusehen, die ich aus Mardigs Haus in Milwaukee nach Kalifornien geschickt hatte, musste ich an all die Notizen denken, die er sich machte, an die Tagebücher, die er schrieb, um sich zu erinnern. In einigen Tagebüchern hatte er sogar geschrieben: »Ich schrieb das auf, um es nicht zu vergessen.« Auch als er bei uns wohnte, machte er sich Notizen, um sich in seiner Welt besser zurecht zu finden. Manchmal sah ich darin einen verzweifelten Versuch, den Kontakt zur Realität zu halten.

Was mir regelmäßig ein Lächeln entlockte, war seine Methodik. Als ich den Schrank in seinem Zimmer (bei uns zu Hause) aufräumte, stieß ich auf Halloween-Schmuck. Darunter befand sich eine einen Meter lange Gummischlange. Er hatte die Schlange mit Kordel sorgfältig verschnürt, damit sie sich nicht entrollen konnte. Er hatte sogar daran gedacht, einen Knoten mit einer Schlaufe zu machen, der sich kinderleicht öffnen ließ.

Der Anblick erinnerte mich an etwas, das ich in Milwaukee erlebt hatte. Beim Ausräumen seines Schreibtisches und der Durchsicht der Unterlagen, die ich nach wichtigen und unwichtigen Papieren sortierte, stieß ich auf etwas Ungewöhnliches. Das Band einer Audiokassette war um eine leere orangefarbene Spule Korrekturbandes einer elektrischen Schreibmaschine gewickelt. *Was hatte er damit bloß vor? Warum hatte er sich die Mühe gemacht, dieses Band fein säuberlich auf die Spule zu wickeln?*

Alles musste in Kisten verpackt und eingeräumt werden. Er sagte immer: »Ich kümmere mich später darum.«

In unserem Alltagsleben huschen kleine Ereignisse vorbei, die man oft kaum registriert, weil sie einem in diesem Moment nicht wichtig erscheinen.

Es war manchmal schwer, zu entscheiden, was ich von den Sachen meines Vaters behalten und was ich weggeben soll. Ich versuche, nicht zu viel wegzuwerfen, auch wenn ich nicht gerne Dinge horte.

Meiner Meinung nach werden wir zu Sklaven unseres Besitzes, wenn wir zu viel anhäufen. Meine Eltern waren hierfür beide ein abschreckendes Beispiel. Der Kampf dauerte noch an. Woher sollte ich heute wissen, was morgen für mich von Bedeutung sein würde? Immerhin kann es ja sein, dass ich im Leben noch etwas erlebe, das mir eine völlig neue Perspektive auf die Persönlichkeit meines Vaters eröffnet.

Bei der Durchsicht all seiner Unterlagen, unter denen auch vieles zu finden war, das man nur als Müll bezeichnen konnte, machte ich einige aufschlussreiche Entdeckungen.

Ich entdeckte, dass Mardig, als er in den Dreißigern war, mit *M. Avadian* unterschrieben hatte. Zufällig hatte ich vor etwa zehn Jahren entschieden, genauso zu unterschreiben – mit dem Anfangsbuchstaben meines Vornamens gefolgt von meinem ausgeschriebenen Nachnamen. Die wachsende Zahl von Papieren, die ich unterschreiben musste, machte diese Abkürzung erforderlich. Ich hatte schon große Schmerzen im Handgelenk und sagte mir, dass wenn ich weniger schrieb, die Beschwerden nachlassen müssten. Welch eine Überraschung, als ich sah, dass Mardig ebenfalls seinen Vornamen abgekürzt hatte, als er in meinem Alter war. In den Vierzigern war er dann wieder dazu übergegangen, auch seinen Vornamen auszuschreiben. Ich fragte mich, ob ich es genauso halten werde.

Mardig war ein logisch denkender rationaler Mensch. Er hatte alles aufbewahrt, und ich war froh über diesen Schatz. Hier finden sich die Rechnungen für meine Geburt: Es hat 150 Dollar gekostet, mich 1959 auf die Welt zu bringen. Er schrieb auf, wann ich die Windpocken hatte.

In späteren Jahren hatte Mardig versucht, sich Übersicht über seine Finanzen zu verschaffen, und seine gesamte Korrespondenz mit diversen Banken aufbewahrt, mit dem Finanzamt und den Anwälten, die er eingeschaltet hatte, um Gelder einzutreiben, die man ihm schuldete. Dieses umfangreiche Archivieren hatte jedoch schon viel früher in seinem Leben angefangen. Seine Unterlagen belegen, dass er seine Investitionen auf sehr konservative und risikolose Art betrieben hatte. Er hatte sich für Sparbriefe, Geldmarktpapiere und Schatzbriefe entschieden und Mitte der achtziger Jahre meinen Vorschlag abgelehnt, in Aktien und auf dem Optionsmarkt zu investieren. In jungen Jahren hatte er aber auch Aktien verschiedener Gesellschaften gekauft. Ich war mir nicht sicher, was den Erlös dieser weit zurückliegenden Wertpapierkäufe betraf.

So staunte ich nicht schlecht, als ich auf ein altes Dokument mit der Überschrift Fitch-Aktienbericht, April 1943, von Harris, Upham & Company stieß: Dieser Bericht listete Aktienpreise in den Jahren der großen Depression auf. Die Preise für AT&T-Aktien schwankten von 1929 bis 1942 zwischen 310,25 Dollar und 70,25 Dollar. Die Aktien von General Electric kosteten zwischen 100,75 Dollar und 8,50 Dollar! IBM-Aktien zwischen 255 Dollar und 52,50 Dollar! In Anbetracht der Entwicklungen auf den Aktienmärkten in den über 50 Jahren, die seitdem vergangen waren, hatte ich keinen Schimmer, was diese Aktien heute wert sein mochten. Handelswaren waren in dem Bericht ebenfalls aufgeführt. Damals wurde nicht mit Edelmetallen gehandelt, aber schwarzer Pfeffer war 1942 als Handelsgut gelistet! Was für ein Schatz!

Das sind die Momente, die mir wirklich nahe gehen, wenn ich an meinen Vater denke. Es sind eben doch die kleinen Dinge, die zu bleibenden Erinnerungen werden.

NACHWORT

Zu dem Zeitpunkt, da ich die Arbeit an diesem Buch beende, lebt Mardig immer noch im selben Pflegeheim. Im August haben wir seinen 88. Geburtstag gefeiert. Bisher kommt er noch ohne Medikamente aus und hält sein Gewicht von 118 bis 120 Pfund. Er ist merklich langsamer geworden und geistig sehr verwirrt, flirtet aber immer noch mit den Pflegerinnen.

Er erkennt David und mich nicht mehr. Wenn wir ihn besuchen, geht er einfach an uns vorbei. Wenn wir anderen davon erzählen, äußern sie, wie schwer das für uns sein muss. Ich kann es nicht erklären, aber so ist es nicht. Wir versuchen, Mardig so zu nehmen, wie er ist. Sicher wäre es uns lieber, er würde uns erkennen und mit Namen ansprechen, so wie kürzlich eines Nachmittags, als er einen lichten Moment hatte. Als er sich von uns entfernte, drehte er sich abrupt um, schaute mich an und fragte: »Hallo, Brenda, wer war das noch gleich, der sich um … kümmern wollte?« Ich war verblüfft, weil er in den vorausgegangenen drei Monaten nicht gewusst hatte, wer ich war, ja mich nicht einmal als Frau wahrgenommen hatte! Und dann plötzlich nannte er mich beim Namen und wusste, dass ich seine Tochter war!

Doch in der Regel ist es nicht mehr möglich, mit ihm ein Gespräch zu führen, das noch irgendeinen Sinn macht. Wir erkundigen uns nach seinem Alltag, seinen Kindern, seiner Frau und seiner Arbeit. Er antwortet irgend etwas ganz anderes – mal erzählt er von einer Autoreparatur, mal wartet er auf nicht existente Leute. Oft fragt er nach seinen Eltern.

Ich bin froh, dass er noch unter uns weilt. Ich hätte nicht gedacht, dass er länger leben würde als bis zum März 1998. Aber das tut er. So wie es aussieht, wird er das neue Jahrtausend noch erleben. Mir ist es lieber, ihn so zu sehen, wie er nun einmal heute ist, als ihn gar nicht mehr zu erleben. Er ist noch nicht bereit zu sterben, und ich bin noch nicht bereit, von ihm Abschied zu nehmen. Wenn es soweit ist, wird das die nächste Herausforderung sein, die es zu bewältigen gilt.

ANHANG

ZEHN RATSCHLÄGE FÜR BETREUER VON ALZHEIMER-PATIENTEN

1. Teilen Sie Aufgaben in einzelne kleine Schritte ein.
2. Richten Sie sich im Umgang mit Alzheimer-Patienten nach deren jeweiligem Bewusstseinszustand bzw. ihrer Laune.
3. Stellen Sie Augenkontakt her, wenn Sie sich mit ihnen unterhalten.
4. Beantworten Sie Fragen, die ständig wiederholt werden, so, als würden sie zum ersten Mal gestellt.
5. Ganz egal, wie bizarr das Handeln eines Alzheimer-Patienten Ihnen erscheinen mag oder ob Sie es als beleidigend empfinden, vergessen Sie nie, dass diese Menschen vor allem im späteren Krankheitsstadium für ihre Taten und Worte nicht mehr verantwortlich sind.
6. Es ist okay, auch mal frustriert und sogar wütend zu sein. Schaffen Sie sich einen Ausgleich, um diese Gefühle abzubauen: Gehen Sie spazieren, rufen Sie einen Freund an etc.
7. Suchen Sie Unterstützung bei anderen. Nehmen Sie regelmäßig an Treffen einer Selbsthilfegruppe teil. Andere durchleben das Gleiche wie Sie (Schuldgefühle, Angst, Frustration, Unsicherheit, Deprimiertheit, Hilflosigkeit). Rufen Sie die nächste Alzheimer-Beratungsstelle an, um sich über die Krankheit zu informieren und nach Selbsthilfegruppen in Ihrer Nähe zu erkundigen. Falls es keine Selbsthilfegruppe gibt, erwägen Sie, selbst eine ins Leben zu rufen.

8. Achten Sie auf sich. Gönnen Sie sich Zeit zum Abschalten. Setzen Sie sich selbst Grenzen. Werden Sie nicht zum Märtyrer! (Das ist leichter gesagt als getan.) Wenn es Ihnen nicht gut geht, können Sie sich auch nicht um einen anderen Menschen kümmern. Überlegen Sie, welche Möglichkeiten Ihnen offen stehen: Seniorentagesstätten, Pflegedienste, Unterbringung in einem Pflegeheim.
9. Lächeln Sie, umarmen und küssen Sie den Kranken, wenn sich eine entsprechende Gelegenheit anbietet.
10. Suchen Sie professionellen Rat in rechtlichen und finanziellen Angelegenheiten sowie auch im Hinblick auf die medizinische Betreuung des Alzheimer-Kranken.

BEMERKUNGEN ZU DIESEM BUCH

Ein wundervolles Buch! Es beschreibt sehr eindringlich die Schwierigkeiten und Belastungen, die es mit sich bringt, wenn ein Angehöriger oder ein Freund an einem Leiden erkrankt, das die Essenz dessen zerstört, was uns menschlich macht. Ich bin ganz sicher, dass dieses Buch sowohl für Betreuer als auch für alle, die einen Freund oder Verwandten haben, der an Alzheimer erkrankt ist, ein Trost sein wird.

Lawrence Weinberg, Dr. med.
MPH, Facharzt für Neurologie

Es gibt nur sehr wenige Bücher zu diesem Thema, die sich so umfassend mit den Gefühlen derjenigen, die Alzheimer-Patienten pflegen, auseinandersetzen. Dieses Werk sollte auch anderen Mut machen, sich mitzuteilen, und ihre belastende Lage nicht zu verbergen. Brenda Avadians offene und anschauliche Schilderung ihrer Erlebnisse mit ihrem Vater ermöglicht uns eine klare Vorstellung der tragischen und schönen Momente einer solchen Erfahrung.

Lew Jurey
Weltraumingenieur und Freund

»Die Zeit mit dir« ist ein sehr ehrliches, humorvolles Buch, das Betroffenen Mut macht. Es ist ein Muss für Familien und

Betreuer, die Tag für Tag und Stunde um Stunde mit dieser heimtückischen Krankheit leben müssen, aber auch ein informatives Tagebuch, das uns allen hilft, die Auswirkungen von Alzheimer auf den Patienten besser zu verstehen sowie zu begreifen, was für eine Belastung diese Krankheit auch für das unmittelbare Umfeld darstellt.

Lois Erisey Poole
Autorin und Kolumnistin

»Die Zeit mit dir« ist eine gelungene Beschreibung der Berg- und Talfahrt, die eine Alzheimer-Erkrankung mit sich bringt. Ein Muss für jeden, der wissen möchte, welche Höhen und Tiefen eine Familie durchmacht, in deren Mitte jemand an dieser Krankheit leidet.

Roberta Widmer,
Leiterin der Seniorentagesstätte der VNA

… Der packende Bericht einer Tochter, die in die Rolle der Krankenpflegerin gezwungen wurde. Ein Einblick in ihre Ängste, Unsicherheiten und Entschlossenheit in Situationen, die sie sich vorher nicht hätte vorstellen können. »Die Zeit mit dir« gibt dem Leser einen Einblick in die ganze Bandbreite der Gefühle von Menschen, die andere pflegen.

Ken und *Sally Howard*
»Adoptiveltern« der Autorin

Brenda zeigt, welche Auswirkungen Alzheimer auf den Patienten haben kann, aber auch auf seinen Betreuer und die ganze Familie. Brendas persönliche Erfahrung zeigt, welch schwierige Entscheidungen unsere Lieben eines Tages möglicherweise für uns fällen müssen. Als Brendas Ehemann kann ich immer noch nicht glauben, was wir alles geschafft, gelernt und durchgemacht haben im Umgang mit der Krankheit ihres Vaters. Dieses Buch ist Pflichtlektüre für jeden, der in Erwägung zieht, einen Alzheimer-Patienten zu pflegen oder bereits pflegt.

David Borden
Ehemann der Autorin

Eine überfällige, stellenweise komische, vor allem aber informative Geschichte einer nicht ganz alltäglichen Familie.

J. Parsons
pensionierte Krankenschwester
und Betreuerin ihrer an Alzheimer erkrankten 86 jährigen Mutter

Martin erinnert mich an meinen eigenen Vater, der vor ein paar Jahren starb. »Die Zeit mit dir« hat mich tief berührt, und ich habe bei der Lektüre manche Träne vergossen. Ich wurde daran erinnert, dass wir oft stärker sind, als wir selbst glauben. Das Buch hat mir neuen Mut gemacht und mir die Kraft gegeben, durchzuhalten.

Jan Ferguson
die »barfüßige Lady«

Die traurigen, aber tiefempfundenen Erinnerungen und tagtäglichen Erlebnisse einer liebevollen Tochter, die mit dem Verfall ihres an Alzheimer erkrankten Vaters konfrontiert wird. Eine große Hilfe für alle Menschen, die Alzheimer-

Patienten pflegen, und ein absolutes Muss für alle Auszubildenden.

Marlys Meckler, Sprachtherapeutin
Leiterin des *Tarzana Speech and Language Center,*
Mitarbeiterin des *Center for Aging Research and Evaluation*

Als Tochter eines an Alzheimer erkrankten Vaters war ich beeindruckt davon, wie treffend Ms. Avadian einzelne Zwischenfälle beschreibt, die einen Menschen, der einen Alzheimer-Patienten pflegt, an den Rand der Verzweiflung treiben können. Ihr Buch beschreibt sehr detailliert, wie diese Krankheit auf tragische Weise ihre Opfer jeglicher menschlichen Würde beraubt.

Katie Corbett
Zeitungsreporterin
und Redakteurin

Hätte es Mrs. Avadians Buch schon gegeben, als ich sechs Jahre lang meine an Alzheimer erkrankte Ehefrau gepflegt habe, bevor ich sie schließlich in einem Heim unterbrachte, hätte ich mir viel Herzensleid und Quälerei ersparen können. Mrs. Avadians literarischer Stil, der Pathos, Humor und Philosophie geschickt miteinander verknüpft, ist nur das Tüpfelchen auf dem i und macht dieses Buch zu einer faszinierenden Lektüre für jedermann.

Jonathan Schulkin
ehemaliger Betreuer
einer Alzheimer-Patientin

Als jemand, der täglich viele Stunden darauf verwendet … zu versuchen, Pflegern und Betreuern von Demenzpatienten bei der Lösung ihrer Probleme zu unterstützen, bin ich immer wieder verblüfft von ihrer Kraft, ihrer Geduld und ihrem Humor. Dieses Buch gibt das wieder, was ich tagtäglich beobachte, und ermöglicht dem Leser für kurze Zeit einen Einblick in eine von dieser Krankheit heimgesuchte Familie. Es sollte zur Pflichtlektüre für Ärzte, professionelles Pflegepersonal und private Betreuer gehören.

Marlene V. Harrison, RN-C, BS
Programmdirektorin des *Center for Aging research and Evaluation* am *Granada Hills Community Hospital* (Geriatrie)

Dieses Buch beinhaltet ebenso schmerzliche wie schöne Parallelen zu und Erinnerungen an meinen an Alzheimer erkrankten Ehemann.

Patti Compton
Betreuerin der Liebe ihres Lebens

Eine der denkwürdigsten Predigten, die ich bisher in meinem Leben gehört habe, hat der Militärpfarrer vor unserer Abreise zum Überlebenstraining der Air Force im Juli 1961 gehalten. Ich hatte gerade die Pilotenausbildung abgeschlossen, und vor mir lagen drei grausame Wochen Überlebenstraining, in denen ich ständig vom Feind verfolgt werden und täglich viele Meilen in den Bergen Nordkaliforniens zurücklegen würden, wobei ich mich ausschließlich von natürlichen Ressourcen ernähren musste.

Die Predigt hatte den Titel: »Ich werde aufblicken zu den Bergen«, und ich möchte einen Ausschnitt daraus zitieren:

> »Sie alle werden im Laufe dieser Herausforderung zahlreiche verschiedene Erfahrungen machen, aber ich kann Ihnen versichern, dass eine Erfahrung Ihnen allen gemein sein wird. Irgendwann unterwegs werden Sie jemandem von Angesicht zu Angesicht begegnen, den Sie nicht ignorieren können. Ob Sie ihn mögen oder verachten sei dahingestellt, aber Sie werden ihm begegnen. Ich kann Ihnen sogar sagen, wann Sie ihm begegnen werden. Wenn Sie am Verhungern sind, am Ende Ihrer Kräfte, halb erfroren, nass bis auf die Knochen und voller Angst. Dann werden sie ihm ins Gesicht sehen. Und dieser Mensch werden SIE SELBST sein! So werden Sie sich selbst noch nie gesehen haben. Fragen Sie diesen Menschen: ›Hast du den Mumm, das hier zu Ende zu bringen? Wirst du aufgeben?‹ Dann gehen Sie in sich und suchen in sich die Kraft weiterzumachen. Tun Sie alles, was nötig ist, damit Sie diesen Menschen mögen.«

Brenda hat diesem Menschen mehrmals gegenübergestanden, wie in »Die Zeit mit dir« nachzulesen ist. Ihr Marsch war kräftezehrend, geprägt von Ungewissheit und Gefahren. Aber sie hat in sich die Kraft gefunden, weiterzumachen und durchzuhalten.

Dave (»Ferg«) *Ferguson*
Kampfpilot – zwei Einsätze in
Vietnam und Testflieger –
erster im Cockpit einer YF-22

WARUM DIESES BUCH?

Ich habe dieses Buch geschrieben, um Betreuern und Pflegern neue Einblicke in diese anspruchsvolle Aufgabe zu ermöglichen. Verleger und Autorin weisen an dieser Stelle darauf hin, dass es sich weder um einen juristischen noch einen medizinischen Ratgeber handelt. Dort, wo die Hilfe eines Experten angeraten ist, sollte sich der Leser an kompetente Fachleute wenden.

Dieses Buch erhebt nicht den Anspruch, alle Informationen über Alzheimer aufzulisten – vielmehr geht es darum, dem Leser eine möglichst akkurate und detaillierte Beschreibung dessen zu liefern, was in der persönlichen Erfahrung einer bestimmten Familie geschehen ist.

Die Namen der in diesem Buch vorkommenden Personen wurden nur mit deren Einwilligung genannt. Da dieses Buch mit dem Zweck geschrieben und veröffentlicht wurde, anderen Betreuern von Alzheimerpatienten zu helfen, enthält es ebenso positive wie negative Erlebnisse. Bei negativen Erfahrungen wurde keine Erlaubnis eingeholt, die Namen der Betroffenen wurden ausgelassen. Es ist nicht Zweck dieses Buches, jemandes Ruf zu schaden, sondern einen realistischen Bericht der Ereignisse zu liefern.

KONTAKTADRESSEN

Für weitere Informationen wenden Sie sich an:

Deutschland

Deutsche Alzheimer Gesellschaft e.V.
Friedrichstr. 236
10969 Berlin
Tel. 0 30/31 50 57 33, Fax 0 30/31 50 57 35
E-Mail: info@deutsche-alzheimer.de

(Die weitere Liste ist nach den Postleitzahlen geordnet.)

Alzheimer Gesellschaft Dresden e.V.
Herr Dr. Friedemann Ficker
c/o St. Marien-Krankenhaus
Selliner Str. 29
01109 Dresden
Tel. 03 51/8 83 22 21, Fax 03 51/8 83 22 12

Alzheimer-Angehörigen-Initiative e.V.
Frau Rosemarie Drenhaus-Wagner
Brunnenstr. 5
10119 Berlin
Tel. 0 30/44 33 87 41

Alzheimer Angehörigen-Initiative e.V.
Brunnenstr. 5
10119 Berlin
Tel. 0 30/44 33 87 41, Fax 0 30/44 33 87 22
E-Mail: aai@alzheimerforum.de

Alzheimer Gesellschaft Berlin e.V.
Frau Christa Matter
Albrecht-Achilles-Str. 65
10709 Berlin
Tel. 0 30/89 09 43 57

Alzheimer Gesellschaft Brandenburg e.V.
Frau Angelika Winkler
Stephensonstr. 24-26
14482 Potsdam
Tel. 03 31/7 40 90 08

Alzheimer Gesellschaft Lüneburg e.V.
Frau Kerstin Löding
Am Wienebüttelerweg 1
21339 Lüneburg
Tel. 0 41 31/60 14 50, Fax 0 41 31/60 14 09

Alzheimer Gesellschaft Hamburg e.V.
Frau Marte Speetzen
Wandsbeker Allee 75
22041 Hamburg
Tel. 0 40/47 25 38, Fax 0 40/46 09 05 85

Alzheimer Gesellschaft Norderstedt-Segeberg e.V.
Herr Ulrich Mildenberger
c/o Beratungsstelle für ältere Bürger
Ochsenzoller Str. 85
22851 Norderstedt
Tel. 0 40/52 88 34 30, Fax 0 40/52 88 38 32

Alzheimer Gesellschaft Kreis Pinneberg e.V.
Frau Rita Rohwedder
Rudolf-Breitscheid-Str. 40 b
22880 Wedel
Tel. 0 41 03/1 53 55, Fax 0 41 03/91 96 64

Alzheimer Gesellschaft Stormarn e.V.
Herr Bernd Freier
Woldenhorn 3
22926 Ahrensburg
Tel. 0 41 02/82 22 22, Fax 0 41 02/82 22 23

Alzheimer Gesellschaft Lübeck e.V.
Frau Beate Schwarz
Engelsgrube 70
23552 Lübeck
Tel./Fax 04 51/7 07 18 52

Alzheimer Gesellschaft Schleswig Holstein e.V.
Herr Heinz Jansen
Starnbergerstr. 67
24146 Kiel
Tel. 04 31/78 93 67

Alzheimer Gesellschaft Oldenburg-Ammerland e.V.
Frau Leonore Schütte
Postfach 1425
26644 Westerstede
Tel. 0 44 88/42 40, Fax 0 44 88/7 11 23

Alzheimer Gesellschaft Rotenburg e. V.
Herr Storm
Goethestr. 19
27356 Rotenburg/Wümme
Tel. 0 42 61/40 66

Alzheimer Gesellschaft Hannover e.V.
Frau Christel Zerezke
Försterstieg 1 a
30916 Isernhagen
Tel. 05 11/7 26 15 05

Alzheimer-Angehörigen-Selbsthilfegruppe e.V.
Frau Karin Alex
Feldstr. 69
32120 Hiddenhausen
Tel. 0 52 21/6 67 79, Fax 0 52 21/6 75 84

Alzheimer Gesellschaft Bielefeld e.V.
Herr Prof. Dr. Clarenbach
Schildescher Str. 99
33611 Bielefeld
Tel. 05 21/8 43 47

Alzheimer Gesellschaft Mittelhessen e.V.
Frau Bettina Rath
Geiersberg15
35578 Wetzlar
Tel. 0 64 41/4 37 42, Fax 0 64 41/4 38 13

Alzheimer Gesellschaft Dill e.V.
Herr Hans-Joachim Wagner
Obertor 20
35708 Haiger
Tel.0 27 77/66 60, Fax 0 27 77/69 49

Alzheimer Gesellschaft Braunschweig e.V.
Frau Gertrud Terhürne
Triftweg 73
38118 Braunschweig
Tel. 05 31/2 56 57 40, Fax 05 31/2 56 57 99

Alzheimer Gesellschaft Sachsen-Anhalt e.V.
Herr Harald Jaap
Sudenburger Wuhne 4
39112 Magdeburg
Tel. 03 91/6 09 75 97, Fax 03 91/6 09 72 03

Alzheimer Forschung Initiative e.V.
Grabenstr. 4
40123 Düsseldorf
Tel. 02 11/8 62 06 6 0, Fax 02 11/8 62 06 6 1

Alzheimer Gesellschaft Düsseldorf-Mettmann e.V.
Herr Dr. Martin Haupt
Bergische-Landstr. 2
40629 Düsseldorf
Tel. 02 11/9 22 42 01, Fax 02 11/9 22 42 66

Alzheimer Gesellschaft Kreis Neuss e.V.
Herr Paul Hermkes
Einsteinstr. 108
41464 Neuss
Tel. 0 21 31/8 45 41, Fax 0 21 31/89 96 56

Alzheimer Gesellschaft Dortmund e.V.
Frau Heide Römer
Kattenkuhle 49
44269 Dortmund
Tel. 02 31/7 24 66 11

Alzheimer Gesellschaft Bochum e.V.
Frau Christel Schulz
Universitätsstr. 77
44789 Bochum
Tel. 02 34/33 77 72, Fax 02 34/33 24 43

Alzheimer Gesellschaft Münster e.V.
Herr Jörg Springmann
Postfach 4008
48022 Münster
Tel. 02 51/78 03 97, Fax 02 51/7 64 03 76

Kölner Alzheimer-Forum
SBK (Zentrum für Senioren und Behinderte der Stadt Köln)
Leitung: Herr Hans Joachim Schirmer (Nervenarzt)
Boltenstrenstr. 16
50735 Köln-Riehl
Tel. 02 21/7 77 55 22, Fax 7 77 55 08

Alzheimer Gesellschaft Köln e.V.
Frau Susanne Edelmann
Bartholomäus-Schink-Str. 6
50825 Köln
Tel. 02 21/95 57 02 74

Selbsthilfegruppe für Angehörige von Alzheimer-Kranken
Frau Käthe Tüpker
Bernard-Eyberg-Str. 75
51427 Bergisch Gladbach
Tel. 0 22 04/6 44 10

Alzheimer Gesellschaft Region Trier e.V.
Frau Johanna Reusche
Konstantinstr. 54
54329 Konz
Tel. 0 65 01/54 76

Alzheimer Gesellschaft Siegen e.V.
Frau Liselotte Zabel
Birkenweg 18
57234 Wilnsdorf
Tel. 02 71/39 05 21, Fax 02 71/39 98 78

Alzheimer Gesellschaft Westerwald e.V.
Frau Doris Weide
Heuweg 12
57610 Altenkirchen
Tel. 0 26 81/59 45

Alzheimer Gesellschaft Frankfurt/M. e.V.
Frau Ruth Müller
Heinrich-Hoffmann-Str. 10
60528 Frankfurt/M.
Tel. 0 69/63 01 71 80, Fax 0 69/63 01 51 89

Alzheimer Gesellschaft Offenbach e.V.
Herr Stephan Detig
Goerdeler Str. 5
63071 Offenbach
Tel. 0 69/87 87 65 06, Fax 0 69/80 65 20 79

Alzheimer Gesellschaft Wiesbaden e.V.
Frau Ingrid Kins
Am Alten Weinberg 32
65207 Wiesbaden
Tel./Fax 0 61 22/7 60 16

»Hilfen für Menschen mit dementiellen Erkrankungen« im Landkreis Saarlouis e.V.
Herr Michael Heck
Kaiser-Wilhelm-Str. 4-6
66740 Saarlouis
Tel. 0 68 31/44 42 44, Fax 0 68 31/44 41 40

Alzheimer Gesellschaft Pfalz e.V.
Frau Gudrun Andres
Mundenheimer Str. 239
67061 Ludwigshafen am Rhein
Tel. 06 21/56 98 60, Fax 06 21/58 28 32

Alzheimer Gesellschaft Heidelberg
Frau Olga Riedinger
Postfach 1253
69221 Dossenheim
Tel. 0 62 21/86 24 01

Alzheimer Gesellschaft Baden-Württemberg e.V.
Frau Sylvia Kern
Büchsenstr. 34-36
70174 Stuttgart
Tel. 07 11/2 26 49 20, Fax 07 11/2 26 49 22

Alzheimer Initiative Baden-Baden/Rastatt
Herr Max Gander
Schweigenrother Str. 8
76532 Baden-Baden
Tel. 0 72 21/9 18 92

Alzheimer Gesellschaft Freiburg e.V.
Herr Dietrich Borchardt
Scheffelstr. 7
79102 Freiburg
Tel. 07 61/ 70 00 61

Alzheimer Gesellschaft München e.V.
Frau Inka Rath
Richard-Strauss-Str. 34
81677 München
Tel. 0 89/47 51 85, Fax 0 89/4 70 29 79

Alzheimer Gesellschaft Mittelfranken e.V.
Frau Sabine Tschainer
Adam-Klein-Str. 6
90429 Nürnberg
Tel. 09 11/26 61 26, Fax 09 11/2 87 60 80

Deutsche Alzheimer Gesellschaft Landesverband Bayern e.V.
Herr Peter Bratenstein
Pillenreutherstr. 41
90459 Nürnberg
Tel. 09 11/43 69 49, Fax 09 11/43 51 71

Alzheimer Gesellschaft Oberpfalz e.V.
Frau Dr. Siegrid Woll
Ziegetsdorfer Str. 36
93051 Regensburg
Tel./Fax 09 41/9 45 59 37

Alzheimer Gesellschaft Würzburg Unterfranken e.V.
Herr Dr. Wieland Gsell
Füchsleinstr. 15
97080 Würzburg
Tel. 09 31/20 31, Fax 09 31/20 34 25

Neben den regionalen Alzheimer Gesellschaften und Landesverbänden gibt es vielerorts Gesprächs- und Selbsthilfegruppen, deren Adressen Sie über die regionalen Alzheimer Gesellschaften und die Landesverbände erfragen können.

Österreich

Österreichische Alzheimer Gesellschaft
Neurologisches Krankenhaus Rosenhügel
Riedelgasse 5
1130 Wien

Österreichische Alzheimer Liga
Psychiatrisches Krankenhaus, 3. Psychiatrische Abteilung
Prim. Dr. Marion Kalousek
Baumgartner Höhe 1
1140 Wien

Verein für Sachwalterschaft u. Patientenanwaltschaft
Stättermayergasse 28-30
1150 Wien
Tel. 01/9 82 58 68

Wiener Patientenanwaltschaft
Schönnbrunnstr. 7
1040 Wien
Tel. 01/5 87 12 04-0 od. 5 86 36 99

Wien:

Alzheimer Angehörige Austria – Selbsthilfegruppe
Dkfm. Lisl Pammer, Antonia Croy
Obere Augartenstr. 26-28
1020 Wien
Tel. 01/3 32 51 66
Fax 01/3 34 21 41

Angehörigengruppe an der Neurologischen Universitätsklinik
Neurologische Universitätsklinik
Doz. Dr. Petert Dal Bianco, Patricia Treulich
Währinger Gürtel 18-20, Ebene 6 a
1090 Wien
Tel. 01/4 04 00-31 48

Angehörigengruppe im SMZO
Psychiatrische Abteilung, Station 38
OA Dr. M. Rainer, A. Croy
Langobardenstr. 122
1220 Wien
Tel. 01/2 88 02-30 38

Niederösterreich:

Sozialstation Baden
Herr Vizegm. a. D. E. Kiefer, Dr. Walter Schuchlenz
Pergerstr. 15
2500 Baden
Tel. 0 22 52/8 62 60, Fax 0 22 52/8 62 69-7

Frau Gertrude Grabenwöger
Fichtenweg 5
2801 Katzelsdorf
Tel. 0 26 22/7 82 28

Frau Maria Wilhelm
Laubendorf 71
9871 Millstadt
Tel. 0 47 66/28 27

Steiermark:

Landesnervenkrankenhaus
Abt. für Gerontopsychiatrie
Herr Prim. Dr. F. Yazdani
Wagner Jaureggplatz 1
8011 Graz
Tel. 03 16/29 15 01-2 16 od. 2 15

Soziales Service Graz-Nord
Frau Gerlinde Stessel
Floßlendstr. 18
8010 Graz
Tel. 03 16/68 71 41
Fax 03 16/68 71 41-41

Sozialmedizinisches Zentrum Liebenau
Frau Alexandra Polt
Liebenauer Hauptstr. 104
8041 Graz

Sozial- und Begegnungszentrum
Herr Mag. Roland Moser
Maiffredygasse 4
8010 Graz
Tel. 03 16/38 21 31

Frau Veada Stoff
Amselgasse 11
8020 Graz
Tel. 03 16/ 27 55 75

Integr. Soz. und Gesundh. Sprengel
Herr Werner Klaus
Johann-Böhm-Str. 27
8605 Kapfenberg
Tel. 0 38 62/21 50 03

Frau Hedwig Rauscher
Alter Ziegelweg 7-9
3430 Tulln
Tel. 0 22 72/6 19 16

SHG St. Pölten »Alzheimer und Demenz-Kranke« NÖ Mitte
AÖ. Krankenhaus, Neurologie
Probst-Führer-Str. 4
3100 St. Pölten
Kontaktpersonen:
Herr Ing. R. Pammer
Tel. 0 27 42/7 84 33,
Frau Traude Izaak
Tel. 0 27 42/25 49 94 od. 06 64/5 93 45 84

Landesnervenkrankenhaus Gugging
Frau Dr. Richter, Herr Krennmüller
Tel. 0 22 43/40 12 60 od. 40 12 14

Burgenland:

Frau Wilma Brauneis
Berggasse 9
7444 Klostermarienberg
Tel. u. Fax 0 26 11/23 91

Frau Barbara Riedl
Michael-Urient-Gasse 5
7000 Eisenstadt
Tel. 0 26 82/6 73 81

Frau Ulrike Macher
7572 Rohrbrunn
Tel. 0 33 83/31 77

Kärnten:

Herr Reinhold Walcher
Josef-Schmid-Str. 22
9063 Maria Saal
Tel. 0 42 23/23 39

LKH Wolfsberg
Med. Geriatrische Abteilung
Herr Prim. Dr. Ernst Pesec
Paul-Hackhofer-Str. 9
9400 Wolfsberg

Oberösterreich:

Wagner Jauregg Nervenklinik
Herr Prim. Dr. Lebelhuber
Wagner-Jauregg-Weg 15
4020 Linz
Tel. 07 32/69 21 31 00

Morbus Alzheimer Selbsthilfe
Frau Felicitas Zehetner
Kaltenbachstr. 36
4820 Bad Ischl
Tel. u. Fax 0 61 32/2 57 01

Herr Rudolf Scheinecker
Hans-Sachs-Str. 4
4600 Wels
Tel. 0 72 42/6 99- 2 10 od. 2 11, Fax 0 72 42/6 99-2 01

Frau Christine Derfler
Grünmarkt 25
4400 Steyr
Tel. 0 72 52/4 54 94

Salzburg:

Alzheimer-Angehörigen-Gruppe
Landesnervenklinik Salzburg
Herr OA Dr. Luthringshausen
Ignaz-Harrer-Str. 79
5020 Salzburg
Tel. 06 62/44 83 30 01

Amt für Seniorenbetreuung
Magistrat Salzburg
Frau Eva Maria Dechant
St.-Julien-Str. 20
5020 Salzburg
Tel. 06 62/85 30 18
oder:
Hermann-Gmeiner-Str. 21
5071 Salzburg-Loig

Salzburger Patientenforum
Faberstr. 19-23
5024 Salzburg
Tel. 06 62/8 88 92 58

Tirol:

Frau Agnes Wieser
Schulstr. 5
6161 Natters
Tel. 05 12/54 67 44

Universitätsklinik
Dr. Verena Günther
Anichstr. 35
6020 Innsbruck
Tel. 05 12/75 04 36 55

Gesellschaft für psychische Gesundheit Tirol
Dr. Monika Kiener
Mitterweg 25a
6020 Innsbruck
Tel. 05 12/5 04 36 33 (Fr. 10-12 Uhr), Tel. 05 12/29 47 03 (privat),
Tel. 05 12/58 84 20 (Mo.- Do. vormittags)

Frau Hannelore Mark
Weinberg 21a
6460 Imst/Tirol
Tel. 0 54 12/6 61 07

Vorarlberg:

Sozialsprengel Hard
Frau Hermi Meusburger
Ankergasse 24
6971 Hard
Tel. 0 55 74/7 55 44 od. 8 33 87, Fax 0 55 74/7 45 44-4

Schweiz

(Die Liste ist nach den Sektionen geordnet.)

Schweizerische Alzheimervereinigung – Sektion Aargau
c/o Pro Senectute
Bachstr. 111
Postfach
5001 Aarau
Tel. 0 62/8 24 08 62

Schweizerische Alzheimervereinigung – Sektion beider Basel
c/o Memory Clinic
Hebelstr. 10
4031 Basel
Tel. 0 61/2 65 38 88

Schweizerische Alzheimervereinigung – Sektion Bern
Mädergutstr. 73
3018 Bern
Tel. 0 31/9 81 38 22

Schweizerische Alzheimervereinigung – Sektion Freiburg
Rte d'Avry, 3
1753 Matran
Tel. 0 26/4 02 42 42

Schweizerische Alzheimervereinigung – Sektion Genf
Chemin des Fins, 27
1218 Le Grand-Saconnex
Tel. 0 22/7 88 27 08

Schweizerische Alzheimervereinigung – Sektion Graubünden
c/o Pro Senectute
Alexanderstr. 2
7000 Chur
Tel. 0 81/2 52 44 24

Schweizerische Alzheimervereinigung – Sektion Jura
Case postale 229
2900 Porrentruy
Tel. 0 32/4 65 65 08

Schweizerische Alzheimervereinigung – Sektion Luzern
c/o Betagtenzentrum Rosenberg
Rosenbergstr. 2-4
6003 Luzern
Tel. 0 41/4 29 40 40

Schweizerische Alzheimervereinigung – Sektion Neuenburg
Case Postale 24
2301 La Chaux-de-Fonds
Tel. 0 32/7 25 24 89

Schweizerische Alzheimervereinigung – Sektion Schaffhausen
c/o Kant. Pflegezentrum Schaffhausen
J.-J.-Wepferstr. 12
Tel. 0 52/6 44 93 80

Schweizerische Alzheimervereinigung – Sektion Solothurn
c/o Pro Senectute
Martin-Disteli-Str. 2
4600 Olten
Tel. 0 62/2 96 64 44

Schweizerische Alzheimervereinigung – Sektion St. Gallen/Appenzell
c/o Pro Senectute
Davidtrasse 16
Tel. 0 71/2 27 60 04 (Mo-Fr 14-17 Uhr)

Schweizerische Alzheimervereinigung – Sektion Tessin
Associazione Alzheimer Svizzera
Viale dei Faggi 8
6900 Lugano-Cassarate
Tel. 0 91/9 71 26 62

Schweizerische Alzheimervereinigung – Sektion Thurgau
Sternwarte 12
8500 Frauenfeld
Tel. 0 52/7 21 32 54

Schweizerische Alzheimervereinigung – Sektion Waad
Case Postale 152
1000 Lausanne 17
Tel. 0 21/3 23 45 81

Schweizerische Alzheimervereinigung – Sektion Wallis
Case Postale 2206
1950 Sion 2 Nord
Tel. 0 27/3 22 07 41

Schweizerische Alzheimervereinigung – Sektion Zug
c/o Pro Senectute
General Guisanstr. 22
6300 Zug
Tel. 0 41/ 7 27 50 52

Schweizerische Alzheimervereinigung – Sektion Zürich
Rieslingstr. 5
Postfach
8044 Zürich
Tel. 01/ 2 52 90 84

WEITERFÜHRENDE LITERATUR FÜR DIE DEUTSCHEN LESER

Andres, Gudrun, Heinz Bille u.a., Alzheimer Krankheit. Eine Krankheit verstehen und annehmen, 2000.

Fuhrmann, Ingrid, Hans Gutzmann u.a., *Abschied vom Ich – Stationen der Alzheimer Krankheit*, 2000.

Furtmayer-Schuh, Annelies, *Die Alzheimer Krankheit. Das große Vergessen*, 2000.

Gruetzner, Howard, *Alzheimersche Krankheit. Ein Ratgeber für Angehörige und Helfer,* übersetzt von Ralf Ihl, 1994.

Gümmer, Martina und Joachim Döring, *Im Labyrinth des Vergessens. Hilfen für Altersverwirrte und Alzheimerkranke*, 1994.

Heinitz, Matthias, *Schicksal Alzheimer. Ursachen – Symptome – Behandlungsmöglichkeiten*, 1997.

Krämer, Günter, *Alzheimer Krankheit: Antworten auf die häufigsten Fragen. Hilfreiche Informationen für Interessierte und Betroffene*, 2000.

Mace, Nancy, *Der 36-Stunden-Tag. Die Pflege des verwirrten älteren Menschen, speziell des Alzheimer-Kranken*, übersetzt von Michael Martin, 1991.

Niemann-Mirmehdi, Mechthild und Eva Neumann, *Leben mit Alzheimer. Ein Ratgeber für Betroffene und Angehörige*, 1998.

Stuhlmann, Wilhelm, *Möglichkeiten zur Aktivierung und zur Beschäftigung demenzkranker alter Menschen*, hrsg. im Auftrag der Alzheimer Gesellschaft, 1998.

Als der 52jährige Louis Blank eines Tages nach Hause kommt, wundert er sich sehr darüber, dass ihn Unbekannte mit seinem Namen ansprechen, ihn nach jemandem fragen, den er gar nicht kennt, und eine wildfremde junge Frau ihm vom Aufzug bis zu seiner Wohnung folgt. Doch als er ihr die Tür vor der Nase zuziehen will, drückt sie dagegen und sagt: »Ich wollte dich besuchen, Dad.« Da wird ihm klar, dass er dringend zu einem Arzt gehen muss.

Die Diagnose lautet Alzheimer, eine der heimtückischsten und geheimnisvollsten Krankheiten unserer Zeit. Zunächst sieht es so aus, als ob es keinerlei Hoffnung für Louis mehr gibt, als ob sein Leben vorbei sei. Aber er nimmt den schweren Kampf gegen das Vergessen auf, einen Kampf, der die ganze persönliche Stärke von ihm und seiner Frau fordert – und manchmal noch mehr ...

ISBN 3-404-61448-8

BASTEI LÜBBE

»Warum ich den Stammeshäuptling von Banganté geheiratet habe, obwohl er schon 30 Frauen hatte? Weil ich ihn liebte, das ist alles.«

Claude, die Tochter französischer Missionare in Kamerun, genießt die Abenteuer, die sie mit ihren afrikanischen Spielgefährten erlebt – bis sie mit dreizehn Jahren nach Frankreich geht, um sich auf das konventionelle Leben einer zivilisierten Europäerin vorzubereiten.
Ihr geliebtes Afrika kann sie jedoch nicht vergessen. Claude bricht ihr Studium ab, trennt sich von ihrem Mann und kehrt mit den beiden Söhnen »nach Hause« zurück. Sie plant nicht, für immer zu bleiben, doch das Schicksal will es anders: Sie verliebt sich in den Stammeshäuptling ihres Dorfes, überwindet nach langem Zögern innere und äußere Widerstände und folgt der Stimme ihres Herzens …

ISBN 3-404-61462-3

BASTEI LÜBBE